爱你，孩子
不怕你不优秀

◎清柔文竹 著

人民教育出版社
·北京·

图书在版编目（CIP）数据

爱你，孩子不怕你不优秀 / 吴瑞丽编著.—北京：人民教育出版社，2018.3
（2018.11重印）
ISBN 978-7-107-32311-9

Ⅰ.①爱… Ⅱ.①吴… Ⅲ.①家庭教育 Ⅳ.①G78

中国版本图书馆CIP数据核字（2018）第055805号

爱你，孩子 不怕你不优秀

出版发行 人民教育出版社
（北京市海淀区中关村南大街17号院1号楼 邮编：100081）
网 址 http://www.pep.com.cn
经 销 全国新华书店
印 刷 北京盛通印刷股份有限公司
版 次 2018年3月第1版
印 次 2018年11月第2次印刷
开 本 890毫米×1 240毫米 1/32
印 张 13.5
字 数 328 千字
定 价 40.90元

目录 CONCENTS

第一章

让孩子的成长环境充满爱

第1节

教子之道　以爱为本

作为父母，养育儿女，将他们培养成个性健全、人格独立、身心健康，对家庭和社会有爱心和责任心的人，首先要以爱为本，为孩子营造一个充满爱的家庭环境。

“仁爱”是儒家思想的核心。孔子为中国教育的奠基者、儒家思想的创始人。孔子的弟子樊迟问仁于孔子，孔子曰：“爱人”。事实上，“爱”更是教育智慧最直接和具体的表达。

父母对孩子的爱滋养着孩子，如同清泉和阳光滋养田里幼小的秧苗，茁壮成长。教子成才的爱不是溺爱，这种爱是基于对孩子的负责，着眼于孩子的未来，是更高一个层次的爱。这种爱能使孩子长大后拥有自信心，与他人和睦相处、友好合作，拥有独立生存的能力，培养孩子以积极的态度独立面对人生中可能遭遇的挫折和挑战。这种爱包含宽容和理解，将孩子当作一个我们应该尊重，并在人格上与我们平等的独立个体。

教育孩子的方式因每个孩子的特点，家庭条件和所处的环境

不同而各异，但要以不伤害孩子的自尊心和自信心为前提，用心发现和引导孩子的兴趣，以激发孩子的能动性、自主性、创造性，发挥他们的最大优势和潜力。

爱是彩虹　暴力是冰霜

爱的力量是巨大的，父母无私的爱和智慧的引导可以让孩子的生命焕发生机。获得多项奥斯卡奖的电影《阿甘正传》，在向人们展示爱的力量的同时，也告诉人们没有爱的家庭有时甚至会毁掉孩子的一生。

阿甘先天智力障碍，正是因为对他的爱，他的妈妈总能用他能听得懂的话去教育他，用他能明白和接受的方式去引导和帮助他。妈妈不仅和他母子情深，而且更是他最值得信任的朋友。阿甘虽然智力不太健全，但他诚实、善良，有爱心，是一个在心灵上健全的人。他凭着积极向上、阳光乐观的心态和持之以恒的精神，成年后不仅拥有一个自立和快乐的人生，还有能力帮助他人，激励和感染他周围的人。

阿甘童年时的伙伴珍妮本是一个健康、漂亮、智力正常的女孩，可由于她从小在一个充满暴力的家庭长大，身心受到很大伤害，心灵也在一定程度上扭曲了。她长大后非但没有一个正常的人生，反而过着那种极不稳定、自甘堕落的生活，最后因患上艾滋病而过早地结束了自己年轻的生命。

爱是给孩子一个和谐的成长环境

孩子年幼时，他们的心灵脆弱而敏感，在大人看来很小的事情，在孩子眼里可能就是很大的事情。作为父母、长辈和亲人，不要过早地在孩子面前暴露人性、社会和生活的阴暗面，尤其不要向孩子传递他们还不能客观理解的负面信息，要更多地向他们展示美好的事物或事物中美好的一面。

我有一位朋友因车祸不幸去世，留下一个年仅两岁半的儿子。她生前和丈夫非常恩爱，当她的丈夫得知这一消息时，伤心欲绝、痛不欲生。过了不久，为了让年幼的儿子有一个完整的家，她的丈夫在朋友的劝说下开始了新的生活，组建了新的家庭。他的新太太是位很传统、很善良的女孩，对他儿子视如己出，尽心尽力地去爱这个孩子和教育这个孩子。可孩子的外公、外婆对女婿很快再婚这件事一直耿耿于怀。在孩子上小学后的第一个暑假，外公外婆将他接去，在外公外婆家过了近两个月。在这段共处的日子里，外公外婆给了他许多爱，但也时常告诉他，当他生母去世后，他的父亲是如何无情无义，他的继母是如何有目的地和他父亲结婚等。孩子回到家后，好像变了一个人，对父亲不再像以前那样友好和信任，对继母也带有几分仇视心理。后来，他的父母花了很长时间，费了许多心力与他沟通，可孩子心中仍然与他们隔着一堵墙。孩子的性格慢慢变得敏感和内向，父母对他的管教和引导也不再像以前那样有效。我想外公外婆如果预先知道这样的结果，知道他们的话给孩子心灵带来的伤害，他们是断然不会这样做的！

我在加拿大的一位同学，离婚前已和她的丈夫闹得不可开交，反目成仇。两人分开后，除了孩子抚养费等重大问题非谈不可外，平时谁也不理谁。后来女方与一位白人大学老师结了婚，到政府注册结婚那天，她的白人丈夫在大学读书的儿子和我一起为他们证婚。婚后，她的白人丈夫完全把她与前夫的儿子当作自己的儿子，集爱与管教于一身。而白人丈夫的儿子因担心父亲没有足够的时间和精力教弟弟应学的户外运动，便常在周末带弟弟踢球、溜冰、滑雪等。就连白人丈夫的前妻，每逢圣诞节和孩子的生日，也给孩子买些礼物。因孩子周末与生父在一起，为了对孩子的教育和培养取得一致意见，相互支持和协调，白人丈夫多次主动找孩子的生父沟通和交流。而今，她的儿子已长成一位翩翩少年，对未来充满自信，从他身上，很难看到以前生活的阴影。

爱是给孩子一个和谐的成长环境，使孩子内心充满阳光，这样孩子长大后心中有爱、有宽容、有理解，不论他将来做什么，都能拥有幸福快乐的正常人生。

溺爱是害不是爱

对孩子负责任的爱不是无原则地娇惯、纵容，更不是代劳或包办。凡有远见、明白爱的真谛的父母决不仅仅是自己在外打拼、奋斗，希望自己成为孩子将来的依靠，而是有意识地培养和训练孩子的综合能力，使他们长大后能成为父母的拐杖，像自己一样有能力支撑起一个家庭。

20 世纪 80~90 年代出生的孩子多是独生子女，集父母、祖父母的爱于一身。许多父母在家里任劳任怨，不辞辛劳，对孩子极尽周到。一家人外出时，孩子两手空空，轻松、昂首在前，父母则是大包小包，气喘吁吁，紧跟其后。大学开学入学时，我们时常会看到这样的情景。以这种方式培养的孩子多半自私，以自我为中心，除了会读书，恐怕难有太多的生存能力和技巧，但这又是谁的过错呢？我们在爱孩子的同时，也在不知不觉中捂住了孩子的翅膀。这是真正的爱吗？这种爱就像一只无形的笼子，将孩子困在其中。当父母醒悟过来或想放他单飞时，他也许早已失去了起飞的力量。

爱是生命之水

幸福的童年可使孩子受益终生，即使这个孩子长大后没有取得事业上的辉煌，但他也会有一个积极向上和快乐的正常人生。事业上的轰轰烈烈只是人生的点缀，它像一个多彩的光环，可有可无，可大可小，因人而异，有则好，无也安。人们可以用心追求它，但没必要非要拥有它，要明白成功的事业并不等于成功的人生。

一个偶然的机会我认识了一个女孩儿。第一次见到她，她给我的印象是谦和、矜持，高高的个子，眉宇间带几分忧郁，但不失得体和周到。当我后来有机会走近她时，才发现她的内心世界是如此灰暗和冰冷。她告诉我她的父母曾经都是知青。自她出生后，父母便将对未来的希望寄托在她身上，渴望借此弥补他们失去的青春。从她牙牙学语开始，就被唐诗、宋词和众多智力开发书籍和练习题所包围。8 岁之前，她没有一个玩具，直到 8 岁那一年从美国回来探亲的舅舅送给她一个漂亮的洋娃娃。当舅舅发现可怜的外甥女在此之前一个玩具都没有时，十分心疼，第二天一早就去商场给她买回一大堆玩具。与舅舅在一起的那几天，是她整个成长过程中最幸福、最快乐、最难忘的时光。可遗憾的是，舅舅走后，爸爸就将舅舅给她买的所有玩具都锁在柜子里，再不许她触摸。为使她将来能够成才，父亲对她十分严厉和苛刻。每次做课外练习题，只要有两个以上的错误，她便会遭到父亲严厉的责备、训斥甚至打骂。一个花季少女被如此对待，她内心的尊严和自信还剩多少呢?

有一次她晚上做题做到很晚，没有休息好，第二天数学考试没有考好。当她将考试成绩告诉父母时，她父亲竟揪着她的耳朵，让她跪在冰冷的阳台上。她当时感到十分难过和委屈，泪水不禁顺着脸颊流下，同时又怕惹来父亲更大的怒气，便竭力咬着牙不让自己哭出声。可她的父亲并没有因此谅解她，反而认为她心里不服，顺手拿过她妈妈正在洗衣服的一盆凉水向她泼去。那时的上海已是深秋，天已转凉，被冷水浇过后，冰凉的衣服粘在身上，她被冻得瑟瑟发抖。妈妈哭喊着，求了爸爸好一会儿，爸爸才心软，准许她回房换衣服。孩子被如此对待，内心还会有快乐和阳光吗？在她的记忆中，她来美国之前，父亲仅对她笑过两次。一次是收到她大学录取通知书时，一次是当她告诉父亲她已获得美国一所大学的奖学金，要来美国继续深造时。在她的记忆里，父亲留给她的是沉重、严厉、训斥和打骂，母亲留给她的是哀怨、祈求、叹息和眼泪。她稍停了一下，眼睛里掠过一丝忧伤，平静地对我说她很少体会到爱，也不知道如何爱别人。当爱情降临时，她惊慌失措，不知如何应对，几次机会均擦肩而过。她过去一直以为自己活着就是为了实现父母给她设定的人生目标，从来没有意识到生命本是属于她自己的，她应该为自己而活。虽然她现在已经认识到自己心灵上的残缺，但已没有信心改变现状。

如今，她年过三十，仍孑然一身。她不再奢望爱，因为她实在不知道什么是爱，也不知如何承受别人对她的爱。虽然有一份很好的工作，很高的收入，可她每天的生活就是公司和家两点一线。每天下班后，她都想在公司多待一会儿，不愿回到家后一个人独自承受寂静和冷清。

我不知道她的父母如何看待女儿今天的境况。她的确满足了父母的愿望，进名校、挣高薪。可是她幸福吗？她成功吗？

她聪明、勤奋、善良，如果父母在培养她的过程中能多几分爱心、耐心、宽容、理解，我想她今天的人生一定会充满阳光，并有鲜花绽放。

爱是生命之水，有它的滋养，生命之花才能绚丽芬芳！

人生的价值是什么？是较高的生活质量，健康的身心和幸福的家庭。将对事业的追求凌驾于身心的健康之上，那是本末倒置。作为父母，应该帮助、引导孩子打造、磨砺好事业这把剑，让它更好地服务于生活，而不是用剑去刺伤生活！

爱是充分的理解

我好友的女儿欣，容貌出众、心灵手巧，喜好烹饪。一道菜只要在餐厅里吃过一次，她就能感觉出这道菜用了什么配料和做这道菜的火候，回家后尝试一次，便做得色、香、味俱全，绝不比餐厅厨师做得差。她很想高中毕业后去学厨艺，可做大学教授的父亲怎么也不允许心爱的女儿去做那种“不体面”的工作，强逼她考大学。她最终是考上了大学，学习金融管理，毕业后在一家公司做金融数据分析员，但她一点也不喜欢自己的工作，也没兴趣提高自己的业务能力，寻求更多的发展机会。她最大的爱好就是做饭，一有空就琢磨创新菜品的做法。回想起父亲当年不允许她学烹饪，她心中依然有几分怨恨。她说如果父亲当时能理解并尊重她的特长和选择，她可能早已成为一个大酒店的主厨了！如今她最大的理想是能嫁一个好丈夫，做一个全职太太，以便她有更多的机会尽情发挥她的特长，享受烹饪乐趣，或者能资助她开一个特色小餐馆。

记得鲁迅先生的《我们现在怎样做父亲》一文中提到，作为父亲，教育孩子要做到理解、指导、解放。

由于欣的父亲对她缺乏理解，更无从谈指导与解放，欣非但没有达到父亲对她的期望值，而且在工作中也得不到应有的快乐和精神享受。孩子对未来生活和事业的选择取决于孩子自身的优势、能力和爱好，这是孩子自己的权利，不是父母的权利。

爱是为了成就孩子的梦，不是圆父母的梦

培养孩子的目的是使孩子拥有健全人格，具有独立生存能力，拥有健康、快乐人生。孩子的生命是父母创造的，养育孩子是父母应尽的责任和义务，不是对孩子额外的恩典。作为父母，我们要教子成才，培养他们具有良好的品行，教育他们知恩图报，但孩子不是我们储蓄未来的银行，更不是为实现我们未竟事业和理想抱负的工具。因此，爱孩子是为了成就孩子的梦，而不是圆父母的梦。

有一天，我接到正读大学的女儿打来的电话。电话那头的她充满哀伤地告诉我，她同年级一位华人女孩因不堪学习压力和孤独自杀了。类似的事件，自我来到北美后已听说过好几例。

大多在北美定居的华人，都是早年留学而来。他们聪明、勤劳，怀揣着自己的理想和抱负，在这块原本不属于他们的土地上辛勤耕耘，期望在为华人争光的同时，也能为自己的人生画上一个巨大的感叹号。可遗憾的是，由于语言和文化的差异，能进入公司高级管理层和决策层的华人，只是凤毛麟角，大多数华人都在公司、研究机构或大学做技术开发和研究工作。他们很多人将自己人生的缺憾转化成培养孩子的动力，渴望自己的孩子能够超越自己，在北美这个大舞台上拥有属于自己的一片天地。

许多华人的孩子进入初中后，父母便开始着手为其准备 SAT 考试（Scholastic Assessment Test，学术能力评估测试，俗称美国高考）的练习。除了要做老师布置的家庭作业，放学后或周末被塞进各种名目的补习班外，还要学弹钢琴、学中文，参加不同名目的竞赛等，忙得孩子除了学习之外，没有多少能够自由安排和支配的时间。这样重压之下的孩子，虽然最终也能得到机会进入那些一流的大学，但有些孩子

入学后面对众多出类拔萃、拥有自然爆发力的同学，尽管将自己绝大部分时间和精力用在学习上，但考试成绩还是平平。加之他们无暇参加各种俱乐部和社团活动，没有时间社交，压力得不到释放，于是逐渐变得孤独、迷惘，不再自信。有的因精神出现问题而不能再继续学业，有的因没有勇气面对现实甚至走上自杀这条不归路，留下悲痛欲绝、遗憾余生的父母。

面对这些年轻生命的陨落，作为父母，我们可曾思考过这是为什么？进入那些一流的高等学府是孩子的最佳选择吗？那些名校真的适合自己的孩子吗？

我们的孩子本该拥有如鲜花般的生命，朝气蓬勃、充满活力、阳光向上。可不幸的是，有的鲜花被强行装进一只漂亮的花瓶，然后被放到一个他们无法得到充足阳光的角落而枯萎、凋零了。这都是血的教训，愿这样的悲剧不要再在我们的孩子身上重演。成功不是考高分、进名校，成功是健康、快乐，成功是能面对挫折和挑战，能做自己喜欢和擅长的事情，能发挥个人的优势和潜力！

我们要用心了解、理解孩子，搭建与孩子心灵相通的桥梁，这是对孩子因材施教，为孩子设定合理学习目标的基础。千万不要忽视孩子本身的能力、个性、特点和心理承受能力，强推孩子向前，更不要“拔苗助长”。

成为孩子的良师益友

父母对孩子的爱应该是持续和稳定的，不要因外界因素变化而随之改变，更不能因在外面受了委屈或夫妻争执而借孩子出气。否则孩子长大后性格可能不够平和，容易情绪化，不易与人相处与合作。

父母是孩子的第一任老师，父母的言行对孩子有着潜移默化的影响。例如，作为父母，一定不要对孩子说谎。如果遇到特殊情况，不得不用善意的谎言达到善意的目的时，也要坦诚地告诉孩子，给他们讲明道理，让他们知道有时候实话也会伤害人，伤害人的事情不能做。对孩子的问题，要认真及时地回答，如果不能马上回答或不知道，也要诚实地告诉孩子。这样，如果孩子以后遇到了不懂的问题或不会做的事情，也会诚实地告诉父母。教育孩子的过程也是一个规范自己言行，拓展自己知识，提高自己修养的过程。当你要求孩子去做一件事情时，要换位思考，先将自己放在孩子的位置上，想一想你自己是否能做好？怎样才能做好？

在养育和陪伴孩子的过程中，如果你能与孩子建立一种在爱、平等、理解和信任基础上的亲密关系，成为孩子信任的良师益友，在教子成才的路上，你就至少成功了一半。

爱是给孩子一个和谐、幸福的成长环境，爱是理解，爱是生命之水，爱是帮助孩子成就属于他们的梦想。

教子之道，以爱为本！

第2节

心中有爱　方能为师

爱是教育的灵魂。我国近代教育家夏丏尊曾说过：“教育之没有情感，没有爱，如同池塘没有水一样。没有水，就不成为池塘，没有爱，就没有教育。”对于老师来讲，一个学生可能是你班级的几十分之一，但对一个家庭来讲，这个孩子就是百分之百！就是父母心中的一片天！老师这个看似平凡的职业却肩负着不平凡的使命，它关系到家庭、社会和国家的未来。老师的爱对学生的成长如同阳光、雨露，滋润着孩子们幼小的心田。来自老师的认可、称赞、鼓励，可以激发孩子们的学习动力，使他们的能动性和潜力得到更好的发挥，促使孩子们更加勤奋和不懈地追求新的和更高的人生目标。

爱是开启孩子心灵的钥匙

有一年感恩节前夕，朋友邀请我们去她家聚餐。那天晚上她共邀请了十多个家庭，晚餐后孩子们都到地下室打乒乓球和玩游戏，大人们围在桌旁聊天。我无意间看见一位女士静静地坐在客厅的一角，正默默地低头看着一个坐在她脚边玩拼图的小男孩。出于好奇，我走过去，蹲下身来，拍拍那个小男孩的肩膀问："你怎么一个人在这里，不下去和其他小朋友一起玩呢？"小男孩没有回答，抬起头冲我笑了笑，继续玩他的拼图。就在他抬起头的一刹那，我惊讶地发现这是个残疾孩子，左右两边的脸不对称，左边的脸比右边的脸小很多，左边的耳朵也大约仅是右边耳朵的五分之一。我竭力掩饰自己的惊讶，想找话题与男孩的母亲攀谈。这位母亲很美，也很年轻，只是眉头紧锁，脸上带着淡淡的忧愁。她显然已看出我心中的疑问，轻声对我说："生下来就这样。"我站起身，在她身边坐下，和她一起看那个孩子玩拼图。那是个400块装的拼图，他不紧不慢，井然有序地一块一块地往上拼。我安慰孩子母亲说："孩子挺聪明，别太担心。"她苦笑了一下对我说："谁知道呢，就发愁我们老了之后，这个孩子怎么办呢。"

后来朋友告诉我，这对母子刚从纽约搬来。这是她的第二个孩子，自从这个孩子出生后，这位母亲就不再工作，全职在家照顾他。孩子不仅两边脸不对称，左耳的听力也有障碍，幸亏她的第一个孩子很健康，也很懂事，否则她真的就失去生活的希望了。

过了好几年，当我再次在小区图书馆偶然遇到这个孩子的母亲时，她仿佛变了一个人。她眉头舒展了，面带微笑，气色红润，见了我主动和我打招呼。她告诉我她的那个残疾儿子已经上小学二年级了。她和丈夫第一次带孩子去小学注册的当天，校长就放下手中的工作，召集学校的主要行政人员和小学一年级的所有老师开会，并邀请她和丈夫列席，一起商讨怎样共同爱护这个孩子，让这个孩子在学校受到和正常孩子一样的教育。为此，学校特地找专业人员为孩子做了听力测试，确定孩子是否需要助听设备。她高兴地告诉我，她儿子的听力虽有些障碍，但并不需要任何助听设备，坐在前排就能听见。自从孩子上学后，在老师的爱、鼓励和引导下，他慢慢克服了害羞、自卑的心理，性格也变得开朗了。现在他不仅很喜欢学习，而且和其他正常孩子一样喜欢运动和唱歌。他告诉妈妈他要好好读书，将来当一名医生，研究如何预防孩子的各种先天性疾病。这位母亲还兴奋地告诉我，因为儿子的改变，她和她丈夫也变得乐观了，家里的气氛再不像从前那样压抑，而是充满了快乐和希望。她现在不再认为她残疾的儿子没有未来和希望，而是相信他和所有健康、努力、上进的孩子一样，有能力追求自己美好的未来并实现自己的人生愿望。

老师公平爱孩子　家长要有平常心

作为老师，要公平、真心地爱每一个学生，无论他的学习成绩好坏、家长地位高低。这样的老师会受到学生发自内心的尊敬，从而有助于实现教育的目的——知识的传播、文化的传承以及对学生良好品格的塑造。作为家长，也要有一颗平常心，与老师积极配合，让自己的孩子在学校与老师、同学友好相处。

我回国曾经听到朋友、亲戚谈到在每年的教师节、中秋节、春节或新学期开始的时候给老师送礼的事情。有的是报怨，有的是炫耀。但无论是主动或被动，其目的都是相同的，那就是希望自己的孩子在学校能被老师特别关照。作为父母，你们可曾想过，在你们给老师送礼的同时，也是在孩子心中播种了一颗可以通过非公平竞争手段达到目的的种子？

家庭是组成社会的“细胞”，家长素质的提高和教育理念的更新，可以推动学校教育的变革，督促老师教学方法的改进。如果家长普遍缺乏健康的教育理念、成功观和价值观，却单方面要求老师这样或那样，既对老师不公平，也不利于孩子身心的健康发展。

老师的爱是爱心传承的种子

每一位老师都希望自己的学生努力学习，按时完成作业，考试成绩优异，可当你面对一个不愿做作业的孩子时，该如何处置呢？

我在加拿大的一位同事，她表姐一家四口驾车旅行时，不幸发生车祸，除八岁的女儿幸存，其他三人全部遇难。我同事将这个女孩收养。孩子在受到巨大惊吓和痛失亲人的打击后，有些自闭倾向，不愿与人交谈，也不愿上学。为了改善孩子的心理状况，让她早日恢复健康，我同事将自己原本居住的别墅卖掉，搬进了一个三居室的高层公寓。她这样做一是因为新家的地理位置处于一个好学区，二是因为一家人集中在一个不大的空间，能增加家庭成员之间的接触和亲密感，让孩子更真切地感受到来自每个家庭成员对她的爱。

同时，为了能更好地照顾这个孩子，我同事不再全职工作，每天只工作半天。在她的关爱和鼓励下，孩子重新回到学校，但在学校她总是尽可能一个人待着，不愿和其他小朋友们一起玩，回到家也不愿写作业。老师与家长沟通，得知孩子的遭遇后，对她付出了加倍的耐心和爱。每天下午放学后，老师便和她单独在一起多待一个小时，不仅和她一起再次回顾当天老师所讲的内容，阐述作业的要求，也像朋友一样询问她一天的生活、感受，在家都做了什么等。当我同事按预先与老师约好的时间去接孩子时，老师除了向她仔细描述孩子在学校一天的情况外，还给她一个清单，让她回家指导、帮助孩子阅读要求读的书和完成需要完成的作业。对孩子取得的点滴进步，老师都给予真诚的肯定和鼓励，并时常给她一个热情、友好的拥抱。

一个学期后，孩子的状况有了明显改善，一年后，孩子基本恢复了正常。有一天同事去学校接孩子，当老师告诉她孩子刚刚在班里的读书比赛中得了第四名时，她激动地哭了。她第二天到办公室将这一消息告诉我们时，仍是难掩激动之情，边说边流泪。

几年后，偶然遇到这位昔日同事一家人，那个曾经沉默不语，脸上带着几分冷漠的小女孩已长成一位亭亭玉立、待人得体的大姑娘。她说她将来也要当一名老师，像她当年的小学老师爱她一样，爱所有的孩子，特别是那些需要帮助的孩子，将爱的种子撒进每一个孩子的心灵深处。

爱可以使孩子心里的坚冰融化，将阻挡孩子追求美好人生目标的高山移开。老师对待学生的方式，反映出老师的职业道德和个人修养，潜移默化地滋润着学生们幼小的心灵，影响他们长大后为人处世的方式。

不做让孩子内心不平静的事

对孩子极尽管教和体罚，不仅伤害孩子的自尊心，挫伤孩子的自信心，也会使孩子将学习视为负担，进而失去对学习的兴趣。

我们在国内时，有一次女儿发烧住院，同病房的是一个小学二年级的小男孩。那个孩子在高烧一天后，晚上好像是突然想起来了什么，一下子从床上跳下来，全然忘记了他手上还插着打点滴的针头。他妈妈见他赤着脚猛地跳到冰凉的地板上，惊慌地问他："你要干什么？"他高烧后略带苍白的脸充满焦虑，几乎带着哭腔对妈妈大声说："我今天作业没有写，老师明天肯定要让我罚站。我的书包呢？我得赶快写作业。"他妈妈听后，赶忙走过去，将他扶到床上，充满爱怜地安慰他："我们已打电话告诉你的班主任，她知道你病了，你的其他老师也会知道的。你不用担心作业的事，他们不会责怪你的。"

第二天早上，护士过来给他量体温时，他问护士：“阿姨，我什么时候可以出院？”护士回答说：“等你的体温正常后，再稳定一天，就可以出院了。”他失望地哀求护士说：“阿姨，你能不能让我在这儿多住几天？”护士听后惊讶地问：“为什么？”他沮丧地说：“我不想上学，我不喜欢去学校，我的班主任和数学老师都很凶。”护士听后笑着问他：“你现在如果不上学，没有知识和本领，将来怎么办？”他两眼盯着天花板，带着几分茫然和无奈地说：“我也不知道。”我当时目睹此景，心里着实为这个小男孩感到悲哀。如果他的老师们能看到上述情景，听到孩子对妈妈和护士说出的话，真不知道该有何感想！

作为一个成年人，如果你的工作没有达到管理者的满意值，假如他当着其他同事的面训斥或惩罚你，你内心会有怎样的感受呢？

“己所不欲，勿施于人。”

教育不能以扼杀孩子的创造力为代价

爱不仅能给人力量，也能启发人们的思维，赋予人们智慧。一个敬业、负责、渴望孩子表现出色的老师，如果内心缺少爱，对学生的教育和引导又会起到多大功效呢？

我女儿上小学一年级时，有一次上手工课，小朋友要使用小剪刀，可不知怎么回事，女儿刚用过的那把小剪刀不见了。她问坐在旁边的小朋友，都说没拿，她又仔细在自己的座位周围寻找，也没找到。为了节省时间，她举手问老师：“老师，我的小剪刀不见了，能不能再给我一把？”老师听后，不但没有给她，反而走上讲台，举着手里的小剪刀对全班同学说：“这些小剪刀是学校花钱买的，是国家财产。你这个孩子平时看着还不错，今天怎么这么粗心，刚上课就把剪刀丢了？”

在那一刻，她被老师的话说懵了，继而是委屈和羞愤，眼泪在眼睛里直打转。可老师并未注意到她的反应，仍站在讲台上继续批评女儿。女儿忍无可忍，不顾老师的阻拦，气愤地冲出教室。感谢女儿的班主任袁老师，她不仅安慰、哄好了伤心的女儿，还给我打电话进行沟通。但自从那次课后，女儿全然失去了上手工课的兴趣，尽管她原本那么喜欢做手工，手很巧，也有一定的美术天分。

孩子的创造性、能动性、探索未知世界的好奇心、学习某一专业领域的积极性和主动性往往都和孩子在某一方面的特长、天分紧密相连，是孩子非常珍贵的特性，也是人类最有价值的资源。可如果孩子的自尊心受到伤害，这一特性就很可能在不知不觉中流失。在给孩子传授知识、技能时，千万不能以伤害孩子的自尊心，打击孩子的自信心，扼杀孩子的创造力为代价！

国家的竞争是人才的竞争，而人才竞争的关键是创造力。

女儿的手工课老师本该教育女儿做事要有条理，但由于她方法简单粗暴，不仅没有达到预期的效果，还使女儿从此再也不喜欢上手工课了。她那次自尊心被伤害的阴影，过了好久才慢慢从内心淡化和消失。

考试不是伤害孩子心灵的武器

有一次回国探亲请一位亲戚吃饭，本来说好请他一家三口，可到了饭店，仅见他们夫妻两人，上小学二年级的儿子没有来。我问那位亲戚原因，他生气地说：“他上周期中考试，数学只考了87分，全班倒数第一。今天罚他，让他在家吃剩饭。”我听后心中暗自为那可怜的孩子叫苦，也为学校从第一名排到最后一名的排名方式，深感忧虑。

当然现在绝大多数中小学不排名了。有的老师可能会排出班级的前三名，有的学校也仅排出年级的前十名，以鼓励那些学生刻苦的学生，但绝不会从头排到尾，让班里每个孩子都知道谁是倒数第一名，使孩子的自尊心受到伤害，自信心受到打击。

考试只是一个工具，用于考察孩子的学习效果，发现孩子在学习中的问题，督促孩子更好地学习，改善老师的教学方法，而不是伤害孩子心灵的武器。

作为老师，既平凡又伟大。如果你用心灵和真诚去爱你的学生，用知识去充实他们的头脑，用你的正直、善良、坦荡教他们做人，你的付出会得到真诚的回报，孩子们会用他们的真心去爱你、尊敬你，将你永远记在他们心里。这样的回报，难道不是人生最有价值和意义的收获吗？

心中有爱，方能为师。愿爱的种子通过每一位老师、每一位读者的手播撒进每一个孩子的心田，撒向人间每一个角落！

第3节

充满爱的加拿大小学

加拿大的法律规定，凡年龄在6~16岁的儿童和少年必须上学，否则政府将追究父母或监护人的法律责任。加拿大的中小学教育是省教育局管辖，公立学校实行中小学免费义务教育。孩子上学，父母只要给孩子买一个书包就可以了，课本以及课堂上使用的铅笔和橡皮，甚至连草稿纸都是学校免费提供。学校有图书馆和室内运动场，很多小学还有室内游泳池并与社区共享。我女儿在加拿大上的小学是5年制，加上3年初中，4年高中，总共12年中小学教育。小学的主要课程是英语（或称语言艺术）、数学、科学、法语、社会学、音乐、体育和手工艺术。

加拿大小学的教学方式是教师包班制，也就是一位老师负责一个班学生的主要知识性课程，如英语、数学、科学、社会学，各科目的教学时间与顺序由老师灵活掌握。一个班一般有20多名学生，一般不超过30个。老师大多具有本科以上学历，并接受过严格的儿童心理学训练。

加拿大小学的教室宽敞、明亮，除教学区外，靠墙是一排书架，上面摆放着供孩子们阅读的多种书籍。女儿上小学二年级时的教室里还有一个玩具区，孩子们每天都有15分钟的时间在老师的指导下玩玩具，主要是小组游戏，培养孩子们的团队合作精神。此外，教室门口的一排长凳上方是挂衣服的钩子，钩子上面是一排小柜子，这是孩子们放衣帽、书包的地方。加拿大的冬天很长，天气寒冷，但室内却温暖如春。孩子们到学校后便将穿在外面的大衣脱下挂在钩子上，靴子脱掉放在板凳下面，然后换上室内穿的单鞋，如有私人物品，可将它们放在最上面属于自己的小柜子里。

形式不重要，爱最重要

学校里使用的课桌是圆的，几个孩子坐在一起围成一个小圆圈。老师很有爱心，并具有丰富的儿童心理学知识和教学经验，教学方式灵活多变，对孩子宽中有严。

老师讲课有时站着，有时坐在地板上。当老师坐在地板上时，小朋友们也围着老师坐成半个圆，但坐姿各异，有的小朋友还趴在地板上，用两手托着下巴听老师讲课。

孩子们刚下课时的一幕幕景象更是感人。老师还没有从地板上站起来，有的孩子就走过去趴在老师的肩膀上，有的孩子干脆坐在老师的腿上，还有的孩子静静地站在一旁，在恰当的时候将老师从地板上拉起来，然后将头依偎在老师胸前，向老师诉说自己的“小心事”。老师时而抚摸孩子的头，时而俯下身去亲亲孩子的额头。每次女儿放学，我去教室接她时看到这些温馨的情景，不禁发出由衷的感叹：“这里的孩子真幸福！”同时也深深地明白和理解了为什么孩子们一到这里，就开始喜欢上这里的学校，喜欢加拿大。即使有的父母，在感受到加拿大就业的严峻之后，本想打道回府，但终不忍孩子恳求的目光，不得不为孩子而做出牺牲，最终留在了加拿大。

老师不拘形式、富有爱的教学方式，使孩子在知识的海洋尽情遨游，充满好奇地探求未知的世界，满怀向往地迎接每一天。

身体健康是第一

加拿大的小学教育对体育课非常重视。孩子们隔天就有一次体育课，在一起打球、跑步，不仅使孩子们的身体在紧张的学习中得以恢复，也能培养孩子们的合作与互助精神。放学后，孩子也可以参加许多由社区提供的免费或仅象征性地收一点费用的各种体育课，如游泳、篮球、排球、足球、羽毛球等课程。

我们在加拿大曾搬过好几次家，每一个我们居住过的社区都有室内游泳池，有的就设在小学里。在多伦多，如果中学和小学在一起，一般校内都有室内游泳池。女儿到加拿大两个月后就开始学游泳，最初是老师一对一地教她。室内游泳池是恒温，春、夏、秋、冬皆宜。游泳池旁的更衣室干净、整洁，并且有热水供应。在游泳池的一边设有看台，父母坐在上面可看到孩子游泳时的一招一式。有的游泳池周末免费对家庭开放，只要带着孩子一起去，一家人便可尽情享用。由此可见，加拿大社会和政府对孩子的健康是多么重视。我女儿很喜欢游泳，她初中毕业时已通过救生员资格游泳考试。

通过这 10 多年的观察、思考以及经历了女儿在北美所受的中小学教育后，我深深地体会到孩子身体健康的重要性和对孩子综合能力培养的必要性。身体是一切之本，如果孩子没有健康的身体，他们的前途和未来就如将房子建立在沙滩之上。

孩子真诚的爱是对老师最大的敬

在北美，圣诞节就像中国的春节。人们在经过一年的辛苦劳作之后，亲朋好友相聚一起共享天伦之乐，共叙亲情、友情，也相互赠送圣诞礼物和圣诞卡，借此表达对对方的爱、尊敬或感激之情。我女儿在圣诞节前给老师送的圣诞礼物经常是一张自己画的圣诞卡，一个自己用塑料珠子串成的项链、手链或一个挂钥匙的小动物。年年如此，只是款式、花样、颜色有所改变。有一次我忍不住问女儿："为什么每年都给老师送差不多的礼物？"

女儿快乐地回答："老师很喜欢我送给她（他）的圣诞礼物和圣诞卡，每次送给她（他），她（他）都将我画的圣诞卡贴在她（他）办公桌上方的墙上，将我做的项链、手链或挂钥匙的小动物戴在身上。"

的确，这种简单但凝聚着孩子真诚与爱的礼物，是对老师爱与敬意的最真切表达。

用心呵护孩子的自尊心和自信心

到加拿大的第二年，我和另外两家中国邻居合作接送孩子上学、放学。那两家邻居的孩子，一个是与我女儿同岁的男孩，另一个是比我女儿小两岁，刚上小学一年级的小女孩梅利莎。由于梅利莎在这 3 个孩子中年纪最小，每次轮到我接孩子时，我总是先去接她，让女儿和那个男孩在他们的教室里等我。等我接到梅利莎后，再接他们，然后一起回家。

有一天我去接孩子早了点，到梅利莎的教室时，老师还没有讲完，我便坐在教室后面一排靠墙的小柜子上等她。快下课了，老师问小朋友：“老师刚才讲的，你们都听明白了吗？如果听明白了，谁能站起来告诉大家，我刚才讲的几个要点是什么？”

小朋友们全都举起了手。

老师对梅利莎说：“梅利莎，我刚才讲的几个要点，请你再给大家讲一遍，好吗？”

梅利莎却站起来回答说：“我不知道。”

老师听后不但一点没生气，反而和蔼地对她说：“没关系，请坐下。”然后又转向其他同学问：“谁能告诉梅利莎，并帮助她明白我刚才讲的是什么？”

从教室出来，我不解又好奇地问梅利莎：“你不知道，为什么还要举手？”

这个 3 岁随父母来加拿大生活，在加拿大幼儿园长大的小女孩坦然、自信地回答：“因为我不知道，所以我要告诉她我不知道。”

她简单、明了的回答着实让我吃了一惊。记得小时候上学，如果老师提问时我不会，恨不能将脑袋藏起来，生怕老师看见，哪里还敢举起手，当着全班同学的面主动告诉老师：“我不会。”

在北美的中小学，孩子的自尊心和自信心被老师用心地呵护着。老师在用知识滋养他们头脑的同时，更用爱守护他们的心灵。作为老师，他们清楚地知道孩子心灵受到伤害，其后果有时远比身体上受到伤害要严重得多，因为身体的伤痛大多能在短时间内得到医治，而心灵的创伤则可能会影响孩子的一生。

学校能否培养出优秀的人才，关键不在学校设施的好坏，而在老师是否拥有爱心、敬业精神和教学能力，其中爱心居首。心中有爱，加之足够的耐心，往往能迸发出更多的智慧，充分展现出老师的能力和潜力，找到培养学生的最佳途径和有效方法。

第 4 节

自信之舟　以爱成就

自信心是人对自身综合素质和能力的信任程度，是对自我价值、自我尊重、自我理解的意识特征和心理状态的有效表达。

自信是向成功迈出的第一步。一个人是否有成就要看他是否具有自尊心和自信心这两个条件。

自信心是一个人成功的基石，而来自父母和老师的爱是自信心产生的源泉，是自信心生根、发芽、成长、开花的最好土壤和最佳养料。

自信心是一个人成功的基石

自信心是一种内在的精神力量，它给人以智慧、勇气、果敢，使人敢于面对失败，勇于承担责任，并在逆境或者失败中认清自己的位置，客观认识自己的优势和不足，总结经验教训，调整自己的心态和策略，不断向前迈进。因此，检验一个人是否真正拥有自信心，看他在逆境或失败时的表现就知道。有人问两次获得诺贝尔奖的居里夫人成功的秘诀是什么，居里夫人说是恒心和自信心，尤其是自信心。

具有自信心的人既能客观认识自己的优势，也能看到别人的长处和自己的不足，并能坦然接受别人正确的批评和建议。自信的人往往是乐观、积极、主动、谦和的，在工作和生活中易于与他人合作和相处。

自信心仿佛是一把打开生命潜能大门的钥匙，能开发人的潜力和智慧；又仿佛是一剂能使人镇定、冷静、从容的良药，在面对挑战和强有力的对手时，让人客观分析形势，充分利用自己的优势找到解决问题的突破口。

一个缺乏自信的人，内心多半比较脆弱和敏感，心胸相对狭隘，爱猜忌人，缺少合作精神。在遇到挑战时，内心紧张、畏惧，有时甚至不战自败。的确，人很大一部分自信是来源于实力，但一个没有自信心的人往往认识不到自己真正的实力，更意识不到自己蕴藏的潜力。一个有自信心的人，往往在机遇来临时能全方位地展现自己的优势，最大程度地发挥自己的能力，进而通过挖掘潜力，超越原有的自己，甚至可能超出那些原本比自己实力强但缺乏自信的人。

幼儿时有无自信影响一生

孩子在年幼时，并不确切地知道自己是什么样的人，也不知道自己将来能干什么，他们是通过自己身边最重要的人特别是父母的评价来认识自己的。来自父母的肯定、表扬和赞赏能够帮助孩子认识到自身的价值，对孩子自信心的形成和发展起着不容忽视的作用。同样，父母一句不经意的批评或否定，可能会给孩子心灵造成很大伤害，进而使孩子失去在某个方面的自信心。孩子在年幼时建立或失去自信心，会影响孩子一生的道路。

我出生于20世纪60年代，我们那一代人的童年，由于父辈忙于生计，同时他们也欠缺基本的儿童心理学知识，我们所能得到的来自父母的关爱与关注极少。我父亲是一位外科医生，动手能力很强，毛笔字也写得不错，可我在这两方面恰恰都很弱，不仅动手能力差，钢笔字也写得不好，更别说毛笔字了。为此，父亲时常脱口而出："你这孩子怎么就这么笨。"因为父亲这句话，我一直认为自己智力、能力低下，许多事情，在还没有开始做之前，内心就首先认定自己可能不行，更不用提主动争取、寻找或为自己创造机会了。虽然自从我认识我先生之后，他一再鼓励我，但我内心深处的自卑心理直到我出国后考取美国注册会计师后才真正消失。

我原本是土木工程师，到加拿大后由于找不到对口的工作，便改行学做会计。在加拿大，如果你要改行，必须从本科重新读起。由于年龄和就业的压力，我没有再花四年的时间去读一个会计本科学位，只按照参加美国注册会计师考试所要求的基本学分去选课。当时我所有学过的会计课程加起来，也不到考试内容的50%。为了节省时间，我没有将所缺乏的课程，一门一门地读，只在网上买了几本复习纲要来啃。美国注册会计师协会设计了4门考试，不仅难度大，内容广泛，而且考生须在18个月内通过所有4门考试，其间允许重考。4门考试走一遍最短需要半年时间。根据美国注册会计师协会的统计，能在一个考试周期，也就是半年时间内通过四门考试的考生大约只占15%。我在第一个考试周期就以平均分高于80分的成绩全部通过。当我拿到最后一门考试成绩时，真的是感慨万分！回想以前曾经走过的路，多少机遇因自己内心缺乏自信而让它悄悄溜走，而那些机遇往往一生只有一次，失去了就再也不会回来。自信这一人们从幼儿时就该拥有的素质，我直到中年才真正拥有它。

我先生出生于一个普通的工人家庭，在他的成长过程中，父母对他的爱与赞许远远多于管教和训斥。他小时候喜欢画画，他母亲工作的运输公司就在他家不远处，有时他看到宣传科的叔叔办黑板报，就跑去帮忙画漫画，他母亲为此十分欣喜，内心骄傲不已。每次看到他从学校拿回的成绩单，尽管有时他的成绩并不那么高，可他母亲总是面带笑容，用一种极朴素的语言教育他："人过留名，雁过留声。你很聪明，要好好读书，读好了书才能有好的前途。我们从小家里穷，没有机会上更多的学，读更多的书，你一定要好好珍惜学习机会。"后来我先生回忆起他儿时成长的经历时对我说，他从他母亲每次读他成绩单时愉悦的眼神里，感悟和体会到母亲从心底涌出的对他的爱与希望，并因此受到很大的激励。于是他暗下决心，要好好读书。由于他的努力，学习成绩不断提高，自信心也就相应增强，于是他便更加努力，这样一步步在学习上取得的优异成绩，使他内心逐渐产生更多的自信，促使他有了更高的人生目标和追求。

与我相比，我先生身上还有更可贵之处是他与人相处的融洽、坦然、谦和，对事情轻重缓急的把握，处变不惊和遇事不慌的从容与乐观，这些都与他内心拥有的自信息息相关。而他的自信，源于他幼年时的成长环境，父母的赞许和鼓励。同时，因为自信，我先生在压力和困难面前表现出的沉着、冷静，扬长避短，积极寻找办法和出路的态度，使我们的家庭氛围充满和谐、希望和进取精神，让女儿深受感染，对她自信心的形成和发展有着很多无形的激励和帮助。

从我本人和我先生的成长经历中，我深深地体会到一个人在孩童时期的自信心是多么重要。作为父母，花一定时间和精力开发孩子的智力和帮助孩子学习各种知识与技能固然重要，但更重要的是建立、培养和发展孩子的自信心。自信心是孩子未来事业成功、生活幸福的重要前提！

在日常生活中培养孩子自信心

我们对女儿自信心的培养是从她幼儿时开始的。基于自身的成长经历和对人生的体会，自女儿出生那一刻起，我便立下志向，要将女儿培养成为一个自信、健康、快乐的孩子。无论遇到什么情况，我和我先生从未说过一句伤害孩子自尊心的话。我们用真心与爱小心呵护她幼小的心灵，以期她长大以后拥有足够的信心和勇气去面对这个复杂多变的世界。

对幼儿自信心的培养，可以从日常生活中与她一起做游戏，跟她一起读书给她讲故事等入手，尽量创造机会让孩子做他们力所能及的事情，让孩子发现和发展自己的各种能力，对孩子取得的点滴“成就”表示出适当的欣赏和赞许，让孩子有机会体验成功的喜悦，内心产生相应的自信。必要时，也要用恰当的方式，指出孩子的欠缺和不足，帮助孩子找到出现问题的原因所在，提出可行的改进方法。让孩子在受到肯定和鼓励的同时，也能正视自己存在的问题，促使孩子总结经验，主动改进现有事情的处理方法或者有足够的信心去尝试新的事物，这样一步步使孩子的自信心在爱中生根、发芽、成长、壮大。

在女儿大约 4 岁的时候，我先生给她买回一盒很大、比较复杂的积木。刚开始时，她按照说明书中示范的模型去拼搭，很快就搭起来了，于是她便按照自己想象中的模型去建造她的大楼和亭台。每搭好一栋新的大楼，她就兴奋地指给我们看，我们也很高兴地表扬她，夸她的作品有创意。可有时也不如她意，大楼正盖着，“轰”的一声就倒了，于是她便有几分沮丧。碰到这种情形，我先生总是笑着走过去对她说：“不错啊，新大楼很漂亮，也很有创意，尽管它倒了。”然后再和她一起分析大楼倒塌的原因，告诉她怎样搭才能使每个支撑的部件受力均匀，使大楼可以稳定地立在地板上，并鼓励她按自己的建议再试试看。这样她很快就从刚才失败的不快中走出来，开始新的尝试。

当父母期望孩子朝哪一个方向努力，并纠正其现有的不足时，有效的指导方法不是先告诉或指责孩子错在哪里，而是先告诉或表扬孩子对在哪里。

我们就这样，通过观察女儿在日常活动中的情绪和反应，及时给予她适当的认同、表扬和鼓励，并提供她所需要的建议和帮助，不仅使我们和女儿之间的关系更加亲近，女儿对我们更加信任，也促使她毫无顾虑去发掘和发展她的各种能力和潜力，自信心得以提高。

夸奖有技巧孩子获自信

孩子需要家长、老师的鼓励和赞许，就像花儿需要阳光、雨露一样，但量与方式要适当，切忌滥夸，否则就可能会导致孩子走向另一个极端——自负。许多在赞美声中长大的孩子，心理相对比较脆弱，离开了父母和亲人的赞扬便无所适从，长大后也很难承受挫折和失败。有的人甚至以别人的称赞作为衡量自己成绩和价值的尺度，让自己活在别人的称赞的阴影之中。

夸奖孩子要把握一定的技巧，就事论事，重在表扬和鼓励孩子的行为，而不是资质。例如，当我女儿画完一幅画之后，我通常会这样说："画得真不错，色彩、创意和整个画的布局都很好。宝宝为了完成这幅画，花了两个晚上，又很认真，有你这样的好宝贝，妈妈真的好开心。"女儿听后，她得到的信息首先是这幅画画得很好，她的劳动成果得到了肯定；二是她很认真努力，妈妈为此很满意。她听后不仅心里感到高兴，自信心也得以提升。这样会促使她未来有更高的目标和追求，因为她明白付出和结果之间的关系。

如果我对女儿说："宝宝真棒，真有艺术天分。"孩子听后得到的信息便是她画得很棒，是因为她很有天分。这样她可能就会认为，我以后不必那么努力，因为我有天分，甚至在经历失败后，因为担心别人说她天分不高或不够聪明，而不去尝试和努力了。这样，孩子的自信心不仅得不到应有的拓展和强化，反而会慢慢流失。

做为父母，还要避免让孩子感觉父母对自己的爱是有条件的爱，而不是真爱。假如当我看到女儿画的画后，这样对她说："画的不错宝贝，妈妈明天给你买一条漂亮的连衣裙。"孩子听后得到的信息是："因为我画得好，妈妈才喜欢我、疼爱我，所以给我买漂亮的裙子，可如果我画得不好会怎样呢？"不但孩子的自信心没有得到相应的提升，适得其反，内心的安全感还会因此而减少。

极端不自信是自卑，极端自信是自负，自卑和自负都是不健康的人格，对一个人的发展会造成负面影响，在孩子的成长过程中，家长要设法予以避免。

自信心在包容中成长壮大

每个人都会犯错误，更何况是孩子。要允许孩子犯错误，并在犯错、知错、改错中不断成长。千万不要为了防止孩子犯错误而阻止他们探索未知的世界，尝试以前未曾做过的事情，进而伤害孩子的好奇心，挫伤孩子的自信心。"失败是成功之母"，我们要使孩子的自信心在我们的包容中成长和壮大。

女儿三岁时，我在香港工作的一个朋友送给她一个会说话的娃娃。一按那个金发娃娃肚子上的按钮，她便能说出一些简单的话，比如，

“你好。”“我爱你。”等。有一天我正在厨房做晚饭，女儿抱着她的宝贝来找我，带着几分失望和胆怯，告诉我她的宝贝不会说话了。我转身从她手中接过娃娃，按一下娃娃肚子上的按钮，果然没有反应。

我问女儿：“她什么时候开始不会说话的？”

女儿回答说：“她今天下午就不能说话了。”

我又问女儿：“除了按钮，你还动过娃娃别的什么地方吗？”

女儿抬眼看看我，小声咕哝着说：“娃娃每次说话，嘴巴都张得很小，我想把她的嘴掰大点，看她怎么说话的，是不是生病了。”女儿说着说着，声音逐渐变小。我知道她那时已经意识到可能是她自己将娃娃弄坏的，她那一刻的心情是既心疼她可爱的娃娃，又担心妈妈批评她。我也醒悟过来，女儿每次生病，我带她去医院时，医生都用一个小木条压住她的舌头，让她说“啊”，看她的喉咙是不是发炎了。而今她的娃娃不能说话了，她也想用同样的方法，检查娃娃的喉咙是不是也发炎了。我侧眼再看看她胸前的娃娃，果然嘴巴已让她掰得变了形，便忍不住笑了。我放下手中正准备的饭菜，将她抱起，坐到沙发上，亲亲她的小脸蛋对她说：“曼曼真好，知道心疼人，还知道给娃娃看病。你看这个娃娃来我们家也很久了，已经说了许多话，并且带给你许多快乐。她现在可能是说话说累了，我们就让她歇歇，休息几天，你过几天再和她玩，好吗？”女儿见我没有责备她，也就将这个娃娃放到一边，开开心心去玩别的玩具了。

过了一会儿，去外面买醋的小保姆回来，我便将刚才发生的事儿小声告诉了她，她听后也笑了并告诉我：“下午邻居家的孩子到我们家玩，几个孩子都抢这个娃娃玩，可能是电池用完了。”我这才想起刚才忘记检查一下电池是否有电或电池放错了位置。

正在这时，我先生回到家，我们便将刚才发生的故事讲给他听。他找出两节新电池，给娃娃换上，将“治好病”的娃娃还给女儿，并给她解释娃娃会说话的原理。这下女儿可高兴了，原来她的娃娃不是靠舌头、喉咙发出声音的，她的嗓子永远不会发炎！

在北美，家长、老师也非常用心地呵护着孩子的自尊心和自信心，以免其受到伤害。

在课堂上，老师若问孩子3加2等于几。如果小朋友回答："等于7"，老师不会说："错"，而会说："接近"；如果小朋友回答："等于6"，老师则会说："非常接近"。这些受过儿童心理学训练的老师心里非常明白，知识的获得和积累只需要一段时间，而自信心的流失却会影响孩子一生的发展。

钢琴有价 自信无价

父母对孩子幼年时自信心的培养，少年时自信心的维护和引导，可使孩子内心充满阳光，并能坦然接受失败，总结经验，继往开来。

女儿一开始不愿意学习弹钢琴，我们也没有强迫她。搬到加拿大后，当她在音乐会上看到小女孩穿着漂亮的长裙，优雅地坐在舞台上，悠扬的琴声如涓涓细流从指尖流出，她开始羡慕、心动，想学习弹钢琴了。钢琴被送来的第一个晚上，女儿坐在琴凳上，将手指放在琴键上模仿钢琴家弹琴的样子，她内心充满怎样的喜悦，脑海里闪过多少动人的情景和精彩的瞬间啊！女儿的第一位钢琴老师是位东欧人，她耐心、优雅、和气，无论我们什么时候问她女儿钢琴弹得如何，她都微笑着回答："很好。"可半年时间过去了，我们并没感到女儿弹琴的技巧有明显的进步。于是我们在征得女儿同意后，决定为她换一位中国钢琴老师，这样也能方便我们彼此的沟通。经朋友介绍，我们找到了一位二十多年前从香港移民到加拿大的钢琴老师。

这位钢琴老师是个单身妈妈，有两个女儿。第一次带女儿去她家拜访时，她很热情，友好，向我们述说她有许多学生在不同的钢琴比赛中获奖，并向我们展示了她与获奖学生的合影。她还告诉我们她的两个女儿钢琴都考过了十级，大女儿在多伦多大学读书并在多伦多一个著名乐队任专业钢琴师，经常随乐队到世界各地演出。从钢琴老师家里出来，我们全家都很高兴，以为给女儿找到了一位理想的钢琴老师。

接下来我先生每周六上午开车送女儿到钢琴老师家学习弹钢琴。起初大半年，女儿每次上完课回到家都是高高兴兴的，每天放学后也能很认真、投入地练琴。但随着时间的推移，我发现父女俩按时去上课，可回到家的时间却越来越晚。我问先生原因，他告诉我："钢琴老师收的学生越来越多，以前她收的学生都是中国人，现在也收印度人、韩国人、越南人等其他亚洲国家移民的孩子。以前每个孩子的上课时间都是固定的，现在是谁先到，谁先上。最近我们每次到她家，客厅里都有几个住在附近的孩子已经等在那里了。"我先生的语气中流露出几分无奈，他接着对我说："钢琴老师最近心情也不太好，对孩子不够耐心，可能是因为学生多，有些辛苦。"听了我先生的话，再仔细观察上完钢琴课回到家的女儿，她的确不像从前那样高兴了。以前一进门就大声喊："妈妈，我回来了。你做了什么好吃的？我饿了。"可如今回到家，什么也不说，径直走进自己的房间，直到我喊她吃饭，才出来。

那时的女儿，每到周末，总喜欢抱着自己的枕头来我们房间让爸爸去她房间睡，她跟我睡。对我来说，这是每周和女儿单独沟通的最佳时机，我和她总是在入睡前聊一会儿，借此了解她一周的学习和生活情况。

又是一个周末的晚上，我和女儿躺在床上，我轻声问她："你现在还喜欢你的钢琴老师吗？"

女儿摇摇头。

我问她："为什么？"

女儿将怀里毛茸茸的小花狗抱紧些，对我喃喃地说："她有时很粗鲁，如果哪个学生弹得不好，她会很大声地训斥那个学生，有时还用很脏的英文字骂人。"

我担心地问她："她骂你了吗？"

女儿摇摇头，内心显出几分不安地对我说："没有，但越来越不友好。如果我前面的小朋友弹得不好，她对我就更不友好。"

我亲亲她的小脸蛋对她说："睡吧，宝贝。如果你哪一天不想跟她学弹钢琴了，就告诉妈妈，我们再给你找一个新的钢琴老师"。

女儿听了我的话，高兴地趴在我怀里幸福地说："妈妈，你总是我最好的朋友。"

看着女儿嘴角带着微笑进入梦乡，我的心并没有完全放松下来。

女儿进入五年级后开始忙碌起来，一是她需要更多的时间进行大量的阅读，二是她有许多大作业需要花一定的时间和精力才能保质、按时完成，她练琴的时间就不像以前那么多了。有一次上完钢琴课回来，父女俩都垂头丧气。我问先生怎么回事，他生气地说："老师说她上次教的，曼曼今天弹得不好，肯定是上一周没有好好练琴。"这样的事情连续发生了几次之后，我再也坐不住了，决定下次钢琴课和他们父女俩一同去。

我们到钢琴老师家时，她正在教一个印度小女孩。在我们前面，还有两个中国孩子在等，他们是姐弟俩。那个印度小姑娘没弹好，钢琴老师边教边批评她。等轮到那姐弟俩，谁都不想先过去，最后妈妈硬把姐姐推了进去。姐姐弹得显然没有达到老师的要求，加上余怒未消，又同是中国人，知道中国父母多有望子成龙之心，即使对孩子严加管教，父母也不会怪罪。所以陈老师对那个孩子的训斥不仅声音高了几度，语气也更重。女儿悄声对我说："妈妈，你听，她又说脏字了，幸亏这个小女孩的妈妈英文不好，听不懂，否则肯定会生气。”我拉了拉我先生的袖子低声对他说：“我们去院子里走走吧，快轮到曼曼时再进来。”

于是我们一家人来到院子里，趁女儿在身后，我小声问先生：“你认为还有必要让孩子继续跟她学吗？”我先生想了想，犹豫地说：“我们这个区华人很少，找个中国老师不容易。她脾气虽不好，厉害了点，但还是很负责的。”

我摇摇头，对他说：“不值得。如果她继续这样对我们孩子，用不了多久，就会将她的自信心打得落花流水。而自信心是我们自她出生，就用心帮她建立、维护和发展起来的，是她一生的财富。弹钢琴不过是个爱好，孰重孰轻，一目了然。”

我略停了一下，坚定地说：“如果她今天还是这样对我们孩子，今天就是在她这儿上的最后一课了。”

先生听了我的话，赞同地说：“你说的对。任何知识和技能的获得，如果以伤害孩子的自尊心、打击孩子的自信心为代价，都是不值得的。”

轮到我女儿上课时已近 11 点，钢琴老师见我也来了，可能猜想我们对女儿的钢琴课很重视。女儿弹了不到两分钟，便传来老师的训斥声，接下来的一刻钟更是训斥声多于琴声。我当时实在是忍不住了，不顾我先生的阻拦冲进琴房。钢琴老师见我进来，更是铆足了精神，向我数落女儿的不是：“你这个孩子不用功，还很傲气。我每次批评她，她虽然不吱声，但我还是能看得出来，她心里不服气。”还没等我反应过来，钢琴老师就快速地转过脸去对着女儿，声色俱厉地教训道：“你现在还在上小学，就说没有时间练琴。我女儿现在是多伦多大学的大学生，又时常随乐队到世界各地演出，每天只睡 3~4 小时。你为什么要一天睡 8 个小时，你就不能只睡 5 个小时吗？你这么懒，将来能干什么？长大会有什么出息？”当女儿听到她最后一句话时，泪水夺眶而出，将琴书合上，愤然起身。我告诉女儿到车上等我。钢琴老师愣了一下，指着我女儿离去的背影，失态地对我大声说：“这样的孩子，你见过吗？”我尽量让自己保持冷静，平静地对她说：“你女儿既是专业的钢琴师，又是多伦多大学化学专业的大学生，自然十分出色，但这不是我所希望的。我希望我的孩子是个健康、快乐、正常的孩子。也许我女儿长大后很普通，但我相信她绝不会到了二十多岁还不知道自己喜欢干什么，适合干什么，不知道健康对于一个人是最为重要的，不会每天只睡 3~4 小时去做鱼与熊掌不能兼得的事。”

回到车上，我给钢琴老师写了张支票，将当月的学费结清，并让先生进去将支票交给她。女儿坐在车后排，小脸绷得紧紧的，脸上虽有泪痕，但没有哭出声。我低声对女儿说：“对于有些人说的话，别往心里去，否则会伤害你自己。钢琴老师是单身妈妈，没有完整的家，她可能远离幸福很久了，不知道自己刚才说的话很伤人。”女儿双唇紧闭，将脸向上抬一抬，没有说话。我知道那一刻她在努力控制自己的情绪，不让眼泪流下来。我也不再打扰她，让她自己平静一下。过了一会儿，我先生回来了，我们一起开车回家，一路上我们都保持沉默，谁也不说话。

等车到了楼下，女儿首先打破沉默，问我们：“爸爸妈妈，等一会儿上楼好吗？我想告诉你们我的决定。”我和先生彼此对视了一下，点点头。女儿平静地对我们说：“爸爸妈妈，我不想再学钢琴了。我以前想学钢琴，是羡慕那些会弹钢琴的小朋友，可当我真正开始学了，才慢慢认识到钢琴并不适合我，我不能从中得到享受。上钢琴课，练琴，不能让我感受和体会到快乐，而是一种任务和负担。我是在为你们为我的付出，为你们给我买的这架钢琴而学，不像我画画，完全是一种享受。真的很对不起你们，爸爸妈妈。”女儿说完，默默地看着我们，仿佛在等待我们对她的责备。我和先生听完，快速地看了对方一眼，然后两人不约而同地笑了。女儿一下子感到轻松了许多，但仍惊讶地问：“你们笑什么？”我先生停住笑，看着女儿平静地说：“我现在真的很高兴，孩子，你长大了，了解自己了。一个人最难得的就是真正了解自己，许多人成年后尚不能客观和理性地看待自己的所长和欠缺。你要从这件事吸取教训，要知道有时想做的事不一定真正适合你。不适合你的事，即使你很努力，也不一定能做好。你不要在乎那架钢琴，我们用那架钢琴换来了你今天的成熟，很值得！”我接着对女儿说：“我起初最担心的是这件事会打击、降低你的自信心。你现在能勇于放弃，说明你对自己很坦然、很自信，妈妈真为你高兴。你不要在乎那架钢琴，钢琴有价，自信无价！”女儿那一刻眼睛里充满了泪水，她竭力控制着对我们说：“爸爸妈妈，真的非常感谢你们为我做的一切！”

此后我们又搬了几次家。每次搬家，那架钢琴都是个负担。女儿似乎看出了我们的心思，每次在搬家前都提醒我：“妈妈，这架钢琴不要卖，留着它。”现今，这架钢琴仍放在我们家的客厅里。也许女儿想用它时常提醒自己曾有一件想做但没有做成的事，不要在今后犯同样的错误。

谦虚的基础是自信，自信的基础是实力，但一个人实力的发展要经过长时间不懈的努力、自省，方能不断积累和提高，因而不必在意一时一事的成败与得失。人生不是一场战役，而是一场战争。

爱是孩子获取自信的源泉

老师对学生的爱也是孩子获取自信的源泉，这种自信可转化为强大的动力，驱使孩子努力奋进，远远超越原来的自己。

谢亚轩是一个朋友的孩子，他中学的时候很普通，学习成绩一般，个子不高，长相平平，性格也比较内向，在学校属于那种老师通常注意不到的孩子。在初中二年级的时候，来了一位新的数学老师。这位老师提问的时候，他基本上都不举手。有一次老师将他叫到办公室，微笑着问他：“我每次上课提问，你为什么都不举手？”

看到老师这样友好，亚轩原本紧张的心情放松了许多，他坦诚地对老师说：“我不举手，有时候是因为我当时没有完全理解老师所讲的内容，当老师提问，同学回答完，老师又做进一步解释后才能完全明白；有时候是没有勇气举手，担心答不对。”听完亚轩的解释，老师起身拍拍他的肩膀，笑着对他说：“这样吧，小伙子，我们能不能达成一个协议？以后你举左手就说明你不会，你举右手就说明你会，可以吗？”亚轩带着几分羞涩地笑着点点头。为了避免老师的提问，亚轩每次都举左手。可亚轩的同学并不知道他和老师之间的协议。同学看他每次老师提问时都举手，就认为他肯定都会，于是下课后便常去问他，期望能够得到他的帮助。这样过后不久，亚轩感到很不好意思，每天放学回到家后都抓紧时间用心学习数学。在学习的过程中，他逐步发现和体会到学习数学原来是一件很有趣的事情，数学在他面前不再是枯燥的数字。他的学习兴趣高涨，数学成绩也慢慢提高了。

过了一段时间之后，在老师提问时，他终于举起了右手。老师不仅提问了他，而且走到他的座位前，先肯定了他的答案是正确的，然后拍拍他的肩膀，当着全班同学说：“谢亚轩同学最近数学成绩提高很快，解题方法也展现了他的独立思考能力，同学们有空可以向他取取经。”

老师的爱和鼓励大大激发了他心底的自尊、自爱和自信，从此以后，他决定要好好学习数学，不然就对不起老师的厚爱。后来他不仅对数学一直保持着浓厚的兴趣，而且数学成绩出色，大学毕业后到美国深造，获得数学博士学位。

造成孩子学习成绩下降的原因固然不少，在本书中以实例进行详细解析的，诸如，家长缺乏与孩子的沟通技巧、对孩子缺乏尊重和理解、对孩子缺少应有的耐心、对孩子过度保护等。但归根到底，都是父母或老师的言行伤害了孩子的自尊心，挫伤了孩子的自信心。只要孩子懂得自尊和自爱，他就会努力，努力的同时方法得当，学习成绩自然会有所提高，学习成绩提高了，孩子自然会获得自信心。孩子有了自信心，就会有更高的目标和追求，因而会更加努力。如此一来，对孩子的培养也就形成了一个良性循环。

自信心是孩子健康成长、拥有美好未来的基石，因为“除了人格以外，人生最大的损失，莫过于失掉自信心了。”而“有自信心的人，可以化渺小为伟大，化平庸为神奇。”

自信的孩子总能看到希望和方向

蔡元培先生曾经教育我们，决定孩子一生的不是学习成绩，而是健全的人格修养。

女儿在中学时，由于经常要做小组项目，使她有机会和不同家庭背景的同学有更多、更进一步的接触和了解。有时为了完成项目所要求的做一个大的模型或练习上台演讲，同学们常相约放学后到某个同学家里共同完成。有些同学住在学校附近的富人区，家里的房子都是带有游泳池的豪宅，这些同学的父母多是律师、医生、著名建筑师或公司的高级主管等，而他们的祖父母大多是第二次世界大战前后从欧洲移民来的移民。这些同学的父辈年幼时随自己的父母移民到加拿大，亲历了父母创业的艰辛，他们努力学习，奋发向上，因此有机会接受很好的教育，加之他们待人谦和、宽容、周到，才有今天的成功。尽管那时我们还住在公寓，生活尚未完全安定下来，可这些同学父辈所走过的路，向女儿展示了她未来拥有的无限可能，使她认识到只要自己努力，将来也一样能够拥有她这些同学父辈所拥有的生活质量。

当女儿与我一起分享她这一段心路历程时，我内心深感欣慰。那时她不过10多岁，却因从小拥有的自信心，使她无论身处怎样的环境，都能用积极和阳光的思维方式看清自己的位置和要努力的方向。

“播下一个行动，收获一种习惯；播下一种习惯，收获一种性格；播下一种性格，收获一种命运。”而“家庭是习惯的学校，父母是习惯的教师。”父母对孩子儿时综合素质的培养，以及对孩子良好习惯的培养，尤其是对自信心的培养，对孩子未来的发展和命运起着至关重要的作用！

女儿在三年的幼儿园学习生活期间，曾多次获得南山区少儿绘画奖，其中有两幅绘画作品入选《深圳市青少年优秀书画选》。这些成绩和来自老师的鼓励，更加能够帮助女儿幼儿时期自信心的建立和发展。

充满爱的成长环境，从小拥有的自信心，让女儿内心充满阳光、欢乐和爱，使她后来能从容走过一个个人生低谷，战胜一个个挑战，自信地昂首面对未来。

第二章

建立尊重个体的成长环境

第 1 节

每个孩子都是独特的个体

在我们生活的这个世界，有茂密的森林，也有茫茫的沙漠；有浩瀚的大海，也有一望无际的绿地；有惊涛拍岸，也有小桥流水。色彩斑斓的大地，性格迥异的人群组成了我们丰富多彩的世界。

同样，每个孩子都是独特的。有的孩子心细，但做事缺乏果断；有的孩子记忆力好，但反应不那么快；有的孩子粗心，但做事大气；有的孩子考试成绩不好，但动手能力强。孩子的每一个优点后面，可能隐藏着某一个缺点，反之，亦然。因此，作为父母和老师，培养孩子的方法不能整齐划一，要根据每个孩子的特点，确定不同的培养和沟通方法，并以孩子能够接受的方式与孩子进行有效的沟通，尽力理解孩子；利用自己的人生经验，帮助孩子树立现实可行、适合孩子特点的人生发展目标。

金无足赤　人无完人

爱因斯坦为科学发展做出了巨大贡献，可他的语言天赋并不出色，小的时候很晚才学会说话；著名电影导演李安，两次高考失败，第三次考上的还是家人都不满意的专业。可李安却在艺术领域里找到了自己的发展空间，并在竞争激烈的电影界取得了令人瞩目的成就。“金无足赤，人无完人”，只要找到适合自己的发展方向，就能扬长避短，使自己的优势和潜力得到充分发挥。

爱迪生小时候很爱发问，上学后经常向老师提出一些奇怪的问题，可那些问题在老师看来却很愚蠢，因而被老师认为是一个智力低下的孩子，仅上了 3 个月的小学就不得不退学，由他母亲在家教他。庆幸的是他母亲独具慧眼，充分理解和尊重他的独特性，维护他的自尊心和自信心，并在此基础上引导和发展他的想象力和创造力，使他后来成为一个伟大的发明家，为人类的文明和进步做出了巨大贡献。

试想一下，如果他不退学或不被母亲理解，那么他在学校可能时常被老师嘲笑、被同学讥讽，回到家又要受到母亲的责备，结果会怎样呢？他的好奇心和创造力可能早已磨灭，人类也可能因此要晚几十年才能使用电灯、留声机等设备了。

作为父母和老师，我们也应该像爱迪生的母亲一样，尽力为孩子创造一个良好的成长环境，发现孩子的特点，挖掘孩子的潜力，帮助孩子实现其人生价值，使孩子能够健康、快乐地成长。

发现和尊重孩子独特的个性

每个孩子都有他的长处和特点，只是有的孩子特点不那么明显，需要父母花更长时间，更多心思才能慢慢发现。尽管如此，我们仍要内心充满爱，用心观察孩子在学习和日常生活中的言行，发现孩子的兴趣点，提供他们所需要的帮助和资源，以挖掘其最大潜力。

有一天，朋友下班回家，发现她八岁的儿子坐在地板上将刚给他买的一个电子玩具拆得七零八落。她在那一瞬间真是怒火中烧，本想冲上去将他痛打一顿，但转念一想，也许儿子的好奇心和动手能力正表明他可能在这方面有一定天分。于是她用心观察儿子的每一个动作，并帮助他将玩具复原。儿子也因此受到激励，晚饭后很快将作业写完，而没有像平日那样拖很久，总是在父母的催促之下才完成。通过这件事，朋友受到很大启发，经常在周末带儿子到书店，选购一些有关科技方面的书籍和工具，鼓励他探求未知事物。

作为父母，在爱孩子的同时，更要有足够的宽容和理解，尽力发现和尊重每一个孩子的个性和特点，并引导他们向健康的方向发展。

选择适合的道路　拥有快乐的人生

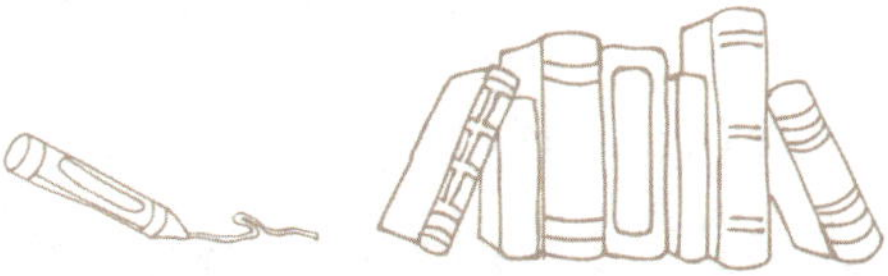

职业只有分工不同，没有贵贱之别。孩子只要具有良好的品德，长大后能够自立，并对自己和家庭负责，无论将来选择什么职业，都可以拥有快乐的人生。

我朋友的儿子凯文是个勤快、懂事、周到的孩子。家里聚会，他忙前跑后，帮妈妈准备菜肴，招呼客人。凯文动手能力较强，家里的东西坏了，他总是试着自己去修。他夏天剪草，冬天铲雪，不仅干自己家的活，还帮邻居家做，借此挣些零花钱。邻居也因他做事认真，收费低，乐于将这些活包给他。只有一点，凯文很让他妈妈头疼，就是他不喜欢读书，拿起书本就犯困，打瞌睡。

凯文高中毕业后，没有像多数华人的孩子那样上大学，而是选择上了一所社区学院的汽车维修专业。起初他的父母劝他考大学读工程专业，将来做一名工程师。可凯文却说，如果他选择将来做一名工程师，只会是一名平庸的工程师。如果他选择做技工，几年之后，他将会是一名出色的技工。最终，他的父母尊重了他的选择。

几年后，当我再次见到凯文时，他已在一家修车行工作了 3 年多。他以他的认真负责、周到服务以及精湛技术赢得了客户和老板的信任和赏识。他满怀信心，希望过几年自己也能开一个修车行。华人的后代多是医生、律师、工程师或会计师等，像他这样做技工的较少，或许他将会拥有一个很大的华人客户群。看到凯文工作和生活得这样开心，他父母当初的失落感也随之烟消云散。凯文虽是一名普通的技工，但他勤奋努力、阳光向上、快乐健康，这样的人生不也是一种成功的人生吗？

热爱是最好的老师

先贤孔子告诫我们，教育贵在尊重每一个人的独特性，使其在学习中得到快乐，是治学的最高境界。《论语·雍也》中说："知之者不如好之者，好之者不如乐之者。"

华罗庚年少时家境贫困，一家人靠父亲在小镇上开的一间杂货铺勉强度日。华罗庚上初中时，对数学产生了浓厚的兴趣，他的老师王维克先生平日很喜欢这个聪慧、勤奋的少年，当他发现华罗庚具有学习数学的天赋和潜力后，便尽心培养，为其提供尽可能多的帮助，使少年华罗庚获益良多。华罗庚在江苏金坛中学念完初中后，因家里无力再供他上学，只得辍学到父亲的杂货店里帮忙。这位酷爱数学的年轻人，虽然每天守在柜台前，但是心里想的却是数学。在后来的日子里，由于对数学的热爱，在完成一天繁杂的工作后，他常常自学，钻研数学到深夜，用 5 年时间自学完了高中和大学低年级的全部数学课程。他在困境之中仍念念不忘所钟爱的数学，坚持不懈地刻苦自学。由于他勤于思考，努力耕耘，终于有了收获，发表了《苏家驹之代数的五次方程式解法不能成立之理由》一文。他的这篇论文轰动了数学界，并引起了清华大学数学系主任熊庆来教授的注意。当熊庆来教授了解到华罗庚的自学经历和数学才华后深为震惊，他打破常规，邀请只有初中学历的华罗庚到清华大学数学系工作。华罗庚到清华后更是孜孜以求，执着地向数学高峰攀登，最终成为享誉世界的数学家。

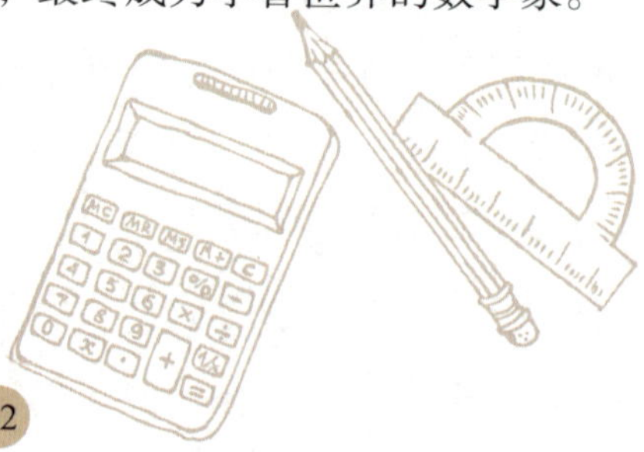

热爱是最好的老师。当一个人做他喜欢做的事情时，会有一种自发的动力和忘我的精神，促使他不仅设法将现有的工作做好，还要努力向更高的高峰攀登。这样不仅充分发挥了他的潜力，也为他将来取得成绩、赢得成功提供了可能。如果让孩子学他不喜欢的专业，做他不擅长的工作，孩子不但在学习和工作中不能体会到应有的乐趣，能力和潜力也不能得以发挥，反而使孩子距离成功更远一步，甚至还可能让孩子备感痛苦，倘若如此，学习、奋斗、生活的意义和价值又何在呢？父母切忌以自己的感受代替孩子的感受，牢记孩子是独立的个体。

用心呵护孩子的独特之处

每个孩子都是独特的，孩子们学习知识，探索世界的方法不尽相同，父母要尽力理解，给予他们所需要的帮助和支持，并用心呵护孩子的独特之处。

女儿喜欢美术，也很喜欢其他视觉艺术，如电影。当她拿到一本名著时，有时先将它一口气读完，然后再设法观看根据这本书改编的电影。这不仅帮助她了解编导用怎样的艺术手法来展示这部作品，也有益于她对这部作品的社会背景、经济背景、人物关系等有更直观的理解和认识。有时她从图书馆借来书之后，也会先看根据这本书改编的电影，然后再读这本书。这种方式不仅帮助她快速了解这本书的主要情节，阅读时有针对性地细细品味人物的内心世界，也有助于她更好地理解书中展示的政治、文化、经济、宗教等相关内容。女儿小的时候互联网还远没有现在这么发达，距我家不远处有一家出租电影录像带和光盘的连锁店，每次女儿要租录像带或光盘，我们都给予支持。遇到她想看的新电影上映，无论她要求和同学一起看，还是让我们去电影院陪她看，我们都会爽快地答应。

女儿对视觉艺术的喜爱，对色彩的敏感，在生活中也有用武之地，有一次还帮我解决了燃眉之急。

一年夏天，我和她一起去我妹妹家，几天后我妹妹出差，家里就剩我和女儿两个人。有一天晚上，我和女儿一起去健身房，回来时已接近晚上 10 点钟，下了车我才发现，忘记带房门钥匙了。我赶紧给我妹妹打电话，她说她还有一套备用钥匙放在她一个朋友家里，我可以去取，并告诉我她朋友家的地址和大概路线。我要开车去，但由于方向感很差，又是晚上，心里一点把握也没有，于是就向邻居求助。女主人拿了一张地图，告诉我应该怎么走。英文路名不像中文路名那么容易记住，尽管她讲得很慢，但几个弯拐下来就把我拐晕了。看到我一脸愁容，女儿安慰我说："妈妈不用着急，我知道怎么走。"

我吃惊地问："你怎么知道呢？"

她回答说："今年放春假我来看小姨时，小姨带我去她这个朋友家吃过一次饭。"

听了她的话，我泄气地问："你只是去她家吃过一次饭，怎么能记住路呢？"

她从容地回答："我记不住路名，但我记得路边的样子。"

女儿的回答，让我心里燃起了希望，赶紧问她："现在是晚上，你能分辨出来吗？"

她沉着地回答："问题不大。"

从我妹妹家到她朋友家有近半个小时的车程，女儿指挥着我，竟然真的找到了。妹妹的朋友早已等在门口，看到我们她欣喜地说："我正着急呢，如果你们再不到，我就要给你们打电话，约你们在一个地方等我，把钥匙给你们送过去。"

培养孩子的“三种境界”

著名学者王国维在《人间词话》中说：“古今之成大事业、大学问者，必经过三种之境界。‘昨夜西风凋碧树。独上高楼，望尽天涯路’，此第一境也；‘衣带渐宽终不悔，为伊消得人憔悴’，此第二境也；‘众里寻他千百度。蓦然回首，那人却在，灯火阑珊处’，此第三境也。”培养孩子亦然。

王国维的第一境界是立志之境。一个人要想有所作为，要目光远大，并在追求的过程中能够耐得住寂寞，“独上高楼”中的“独”字就写出了这种意境。独也是静，父母要想将孩子培养成才，首先要淡泊名利。

当父母放下名利之心，拥有淡泊的心态时，才能静下心来，看到孩子的独特性，发现孩子的兴趣点，客观看待孩子的优势和潜力，理性规避孩子的不足，帮助孩子树立切实可行的人生发展目标。

王国维的第二境界是探索、耕耘之境。一个人若想在某个领域有所成就，一定要脚踏实地，勤奋执着，培养孩子又何尝不是如此呢？要将孩子培养成才，父母要基于孩子的个性，用心找到适合孩子的培养方法，着力培养孩子的自信心、独立性、心理承受能力等，塑造孩子的健康人格，以达到启发孩子最大潜质的目的。

王国维的第三境界是厚积薄发、天道酬勤、水到渠成之境，对孩子的培养结果也如此。当孩子有了切实可行的人生发展目标，父母有适合孩子特点的培养方法，孩子怎能不成才呢？

每个孩子都是独特的，都是和别人不一样的独立个体，未来的教育模式是适合孩子个性和特点的定制化教育，而健康的家庭教育是实现这一教育变革的根本。只要我们用心去爱孩子，为孩子建造一个平等的、理解和尊重个体的成长环境，就能发现孩子的特点，找到适合孩子未来发展的培养方法，将孩子养育成一个健康快乐、积极向上、尊重他人，做他们喜欢和擅长做的事情，并对社会和家庭负责任的人。

第 2 节

“1+1>2”的组织协调能力

汉高祖刘邦平定天下后，设宴款待群臣，在宴席上他总结自己取胜的原因时，认为论运筹帷幄之中，决胜千里之外，他不如张良；论抚慰百姓供应粮草，他不如萧何；论领兵百万，决战沙场，百战百胜，他不如韩信。可是，他能做到知人善用，发挥不同人的才干，这是取胜的真正原因。至于项羽，只有范增一个人可用，而且又多疑，这是项羽最终失败的原因。

刘邦的这个总结，既明确地指出了精诚合作的重要性，也直白地告诉大家由于他了解、尊重每一个人的才智，并能够充分发挥他们各自的长处，最终得以统一天下。张良、萧何和韩信虽各有才能，但一个人的能力毕竟是有限的，若能形成合力，调度得当，人尽其才，物尽其用，方能彰显强大的力量。

这就是现代社会所说的组织协调能力，使团队成员通力协作，以期达到“1 + 1 > 2”的工作效率。

组织协调能力是管理层必备的素质

组织协调能力是在理解和尊重个体能力的基础上，根据工作任务的需要，对现有可利用的资源进行分配和控制，同时激励群体，解决冲突，团结合作，协调过程，最终实现工作目标的能力。

随着科技的发展和世界经济趋于一体化，无论是一个国家、一个公司，还是一个部门，若仅仅依靠一个或几个所谓精英人士，而身后没有专业团队的支持与协作，即使殚精竭虑，也很难走向成功。现在很多大项目需要由团队共同完成，因而现代社会对人才的要求是除了要拥有一定的专业技能，还要具有一定的组织协调能力。

拥有组织协调能力的个体，能全面调动团队各成员的积极性，充分发挥他们的优势，取长补短，通力合作，有效利用资源，圆满完成共同的工作目标。这样的人在工作中往往能够脱颖而出，赢得更多的发展机会和成长空间。

组织协调能力是一个人步入管理层、决策层的重要素质之一。

组织协调能力要从幼儿时期开始培养

组织协调能力并不是每个人天生就有的素质，也不是单单从书本上就能学到的，但可以在孩子的日常生活和学习活动中，通过父母和老师为孩子创造的各种机会，逐步培养的一种能力。而且对孩子组织协调能力的培养，从幼儿时期开始最为容易和自然。

我的父亲是医生，家里来来往往的客人很多，其中也有父母的同学和故交。从父母与他们的谈话，以及客人走后父母的交谈中，我了解到许多在工作中担任重要角色的人，在年少时与同学或小伙伴相处时，他们往往愿意主动承担责任，并且待人得体、周到和宽容。这一点从我和我先生中学同学的现状中，也得到了较好的验证。基于共同的认识，在女儿的成长过程中，我和我先生都非常关注对女儿组织协调能力的培养。

女儿的 3 年幼儿园生活是在蛇口工业区第三幼儿园度过的，这三年的幼儿园生活给她留下了许多美好的回忆。整洁的教室，舒适的小床，丰盛和营养均衡的饮食，充满爱心的老师，多彩的游戏，欢乐的课堂，让孩子非常喜欢和向往。园内各种供孩子玩耍、嬉戏的娱乐设施，如小滑梯、秋千、跷跷板，以及用很粗的绳子编织、供孩子攀援的"网墙"等，使孩子流连忘返，我女儿也不例外。每次我们去接她时，她都欢快地跑在前面，不玩尽兴就不回家。尤其是那个"网墙"，大多数女孩儿不敢玩，但却是女儿的最爱。她每次从这一面噔噔噔爬上去，又兴高采烈地从另一面倒退下来，特别是在顶部翻转的那一瞬间，灵巧可爱。直到如今回想起她当时满脸的兴奋和喜悦和忙于玩耍、奔跑的身影，真恨不得时光倒流，能再次真实地去感受女儿成长的每一个瞬间，那是一位母亲多么珍贵和幸福的时光啊！

女儿刚上幼儿园时，杨华老师是她的班主任。杨老师当时二十五六岁的样子，不仅人长得漂亮，而且有爱心，懂得幼儿心理。女儿刚入园时，我和杨老师有过一次很好的交流。我对她讲我很希望她能上课时多提问我女儿，帮助女儿克服在众人面前讲话的羞涩，并让她在饭前帮老师摆摆桌椅，发发碗筷，饭后帮老师擦擦桌子，收集小朋友用过的餐具等，以培养她的责任感和成就感等，杨老师爽快地答应了。

杨老师说到做到，她上课时请小朋友发言，女儿没有举手。杨老师说："谁不举手就叫谁。"于是将女儿叫了起来。第一次当着全班 20

多个小朋友的面发言，女儿很害羞，声音也很小，但问题还是回答对了，并得到了杨老师的表扬，通过这一次发言她很受鼓励。放学回到家后我问她：“今天在幼儿园开心吗？”她高兴地点点头，并告诉我们杨老师在课堂上提问和表扬她的事情经过。

第二天上课杨老师再提问时，女儿知道不举手杨老师也可能会提问她，于是便怯怯地举起了手，但心里还是希望杨老师别叫到她，可杨老师偏又点到她。这一次她声音稍大了点，杨老师不仅表扬了她，还让小朋友为她鼓掌，让她内心受到很大激励。放学回家，不等我们问她，她就迫不及待地告诉我们当天在幼儿园发生的一切。这样，经过杨老师一学期的训练，女儿完全克服了内向害羞的心理，不仅在课堂上积极举手发言，有时在下课后还能和老师从容地聊一会儿。

幼儿园负责提供早餐、中餐和下午点心，要求小朋友餐前用小毛巾擦手。杨老师让她负责在餐前给小朋友们分发擦手的小毛巾。当女儿第一次小心翼翼地端着小托盘，将小毛巾一个个送到小朋友们的手里，然后等小朋友们擦好手，再用小托盘将小毛巾一个个收回时，杨老师和保育员老师都表扬她，让她第一次体会到为他人服务的喜悦。这样过了一段时间，等女儿将这项工作做熟练了，杨老师便让女儿教另一个小朋友做这项工作，并交给她一个新任务。新任务是让女儿在饭前带领小朋友将玩具收回原处，然后排队入座用餐，并在饭后帮老师将小朋友们用过的小勺子、小筷子、小碗收集起来，分别放入不同的盒子里。

这些工作让女儿收获很大，在帮老师干活、维持秩序的过程中，她得到老师的称赞和小朋友们的认可，让她感受到付出的同时，也有回报。这小小的成就感，激励她凡事愿意主动多做、多承担责任。当老师再给她分配新的任务时，她便更加用心地将事情做好，并因此得到了老师更多的表扬和鼓励。同时，来自小朋友之间的默契合作也让她收获快乐。这样随着时间的推移，女儿的自信心得以提高，并从心底喜欢这项组织协调工作了。

杨老师仅教了女儿一个学期，第二年春节后就被安排去带另一个班了。当得知杨老师要离开时，我内心十分忐忑，担心女儿刚刚被建立起来的那点组织协调能力会从此消失。但事实不然，经过杨老师半年的悉心培养和训练，女儿已从羞涩和内向中走出，成为一个从容的、落落大方的小女孩。在新班主任冯老师、美术老师邹老师和保育员杨老师的爱护、引导和鼓励下，女儿不仅愿意主动帮助他人做些力所能及的事情，成为班里集体活动的积极参与者，还在小朋友发生冲突时能够保持冷静从容，从中协调，并逐步擅长这项“组织协调”工作了。为此，我内心一直都很感谢杨老师，因为女儿这一能力的获得有她的付出和智慧。

女儿幼儿时得到的锻炼机会，使她的组织和协调能力得以初步形成和发展，给了她人生许多积极的影响。这一优势在她上小学后便逐渐显现出来，并使她从中受益。

我们经常与女儿交流，与幼儿园老师及时沟通，观察孩子放学回到家后的言谈举止，对女儿一点一滴的进步给予认同和鼓励，除此之外，我们也在日常生活中，与她一起读书的过程中逐步点拨她。

在给女儿读《司马光砸缸》的故事时，我不仅帮助她认识到少年司马光非常聪明，更着重强调司马光在“危难”面前表现出的冷静和果断。同时也告诉她司马光的学术成就，以及他对中华文化的杰出贡献，《资治通鉴》便是在司马光主编的一部编年体通史。尽管她在那个年纪不可能了解《资治通鉴》，但可以告诉她编写这样一本巨著，不仅需要司马光本人拥有广博的知识，更要具有出色的组织协调能力，以及宽容大度的品格等。

玩是学龄前孩子的工作和社交

女儿出生时，家里有一架钢琴，可女儿对它似乎没有太大兴趣。有时让她坐在琴凳上，我打开琴盖，让她按琴键，她玩几下就从凳子上跳下来跑开了。当她 4 岁半时，我认真地问她：“想不想学弹钢琴？”

果然不出所料，她头摇得像个拨浪鼓，小嘴一撅，坚定地说：“不想学。”

我问她：“为什么？”

她回答说：“我的朋友学钢琴，个个都挨打，不是被老师打哭，就是被妈妈打哭。”

她略停一下，向我靠近一步，接着说：“妈妈，我不想挨打，也不喜欢哭，我想天天高兴，天天笑。”

小家伙说着，便撒娇地倒在我怀里，抬眼看看我，试探着问：“妈妈，你也不喜欢我哭，你喜欢我笑，对吗？”

“当然了，宝贝！”我笑着捏捏她的小脸儿，将她抱起来，一同坐在沙发上。我将她放在我的腿上，然后严肃地对她说：“将来要想成为一位有教养、有气质，举止优雅的女孩子，琴棋书画都要学”。

“什么是琴棋书画？”女儿有几分困惑，但又迫不急待地想知道。

我笑了笑，对她解释说：“琴棋书画提的是弹琴、下棋、写字、画画等，泛指的是各种文艺风雅的事。”

女儿很快回答说：“我喜欢画画、写字、下棋，就是不喜欢弹琴。”

我将右手的食指放在下巴下，故意拖长声音对她说：“钢琴的确很难学，不过你可以用其他两样和它交换，怎么样？”

“怎么换？”女儿感到有点儿迷惘。

我回答说：“拿学钢琴换学芭蕾舞。”还没等我将第二件事情讲出来，她就愉快地将我打断："妈妈，我喜欢学芭蕾舞。"

我知道她非常喜欢芭蕾舞，每当电视里播放《天鹅湖》《胡桃夹子》等芭蕾舞剧时，她就边看边踮起脚尖，学着电视里小演员的样子旋转。

"还有一样呢，妈妈？"女儿已完全没有了先前的紧张和不安。

"还有一样嘛"，我停了一下，大声拖长声音对她说："学着玩！"

"学着玩？"女儿忍不住笑了，心想妈妈肯定搞错了。

我笑着点点头，一字一句地对她说："玩也是一种学问，是要很大本领的。在你决定想和小朋友玩时，首先要打电话和小朋友联系，约好时间、地点，然后要考虑每个小朋友的性格、爱好，他们喜欢玩什么，怎样玩大家才能避免冲突，让大家一起玩得高兴。另外，你还要好好动动脑筋想一想，你要怎样做才能让小朋友喜欢和你玩，一想到玩就想到你。要做到这些，我想你要有两种本领，那就是智慧加宽容。如果你能让你的朋友感到，没有你参加的游戏，他们就玩得不那么开心或感觉缺了点什么，你就算学会玩了。"

女儿若有所思地看看我，点点头说："好吧。"

我两手靠近她的胳肢窝，并低下头，将我的额头轻轻抵着她的额头，笑着说："玩就是你现在的工作和社交。哇，我好羡慕你，你好幸福啊，宝贝！"

她怕痒，笑着要挣脱，我故意不放她："听明白了吗？"

她咯咯地笑着，连忙答应："听明白了，妈妈！"

玩是培养孩子组织协调能力的有效途径

记得有一个下雨的周末，不能出去玩。女儿在家先看了会儿动画片，又和我互相给对方讲了一个故事，就想请住在附近的几个小朋友来我们家玩。我问她："你想玩什么呢？"

她说："我想和小羽、莹莹、彤彤一起搭城堡。"

我微笑着说："可以啊，可我们家的积木不一定够搭一个大城堡。"

她马上说："我让她们 3 个将她们的积木也带来，不就够了吗？"

但转瞬又带几分忧虑地说："可彤彤不太喜欢玩积木。"

听了她的话，我故意问："那怎么办呢？"

她想了一会儿，突然有了主意："彤彤喜欢玩拼图，我们家有两盒可以拼出动物和花草的拼图。城堡前如果有动物和花草，就更好看了。你说是吗，妈妈？"

我点点头："这个主意不错。"

于是她便开始打电话张罗，不一会儿几个小朋友就来了。

她们在合作的过程中也有分歧和争执，比如，这个说屋顶圆的好看，那个说尖的好看；这个说城堡前要有一座小桥，那个说还是有一座亭子更好；这个说中间的主楼应该是红色，那个说还是白色好看等。

遇到这些问题，女儿便提议："我们先做一个圆屋顶，后退几步看看，然后再做一个尖屋顶，也后退几步看看，比较一下不就知道哪个更好看了吗？另外我们也可以请彤彤帮忙，当我们后退时，让她手里先拿一块红色积木，放在城堡门框前面，然后拿一块白色积木，放在城堡门框前面，我们看看不就知道是主楼红色好看，还是白色好看了吗？"

至于在城堡前是搭一座小桥还是亭子，女儿也有她的建议："等彤彤完成了她的拼图，我们将拼图推到城堡前，如果拼图上有小河，我们就搭一座小桥，如果没有，我们就搭一个亭子。”

她们玩了积木，又在一起讲故事，并且每个人扮演一个或多个角色。当她们在一起讲《小红帽》的故事时，谁都不愿意扮演大灰狼。最后还是女儿让步说：“这次我可以扮演大灰狼，但下次讲《白雪公主》时，我要当白雪公主。我们轮流扮演好人和坏蛋，好吗？”

小羽马上回答说：“可以。”然后对彤彤说：“这次你演小红帽，下次你当老巫婆。”

彤彤想了想，也很快答应了。

女儿在与小朋友的玩耍中，学会了宽容、忍耐、理解，解决小朋友之间的冲突，用人所长，物尽其用等。女儿幼年时在与小朋友的玩耍中逐步学到的那些能力，不正是组织协调能力的初级阶段吗？

小朋友们走后，我问女儿：“今天怎么很少听到莹莹发表意见？”

女儿回答道：“我们在一起玩时，莹莹从不和别人争，她干什么都高兴。”

我走上前去，蹲下身来，将双手放在她的肩膀上，微笑着对她说：“莹莹性格温柔，心地善良，遇事总是让着别人，但这并不说明她内心没有自己喜欢的事情和不喜欢的事情，你们下次一起玩时也要征求她的意见，好吗宝贝？”

女儿笑着爽快地点点头：“好的，妈妈。”

待人周到也是有效运用组织协调能力的一个重要技巧。许多出色人士的成功，除了他们勤奋、努力、善于把握时机以外，还与他们善解人意、待人周到密切相关。我周围就有几个这样的朋友，我在女儿面前时常提起她们，鼓励她学习这些长辈的优点。随着年龄的增长，她在与同学、朋友、同事的相处与合作中，能尽量站在别人的角度，全面考虑问题，努力做到周全和妥贴。

组织协调能力就是一种领导能力

在女儿幼年时对她进行组织协调能力的培养，使她上学后愿意主动承担责任，并能调动同学的合作积极性，遇事沉着冷静。加之家庭环境的影响，她待人谦和，不自傲自夸，因而深得同学的信赖和老师的喜爱，在学校为自己赢得了一定的发展空间和机会，并使她在后来的生活和工作中受益良多。

女儿到加拿大的第二年，刚上小学三年级不久。有一天她放学回家时，身上套了件桔黄色的T恤，头上戴了顶桔黄色的帽子。

看到她这身装束，我指着她身上的衣服和头上的帽子问她："这是从哪里来的？"

她乐呵呵地回答："这是学校发的，同学选我做管理同学之间冲突的经理（Conflict Manager）。这个颜色很鲜艳，在同学中很容易被发现。如果同学之间发生了什么不愉快的事情，他们就找我帮助他们解决。"

女儿在七年级结束时，参加了中学学生会副主席竞选。她的搭档是一位聪明可爱、几年前随父母一起从南非移民到加拿大的女孩。为了竞选这一职位，女儿花了很大一番心思准备她的竞选宣言，承诺如果她得到这一职位，将会为同学们做些什么。

在投票的前一天，她放学后带了七八个孩子到我们家，将五颜六色的彩纸铺满了客厅和走廊，每个孩子都帮她用不同颜色、粗大的彩笔抄写她的竞选纲要。晚上我先生装了大半个后备厢，并带她们到学校较显眼的位置去张贴，那阵势，颇有几分美国总统竞选架式。虽然最后她们输给了一对白人男孩，可女儿说这次竞选经历使她收获颇多，尤其是当她站在讲台上，面对台下几百名观众时，不再感到紧张，并能从容地阐述自己的"领导思想""施政纲领"和回答台下许多人对她的提问。初中毕业前，她被学校选送去参加一个为期 3 天、旨在培养孩子未来领导能力的培训班（Future Aces Conference）。

在初中、高中的 7 年里，女儿先后担任过年级学生会代表、校报编辑、法语俱乐部主席等职务，并多次组织义卖和募捐活动。进入哥伦比亚大学后不久，便与同学合作创办了时装杂志《Hoot》，而后担任哥伦比亚大学《东亚评论》的高级编辑，负责与其他长青藤大学交流和沟通等工作。

组织协调能力其实就是一种领导能力，它是人的社会属性的升华，也是一个人的综合能力和个人修养的具体表达。它虽不是每个孩子天生就有的素质，但可以在理解和尊重个体的基础上，通过父母和老师智慧的方法加以培养。孩子长大后能够与同事和睦相处，有效合作，以期达到“1＋1＞2”的工作效率，并为自己赢得更多发展契机，成就自己，造福家庭，服务社会。

第3节

海纳百川　有容乃大

“海纳百川，有容乃大”，博大的胸怀，源于一颗谦虚与包容的心，犹如大海有宽广的度量才容纳了成百上千条河流。

谦虚与包容是建立在尊重个体基础上的一种美德、修养，也是做人的胸怀，是一个人自信的反应，是不断完善、超越自我的有效方法，同时也是现实的需要，因有时它能给人带来机遇。

谦虚使人智慧　包容促使成功

谦虚与包容两者相辅相成，它们和一个人具有的才能与修养，拥有的知识成正比。一个人对这个世界的奥秘了解得越多，知识越丰厚，就越发认识到自己的渺小和认识的有限。谦虚是智者的表现，可使人一步步超越原有的自己。同样，一个人对眼前暂时的得与失、成与败越能放得下，对自己周围的人越能包容，也就越发能够得到更多人的认可和支持，并得到更多的机会。因此，谦虚与包容能为人带来更多成功的契机，帮助人们实现人生抱负。

谦虚与包容不是退缩，也不是刻意隐藏实力，更不是不去主动争取机会。华罗庚曾经说过："虚伪的谦虚，仅能博得庸俗的掌声，而不能求得真正的进步。"骄傲自大、心胸狭小、自以为是往往是一个人修养不够，知识不深、缺乏自信的体现，"谦逊基于力量，高傲基于无能。"

人有所短，必有所长

"人有所短，必有所长"，人都有两面性，优势和劣势并存。我们从女儿上幼儿园开始，就经常提醒她要善于观察，学习其他小朋友的长处，改正自己的缺点和不足，这样才能进步，才会赢得更多人的肯定。如，楼上的小哥哥很懂事，每次在楼下玩，看到妈妈买菜回来，都急忙跑过去帮妈妈将楼道的大门打开，帮妈妈将菜拎上楼。

有一次，聊天时我提到女儿的朋友小羽，表达能力很强，总能用恰当的语言和方式说服别人，女儿却说："有的事情我做不到啊，妈妈！有一天下午我们在楼下玩，你叫我们上楼吃冰激凌。小羽的朋友当时也和我们在一起玩，小羽想带她一起来，问我可不可以，我说可以。但她在楼下按门铃时却对您说，她很喜欢我们家的装修，想带朋友来我们家参观。”我一听便笑了，告诉她：“妈妈没有要求你像哪一个小朋友一样，只要求你用心观察和学习别人的优点，尽力做最好的自己。每一个孩子都不一样，千万不要和别的小朋友比，你就是独特的你，妈妈最爱的宝贝！”这样女儿心理上就再也没有任何压力，并且随着年龄的增长，她逐步体会和认识到“三人行，必有我师”的内涵，并慢慢将她的理解运用于实际行动中。

女儿小的时候，虽然性格比较内向，但注意力很集中，而我一个好朋友的女儿暖暖则性格随和、开朗，可注意力容易分散。为了使两人的性格能彼此调和，我和朋友经常周末相约带她们出去玩，有时让两个孩子一起轮流在我家或朋友家过夜，并时常提醒她们要相互学习对方的优点。女儿的性格在不知不觉中变得随和、开朗，适应性也相应提高。在女儿4岁时，由于特殊原因，我们不得不托朋友照顾她一周。一周后我们去朋友家接她时，朋友的妈妈一直夸她懂事，说她不挑食，按时作息，懂道理，从不哭闹找爸爸妈妈等。

到加拿大后，女儿结识了一些非常要好的朋友。其中有的朋友因为有着和她相似的背景和经历，她们能彼此理解、相互支持，亲如姐妹。也有的朋友，由于成长背景不同，思考问题的方式和志向也不尽相同，但女儿仍能与她们相处得很好，看到她们的长处，并有效地取人之长，补己之短。

在女儿的同学中，有一个女孩凯茜来自富有的家庭，常有机会与父母出席一些社交活动，对社会的认识和了解较多。基于她这一优势，女儿在初中时发起的多次募捐和义卖活动都与她讨论并邀请她参加。女儿后来告诉我，她策划和组织的那些慈善活动之所以能达到满意的效果，和凯茜的合作与参与密切相关，因为她比较了解当地的社会、文化和人们的心理。

有一次和女儿聊天谈及凯茜时，女儿坦然地说：“虽然凯茜在班里的学习成绩并不那么优秀，但其实她很聪明。她在本地出生，家境富裕，也见过世面，所以她的主意很多。一个人不可能拥有所有的优点，单单她的主意多，就是一个很大的其他人难有的优点。”

注重自我反省、自我提升、自我完善

我们除了时常告诫女儿“三人行，必有我师”，要尊重他人外，还经常以自己的成长经历为例，让她逐步认识到自我反省、提升、完善意识对于一个人品格和修养的形成、发展，以及这些因素对未来的重要性。

晚饭后全家一起散步时，我们时常与女儿分享我们过去的故事，告诉她在我们上高中之前，很少能读到国内外名著，了解音乐、艺术、历史等知识。随着中国的改革开放，我们惊讶地发现这个世界竟是如此的丰富，而我们的知识却匮乏得可怜。为了提高我们的修养、品位，弥补我们种种不足，我们一方面如饥似渴地读书，丰富自己的业余生活，同时也用心观察和学习别人的长处，调整自己的行为、举止和思维方式，使我们能跟得上时代的发展和变化。

与我们家来往的朋友中，有一个人对女儿影响很深。他的言谈举止、待人接物等无不显示出他的修养、自信和知识底蕴。一口标准的普通话，儒雅的风度和气质让初识他的人以为他一定来自某个发达的城市，并有很好的家庭背景。但事实上他来自北方一个偏远的小城，父母都是普通工人。他说他上大学后不久，就意识到他的家乡话口音很重，让人听起来很费力，便开始练习说普通话。后来一次偶然的机会，他从广播里听到一个音乐赏析节目，第一次体会到古典音乐的美以及解说词的感染力。从那以后他每天中午坚持听这个节目，从不间断。他就这样不断有意识地训练、提升自己，使自己的修养、品位也不断提高，为他日后的事业发展和成功打下了良好的基础。

来自父辈的经验和鼓励，对女儿日后逐渐形成自觉反省、自我提升和完善的习惯，对提高自己的整体素质有很大帮助。

培养好习惯　习惯成自然

有一天女儿班里一个中国孩子的妈妈给我打来电话，告诉我她昨天和女儿的老师聊天，老师告诉她曼曼是班里成绩最好的学生，待人也很宽容。

我听后有几分惊讶。自从女儿被选入天才班之后，我们心里一直在想，如果她能在这个智力超群的优秀群体里排在中等偏上一点，能够保持原有的自信心，我们就很知足了。

放下电话，我走进女儿的房间，女儿正在拼昨天没有完成的那个1 000块装的拼图。我蹲下身，小心翼翼地问她："刚才珍妮的妈妈打来电话，说她昨天和你们老师聊天，老师告诉她，你在班里学习成绩最好，是这样吗？"

女儿听后头也没抬，淡淡地说："可能吧，但我们班不排名。"

见她不动声色，我接着问："看来你也知道自己成绩不错，可怎么从来没听你说过？"女儿这才抬起头，笑着对我说："这有什么好说的？我们班才20多个人，我也刚上五年级。"

她略停了几秒，接着说："其实珍妮也很棒，她做事很认真，还在上星期多伦多一个钢琴比赛中得了奖，她的照片被登在了昨天的报纸上。”

“我知道，你昨天还让爸爸给你买报纸。”

女儿开心地说：“是啊，珍妮是我的朋友，我为她获奖感到骄傲，我要将这个报道好好保存起来。”

女儿小学毕业前，我去她班里参加家长会，有机会和她的老师单独谈了一会儿。老师告诉我：“曼曼不仅学习成绩优异，而且在班里愿意主动承担更多的责任，待人耐心、友好、谦和，不仅和班上学习好的同学玩得好，和学习不好的同学也能玩得很好。我用心观察过那些成绩不太好的学生，当他们在学习上遇到困难时，很喜欢找她帮忙，她也总是有求必应。所以当她负责组织活动时，很容易将大家召集起来。”

在我将要起身离开教室时，老师真诚地对我说：“我很快就要退休了，凭着几十年在天才班的教学经验，请相信我，她将来会是一颗明亮的星星。”

女儿将来是否能成为一颗明亮的星星并不重要，重要的是她知道尊重他人，也能受到他人的尊重。“爱人者人恒爱之，敬人者人恒敬之。”

谦虚与包容有助于赢得友情、获得机遇

随着女儿年龄的增长，我们更是以身边的人为例，一步步引导她，让她逐步认识到谦虚与包容的品格有时可以给人带来更多发展和成功的机会。因为谦虚与包容的人，更容易让人接受和喜欢，在工作中易与他人相处与合作，也会因此赢得好的人缘和口碑，这样就会获得更多的机会展示和发挥自己的能力、潜力和优势，使自己距离成功更近一步。同时，我们也常以身边的事例，帮助她认识到由骄傲而生的自负，常使人不自觉地出言不逊，伤害他人，从而树敌过多，减少自己成功的机会。所以著名作家老舍先生说："骄傲自满是我们的一座可怕的陷阱，而且，这个陷阱是我们自己亲手挖掘的。"

女儿在八年级时，她的同学卡伦的父母因生意顺利，允许卡伦和她姐姐在同学中各挑一个女孩和她家一起在圣诞节前到墨西哥度假一周。条件是这两个女孩一定要品学兼优，而且是学校老师与卡伦或卡伦的姐姐共同推荐的，女儿得到了这一机会。

我们得知这一消息时，感到很高兴，因为女儿的出色表现，谦虚与包容的品格，与同学友好相处的能力，得到了老师和同学的认可，但出于对女儿安全方面的考虑，我们希望和卡伦的父母见个面，弄清他们的目的和行程的细节。

在和卡伦父母的直接面谈中，我们了解到，他们这一年生意顺利，有收益。他们认为自己的收入是取之于社会，因此要拿出一部分来回报社会，他们想以这一方式鼓励社区的孩子努力学习。他们还充满期待地告诉我们，如果条件许可，他们将会一直这样做下去。

女儿与卡伦全家和卡伦姐姐的同学在墨西哥美丽的海滩度过了愉快、难忘的一周。在这一周里，她有机会近距离地了解西方文化、西

方人的价值观以及每个家庭成员之间相处的方式，同时也增进了同卡伦的友情。

大度谦和　阳光快乐

在女儿初中毕业前，我曾和她一起讨论与同学相处的方式。女儿告诉我，由于父母言行的影响和加拿大人性化的教育，她从来没有认为自己学习成绩出色将来就一定比别人强。当有同学向她请教作业时，她总是耐心地提供帮助，并让他们感到这道题原来没有什么大不了的，不过是这一点自己没有想到而已，决不像有的同学那样居高临下："就这么简单点儿事，你怎么竟不知道啊！"

女儿还告诉我，她平日与同学相处，除在学习上乐于助人，在课堂外尽力体谅别人，给班里学习成绩差点的同学一些表现机会，提高他们的自信心。有时同学一起做游戏，她故意输，以致有的同学笑她："平日你在学习上那么聪明，怎么这会儿却傻得可爱！"

女儿进入大学后，随着阅历的增加、知识的丰富，她越发意识到自己在这个世界的渺小，越发尊重和她交往与合作的每一个人，尽力做到待人得体、大度、谦和与包容，她的很多大学同学都说："怎么也看不出来你是家里唯一的孩子。"她也时常有意识地反省和提高自己，为她后来收获丰厚的友情和信任，赢得一定的发展机会打下了基础。

女儿在哈佛大学法学院第一年学习结束后，到纽约一家律师事务所做实习生，我和女儿一起度过了愉快的两周。每到周末，女儿便带我一起参观纽约，品尝纽约的美食，也见到了女儿的好几个朋友。每当她的朋友离开后，女儿就向我细说她朋友的种种优点，告诉我他们的闪光之处，那种从心底里涌出的幸福感与自豪感，真的让我羡慕不已！

有一天傍晚，我们坐在河边的长凳上一同观看落日的余晖，微风吹过，沁人心脾，女儿向我娓娓道来这些年暑假她在不同公司做实习生的体会。她真诚地对我说：“我的同事包括我的主管都说我做事高效，聪明、谦和，其实我有什么理由不谦和呢？迄今为止，我能证明的只是我的学习能力不错，而工作中的很多技巧与能力我还要一步步学习和积累。”包容的心态、宽广的胸怀、谦和的态度，不仅使他人受益，也为女儿自己带来了无比的快乐。

传承谦虚、大度的美德

北宋政治家、文学家欧阳修曾经遭受过吕公著的父亲吕夷简的排斥，也因和司马光政见不同，两人有过激烈交锋。由于欧阳修在北宋政治和文学创作上的地位和成就，王安石、曾巩、苏洵、苏轼、苏辙都受过他的举荐和指导。可在施政方针上，他和王安石却有分歧，但当皇帝请他举荐 3 个可任宰相的人才时，他仍以国家为重，不计个人恩怨，向皇帝推荐了吕公著、司马光和王安石。后来这 3 个人都先后成为宋朝的宰相。欧阳修豁然大度的胸怀也被后人传颂。

南非总统曼德拉因领导反种族隔离运动，被南非法院以密谋推翻政府等罪名定罪，从此开始了他 27 年的牢狱生涯。曼德拉出狱后被选为南非历史上第一位黑人总统，在他的总统就职典礼上，他请来了 3 名曾看守他的狱警，并真诚地向世人宣告：“当我走出囚室迈向通往自由的监狱大门时，我知道，倘若自己无法抛下痛苦与怨恨，那么我其实仍在狱中。”

他的举动震惊了整个世界，他的言语感动了整个世界！他以博大的胸襟、仁爱的情怀和平结束了南非的种族隔离，于 1993 年获诺贝尔和平奖，在 2004 年被选为最伟大的南非人。

大度包容的胸怀，不仅使他获得人们的尊敬，将对手变为朋友，而且赋予了他独特的人格魅力和对大众天然的吸引力。

“海纳百川，有容乃大”，谦虚与包容是美德、智慧和胸怀，也是做人、处世的一种策略。愿天下父母同心合力将谦虚与包容这一美德代代相传，携手共建一个充满爱、宽容和理解的社会，使孩子的能力和潜力在和谐与美好的环境中得到充分的发挥。

第 4 节

志向决定未来

志向是人们决定在某一领域有所作为的奋斗目标，具体体现在一个人对未来所要从事职业的选择，渴望做出的业绩，所要获得的生活质量，以及期望拥有的社会地位。

志向是催人进取、努力向上的动力。“人能走多远，这话不要问双脚，而是要问志向。”

志向在很大程度上决定一个人未来的价值取向。一个志向远大的人，往往勇于追求和奋斗，他获得成功的可能性也就相应增大；而一个没有志向的人，日后则可能会成为一个目光短浅、无所作为、生活平庸的人。

志向获得的方式，因个人的家庭背景、成长环境及社会变迁等因素的影响而各有不同。有的志向是由磨难而生，有的是来自家庭良好的熏陶和时代的推动，也有的是缘于对自己个人能力的认知，因为在某方面取得的小小成绩而受到激励，进而形成志向。有时随着环境的变迁，自身条件的变化，对社会和个人认知的加深，人的志向也会相应改变和调整。

孩子的志向应由孩子自己决定

在幼儿教育中，许多家长和老师很注重给孩子谈志向，告诉他们要立志长大后做一名科学家、艺术家、企业家等。给年幼的孩子谈志向，做“这家”“那家”，对他们来讲是不是太遥远、太抽象了？当孩子年幼时，他们还尚且不懂这些“家”是干什么的，也没有真正认识到自己的优势是什么，自己将来喜欢干什么，适合干什么，以及社会将来需要什么样的人才等。

作为父母，重要的培养孩子的自信心和独立思考能力。这样随着孩子年龄的增长，知识的积累、阅历的加深，便能对自己的优势、潜力、社会需求等具有相对客观的认识，并为自己设定未来的人生目标。这样的志向是孩子自己确立的，不是外人强加给他的，孩子多会自觉努力追求，并在这一过程中得到愉悦的精神享受和丰富的人生体验。

有人说“人的理想、志向往往和他的能力成正比。”但一个人对自身能力的认识，常常不是一次就能够完成的。

女儿自幼喜欢画画，上幼儿园后又在许多少儿绘画比赛中获奖，她幼儿时的志向便是长大后当一名画家。到加拿大后，她有机会参观许多艺术博物馆，当她了解到许多著名画家的成功，往往是在他们去世之后，而且这样的画家，一个国家也未必出现几个时，当画家的志向便开始动摇。尤其当她看到在圣诞节来临之前，有些画家为挣些微薄的收入，坐在街头凛冽的寒风中为行人画肖像和圣诞卡时，再也不提长大以后当画家的事了。

后来，女儿发现自己越来越喜欢文科，尤其是写作和与人辩论更是她的强项，并具有思维严谨、逻辑性强的特点，便立志长大后当一名律师。尽管她的数学和理科类功课也很好，我们非常希望她能选择学医，将来当一名医生，并给她列举种种当医生的现实好处，如工作稳定、收入高等。但当她明确表示不喜欢医生这个职业后，我们也就尊重她的选择，不再试图劝说她改变主意。

为了确信自己是否真正喜欢并适合当律师，她特地自己联系，在十一年级结束后的暑假去斯坦福大学参加了一个为期3周的暑期班，专门了解作为一名律师必备的素质，律师工作的特点，不同专业律师的工作范围，以及作为一名律师在职业生涯中可能会遇到的不同挑战等。在完成这个暑期班的学习之后，她更加坚定了长大后做一名律师的志向。

在日常生活中，父母可在适当的时机，借助一些发生在周围的事例，提醒和告诫孩子志向要现实，要能够成为使他将来立足社会、独立生活的经济保障，并能给他带来他所希望的生活质量，避免志向成为空中楼阁，缺乏现实性与可行性。特别是那些聪明、多才多艺的孩子，其目标容易转移，父母一定要早日给予引导。

父母的愿望不是孩子的志向

有些父母把自己年轻时未能实现的梦想寄托在孩子身上，而忽略了孩子本身的特点，这样不仅限制了孩子在他擅长领域内的发展，有时还会扼杀孩子的天份，以致后来的结果与父母所期望的相距甚远。

养育孩子是父母应尽的义务，而不是家庭投资。作为父母，我们要教育孩子知恩图报，对家庭和社会拥有爱心和责任心，但不能通过强推孩子向前，期望用孩子的成功来填补父母的某些人生缺憾。父母若能将心态放平，对孩子的优势和劣势坦然接纳，适时引导，既可使自己心胸放宽，目光放远，又可给孩子提供一个宽松、自由的成长环境，使孩子的能力和潜力得以充分发挥，距离实现自己的目标更近一步。

有些优秀的、在事业上有一定成就的父母，往往会自觉或不自觉地认为自己的孩子也很出色，加之为孩子提供了优越的学习条件，更理所当然地认为孩子将来应该比自己取得更大的成就，并因此对孩子寄予厚望。父母的心态和想法，会不可避免地表现在自己的言行和与孩子的互动中，从而给孩子造成相当大的心理压力，使孩子的学习和生活受到不同程度的负面影响。

孩子是相对父母的独立个体，父母的愿望不是孩子的志向。父母善于创业、投资、经营，孩子可能擅长科学研究或发明创造，也可能就喜欢过普通和简单的生活。况且，当年促使父母成功的条件和机遇，孩子长大后也不一定能够拥有。

尊重和理解孩子，坦然接受孩子自己的志向，放手让孩子走自己的路。不论途中有险滩，还是有怡人的风景，孩子均可从中得到宝贵的人生体验。酸甜苦辣都尝过，才能珍惜生命中的每一次相逢，用心把握每一次机会，感恩父母对他们的付出。如果将这一过程省略，未来成功的机遇将很可能和孩子擦肩而过。

父母是建议者不是决策者

在加拿大和美国，当孩子面临未来的人生目标有多种选择时，父母大多先是和孩子坐下来一起讨论，了解孩子的想法，然后结合自己的人生经验，帮助孩子认识到每种选择可能会带来的不同结果，并提出自己的建议，但最后仍将决策权留给孩子。

如果孩子不采纳父母的建议，父母一般也不会怪罪或勉强，只是再次强调后果，并提醒孩子要为自己的选择负责。这样，假如孩子选择错了，当他尝到苦果之后，便会认识到自己当初的选择不现实或不合理，后悔那时没有听从父母的建议。这样，孩子就会主动调整自己的奋斗目标，并尽力弥补已经造成的损失。这种父母与孩子之间平等和尊重的互动方式，使孩子能够自觉、主动地吸取失败的经验和教训，再遇到类似的情况时，便会主动要求和父母讨论，找到更适合自己发展的人生之路。

如果父母强迫孩子遵循父母为他们设定的人生目标，即使这个目标是现实的、适合的，但如果孩子认识不到这一点，他在追求目标的过程中，仍然不会尽力和主动。这样，孩子既难以达到父母的期望值，也难以在追求目标的过程中得到乐趣，甚至还可能在内心产生对父母的不满和抱怨情绪，进而影响亲子关系和亲子沟通，为以后父母对孩子的引导蒙上阴影。另外，孩子的独立性在父母的规范和压力之下，会受到一定程度的削弱，更有些在父母高压下成长的孩子，会在不觉中逐渐形成一种“奴性”人格，长大后容易屈从于自己所处的劣势地位，难以理性地思考和主动改变自己的处境。

孝贵在敬不在顺

我们中国人有“百善孝为先”的传统说法，但孝贵在敬，而不在顺。拥有良好的品德，健康的人格，并具有一技之长，长大后能够立足社会，担负起家庭的责任，不让父母操心，便是对父母最大的孝。孩子怎样走“孝”的路，如何到达“孝”的目的地，那是孩子自己的事。

强逼孩子顺服的父母是没有胸怀的父母，事事顺服父母的孩子是没有主见的孩子。凡事顺从的孩子缺乏应有的独立性，在成长过程中既很难找到真正适合自己的人生发展目标，长大后也难有所成。

哈佛大学是世界顶尖的高等学府之一，是多少人梦寐的求学殿堂，可比尔·盖茨并未在此完成学业，而在三年级时退学去开创自己梦想中的事业。他的父母并没有因此阻止他，而是利用自己的社会资源尽力帮助他。试想一下，如果他的父母在得知他想退学之时对其大加斥责，横加阻拦，甚至软硬兼施，比尔·盖茨的人生道路可能就是另外一幅景象了。

诚然，我们不能鼓励每个孩子都像比尔·盖茨那样中途退学，但应当引导孩子在独立与担当、创新与发展、机遇与冒险、成功与失败中平衡和驾驭自己，孩子才能一步步走向成熟，把握好自己的命运。

志向是多彩的

在海外生活近 20 年后，我深深地体会到我们中华民族是世界上最崇尚教育的民族之一，我们中国人的父母是最具有牺牲和奉献精神的父母，同时也是最“望子成龙，望女成凤”的父母。

我们中国人有句话“行行出状元”，可不幸的是很多人早已将它忘记。在孩子尚未出生时，父母就开始在心中为孩子描绘未来绚丽的图画，设计通向五彩大门的坦途。孩子出生后，爷爷奶奶、外公外婆、爸爸妈妈争相奉献，为孩子提供一切有能力提供的条件。等孩子到了上学年龄，家长又是不遗余力、不计成本地将孩子塞进重点小学、重点初中、重点高中，以及各种五花八门的补习班。当孩子上高中后，几乎所有的父母又是一涌而上，将自己的孩子推到“考大学”这一独木桥上，顾不得孩子的爱好与特长，为的是实现一个统一的志向——进一所好大学。

进一所好大学几乎成了国内每个孩子读高中时所追求的唯一目标和最高志向。孰不知，在追求这一目标的过程中，多少孩子的身体健康受损，多少孩子的天份和创造力被消磨殆尽，多少孩子的自信心被损伤，多少孩子对快乐生活的向往被摧毁？

奋发向上，努力学习，争取好的受教育机会，将来为人类、社会、家庭作贡献，这都是非常可贵的，但上一所好大学不应该成为孩子追求的唯一或终极目标，它只是实现人生目标的一个途径，况且它也不一定适合每个孩子。如果孩子将考高分、进一所名牌大学作为自己的奋斗目标，那么这些孩子一旦达到这个目标，便会失去继续向上奋斗的动力，甚至还可能沦为庸才。倘若如此，他最终的生活质量或许还不如一个勤劳的手艺人。

志向是支撑一个人不懈追求人生目标的动力，在追求的过程中，不仅可以得到愉悦的精神享受，也可以得到家人的关爱，同事的合作、支持和友情，这都是人生非常宝贵的财富。而且志向的设定应适合孩子的个性和特点，为孩子的能力和潜力提供充分发展的空间，而不是制约。如果孩子将考大学做为他最高的人生追求，那么大学是他人生发展之源，还是人生终结之地呢？

英语里有个词“专业人士（professional）”，在美国和加拿大，医生、律师、工程师、会计师、大学教授等是专业人士，厨师、护士、汽车修理工、木工、水管子工等也是专业人士。志向是多彩的，并不仅仅是长大后成为一名大学教授、工程师、医生、厂长、经理是好志向，成为一位好厨师、好技工、好的修理工同样也是好志向，都是社会所需要的。大家生活在同一个社会大舞台，彼此需要，相互协调，组成一个和谐共享的社会。

梁启超先生在《敬业与乐业》中告诫我们：“凡职业没有不是神圣的，所以凡职业没有不是可敬的。因自己的才能、境地，做一种劳作做到圆满，便是天地间第一等人。苦乐全在主观的心，不在客观的事。”

多彩的人群组成了我们多彩的世界。作为父母，愿我们随着时代的发展更加成熟，充分认识到孩子和我们一样，是独立的个体。在爱、理解和尊重的基础上帮助孩子树立适合孩子特点、现实可行的发展目标，使孩子能够健康快乐成长，长大后有机会从事他们喜欢和擅长的工作，最终实现各自美好的人生发展志向。

第三章

培养孩子的创造力

第 1 节

一体式培养孩子的语言能力、想象力和创造力

语言能力是指对词汇准确把握与运用的能力，它体现在内在的思维能力和外在的表达能力两个方面。任何一种发达的文明背后一定会有一种发达的语言做基础。记得曾有人说过判断一种文明是否发达，其标准之一就是看它是否拥有丰富的词汇来表达色彩和味觉。中华几千年文明创造了丰富的词汇，用于描述不同的颜色，如赤、橙、黄、绿、青、蓝、紫；不同的味觉，如酸、甜、苦、辣、香、咸、麻等，这些都是中华文明成为世界发达文明的标志之一。

语言表达能力也是现代人才不可或缺的重要素质之一，在现实工作和生活中极为重要。拥有出色的语言表达能力可以将自己的思想、观点、工作方法、建议用清晰、简洁、生动、优美的语言表达出来，既容易让人接受，又使交流氛围变得轻松愉悦。

想象力是指人们在已有知识和经验的基础上，在大脑中排除现实中的种种局限而形成新形象，进而产生新概念的能力。在想象的过程中，既包含逻辑思维的成份，也离不开语言的帮助，而词汇又是逻辑思维的基础。想象力是一种非常重要的能力，爱因斯坦说："想象力比知识更重要，因为知识是有限的，而想象力概括着世界上的一切，推

动着进步，并且是知识进化的源泉。”

创造力是指人们将在头脑中形成的想象，通过结合现实条件，进而改进现有的事物而发明创造出新事物、产生新思想的能力。在创造过程中既离不开想象力、也离不开逻辑思维能力，同时还需要通过交流而获取灵感。因而创造力是一种综合能力。一个没有创造力的民族是不具有真正竞争力的民族。

语言能力、想象力、创造力的培养要从幼儿时期开始

幼儿时期是孩子想象力最为丰富的时期，也是培养孩子想象力的关键时期。想象力不是孩子生来就有的先天能力，但如果父母方法得当，是能够在孩子后天培养的一种能力，而丰富的想象力则会促进创造力的产生和发展。

在对女儿幼儿时期的教育中，我将对她想象力的开拓，创造力的开发和语言表达能力的培养融为一体。

女儿刚出生时用的小床，四周挂满了不同颜色与形状的气球和多种小动物，她睁开眼睛，就能看到这个五彩缤纷的世界。自她1岁多会说话时起，我便开始教她一些简单的儿歌和诗词，并在教她的过程中，将我的面部表情、语速、语调、形体动作也一同呈现在她的眼前。比如，教她背李白的《静夜思》：

“床前明月光，疑是地上霜。举头望明月，低头思故乡。”

当念完第一句“床前明月光”时，我就用手指指天，用两只手比划成月亮的形状，告诉她月光照在床头上地上都泛白光；在念第二句“疑是地上霜”时，我右手手心面地，在面前用力划一下，告诉她那一刻月光撒了满满一地，犹如地上铺了一层白色的霜；在念第三句“举

头望明月”时，我抬起头，做仰望天空状；在念最后一句“低头思故乡”时，便告诉她想家时的感觉，并低头略带愁容。

“鹅，鹅，鹅，曲项向天歌。白毛浮绿水，红掌拨清波。”

《咏鹅》，可谓是家喻户晓，妇孺皆知。在教她背这首诗时，我用她的一个用塑料做成的软软的小鸭子做道具，将它放在一个大一点的水盆里，让她观看小鸭子“曲项”“浮绿水”“拨清波”的样子。

有一天晚上电视里介绍黄果树瀑布，我就将她抱起来，放在我的腿上，让她看瀑布是什么样的。后来教她背李白的《望庐山瀑布》，并给她做一定解释。当她背到最后两句“飞流直下三千尺，疑是银河落九天”时，她先将右手高高举起，手指朝下，然后快速落下，同时说了声“哗！”把一家人都逗乐了。

那时女儿不过才 1 岁多，很难明白诗歌中每个字、每个词的涵义，但用充满趣味的方式教她背诵儿歌和诗词，不仅可以帮助她更好地记忆，也可以留给她更多的想象空间，并开启了她背诵诗歌的兴趣。

培养三种能力　不拘形式

女儿再大一点，我就给她读看图讲故事。我读完一个故事后，便将书合上，让她告诉我这个故事讲的是什么。她起先只能说出一两句，而后慢慢能描述出故事的大概内容和情节，后来能讲出故事的关键情节和画面，最后发展到能用两三句话给故事做一个内容概括。这样过了一段时间，我又给她加了一项新任务，让她描述完故事的梗概后，告诉我这个故事告诉她的道理是什么，她应该从中学到什么。

在她的讲述过程中，我从不打断她，让她任凭她的想象力、判断力和逻辑思维能力伴随着她的记忆力和理解力尽情飞扬。不论她讲得是否与书中的故事内容完全吻合，我总是适时地用手势或表情让她继续，不让她感到有任何心理压力，并在结束时先给她一些肯定和鼓励。例如，“总结得不错宝贝，遇到困难大家一起出主意、想办法，就能解决问题。”“你说得不错宝贝，不能像东郭先生那样糊涂，不分善恶，差点被狼吃掉。”“是啊，宝贝，要学习小兔子爱动脑筋，一个人在家时千万要小心，不能轻易给陌生人开门。”等，如果需要，再帮她适当补充。

即使有时她讲得跑题了，我也从不责备，而是留到最后再纠正，然后笑着问她：“想不想再给妈妈讲讲？不过宝贝，如果你累了，我们明天再讲也可以。”孩子的表现欲很强，在没有压力的前提下，多是愿意有机会更好地展示自己，于是便又开始了她绘声绘色的讲述。

女儿很爱动，不像别的孩子听故事时静静地坐在妈妈身边。她边听我讲，边在沙发上行走，有时停下来坐在我身边看一眼书中的画面，有时从沙发上跳到地板上。我既不阻止她，也不责备她，因为我知道她虽然在动，但同时也在听、在想。女儿很喜欢我给她读故事，一是故事本身能满足她的好奇心和求知欲，同时她也能从自己的讲述和妈妈的赞许中得到乐趣和价值的肯定，在快乐中享受着小小的成就感。

编故事、讲故事、读故事　培养三种能力

随着时间的推移，我将对女儿语言表达能力、想象力、创造力和逻辑思维能力的培养也向前推进一步。

我买来故事书后让女儿自己先看，然后让她根据书中的画面编故事，并讲给我听。刚开始时，她用一两句话就将一个画面讲完了，我只静静地听，并不急于为她补充，只是在她偶而有困难将前后画面联

系起来时，才帮助她。等她讲完后，我便将书打开说：“咱们看看作家叔叔（阿姨）怎么写这个故事的。”

每读一页，我就让她想想刚才她是怎么编这个画面的内容的，但并不提问她，以免给她造成心理压力，只是在最后用轻松的语气问她一句：“同一个画面，是不是可以用不同的语言和情节来描述？”

她认真地点点头，小模样十分可爱。

于是我便勉励她说：“你刚才讲得不错啊，宝贝！说明你有很好的想象力和创造力。我知道你的小脑袋里还有很多很多好东西，如果你能再多发挥一点儿，妈妈相信你明天编的故事，一定不会比书里的差，说不定比书里的故事还精彩！”

她听后在沙发上边蹦边高兴地说：“妈妈，我能。我明天再看一遍，好好想想，肯定能！”

在这个编、讲、读故事的过程中，我有时表示赞同和欣赏，有时将她拉到身边亲亲她的小脸蛋，这样一晚上的时间很快就愉快地过去了。第二天晚上，等她看完少儿节目，吃完晚饭后，我们又一同坐在沙发上，一起讲故事的时间就再次开始了。

首先，我让她再看一遍昨天读过的那本故事书，然后重新编她的图画故事，并讲给我听，她这一次的故事往往会比上一次好很多。从她第二次编讲同一个故事开始，我偶尔会用简单的话语激发她更多的想象力和创造力，例如，“哇！原来是这样啊，还有呢？”“好好玩啊，小朋友们一定很高兴吧？”“哇！有那么多漂亮的花，怪不得小动物们都喜欢到这里玩耍，布谷鸟来了吗？”“孔雀给大家伸展出它漂亮的羽毛了吗？”“哈哈，大象和牦牛和好了，真的吗？老虎还敢来吗？”等。有时，我也会在恰当的时候给她加几句，使她的故事内容更丰满些，用词更准确、形象和生动些。这样反复几次，她就能将故事的场景、情节、人物的心理活动描述地生动、流畅和完整了。

女儿很喜欢捏橡皮泥，有时她在编故事前，会用橡皮泥捏出不同的小动物、小人，做为她讲故事的道具。她手里拿着自己做的小道具，声情并茂地讲述和表演，不仅增加了故事的趣闻性，也仿佛时光倒流，让我回到了那充满纯真、幻想的童年，给了我许多美好难忘的回忆！

这样过了几个月，她的想象力、创造力、语言表达能力、逻辑思维能力都有了很大进步，词汇量也明显增加。后来，我拿一本新故事书给她，她翻一遍，看看每一页的画面，想几分钟后，便能绘声绘色地给我讲她的新编图画故事了。

那时我并没有刻意教她认字和写字，但她已能将许多贴切、形象、生动的词汇运用到她故事中。例如，“黑朦朦的天”“雪花在飘”“猛抬头”“忽然发现”“心花怒放”“想念妈妈”“伤心地哭泣”等。这种编、讲、读的游戏，不仅提高了她的想象力、创造力、语言表达能力和逻辑思维能力，也增强了她的记忆力。

我们家一直有一个习惯，晚饭后过一个多小时，每人都要再吃一点儿水果。女儿除了水果外，还加一杯牛奶。有天晚上她要赖，不愿意喝牛奶。我对她说：“不喝不行，不喝你今天的营养就不够。”

她讨价还价地对我说：“你如果再给我读一个故事，我就喝。”

我只好答应。于是她走到沙发旁，从她的一摞故事中抽出一本放到我面前：“妈妈讲！”然后坐在沙发旁她的小板凳上边喝牛奶边听我讲故事，还边看电视。

我见她眼睛看着电视，背对着我，就想节省点时间，快点读完，将她打发，让她赶快洗澡、睡觉。于是我就跳着读，谁知刚跳过一页，她就从小板凳上站起来，走到我面前，翻到我刚才跳过去的那一页，指着画面对我说：“这一页您没讲。”

我听后忍不住笑了，心想看来是一点懒也不能偷了，但同时也为她良好的记忆力而备感欣慰。

更高要求的编、读、讲故事

女儿5岁后，我开始买些简短但没有图画的故事书给她读。我读完后，要求她用一两句话将故事的内容概括出来，并告诉我她从这个故事中看到了主人公有什么优点和不足，从中学到了什么知识和道理，怎样才能帮助他改进，然后再用自己的想象力去扩充这个故事，并要求她新编的故事内容至少要比原来故事的内容多一倍，但主题不能变。

由于上一阶段的编、讲、读故事给了她许多乐趣和自信，她对这一阶段更高要求的读、编、讲游戏也热情很高，非常投入。这一轮新的训练不仅进一步提高了她的概括能力，使她的想象力和创造力在一个更高的层面上尽情地发挥，也同时使她的独立思考能力、逻辑思维能力、语言表达能力有了进一步提高，好奇心和求知欲也随之增强。

那时她已经上幼儿园大班，也有了几个住在我们附近的好朋友。由于她经常邀请朋友到我们家或楼下的草坪一起玩耍，我对那些孩子也有了一定的了解。从她的扩编故事中，我发现她将与朋友之间的交流内容、互动方式、游戏规则、矛盾冲突、协调与合作模式等灵活地运用到她故事的人物和情节中。这不仅有助于我了解女儿，也有助于女儿的成长，因为她在编讲的同时，也在思考和总结自己的经验和不足。

深圳没有冬天，很适合户外活动。每逢周末，爸爸就带她到附近的四海公园玩耍，之后带她到公园旁边的“博雅”书屋去看会儿书。尽管那时她认识的字很有限，但每次到书店，她都流连忘返，抓住机会尽情浏览，对每本翻过的书都爱不释手。爸爸告诉她：“每次只能买一本。”每到周末，她就提醒爸爸带她去四海公园，因为那里不仅有鲜花、草坪，更有她心里惦记着的新书。

女儿一直很喜欢阅读、编故事和讲故事，在她上高中之前，我们一起度假时，她还时常给我们编故事和讲故事。她上学后，尤其是到了北美之后，由于加拿大和美国中小学教育很重视阅读，加之社区图书馆丰富的图书资源和便捷的服务，使她更加热爱阅读，而且一直受益于从小对她进行的独立思考能力、概括总结能力、想象力和创造力的培养。

看电视、做游戏也能培养想象力和创造力

爸爸除带她到户外活动、给她买书外，还经常和她一起看一些电视专题节目，如《动物世界》《人与自然》，以及反映天文、气象、地理、环境等知识栏目，如《探索》《新星》等，并给她做一些讲解。久而久之，每到这些节目快要播出的时间，她就提醒爸爸，让爸爸和她一起看。每逢这时，她便像一只乖乖的小羊，静静地坐在爸爸身边，有时倚到爸爸身上。那全神贯注的神态，充满稚气的小脸，宛如一幅优美的油画，深藏在我的脑海里、记忆中，每每想起，都带给我许多美好、温馨的回忆！

女儿平日也很喜欢搭积木、玩拼图、看动画片等，这些活动也很有助于她的注意力、观察力、想象力和创造力的培养和发展。

女儿小学一年级是在国内上的，第二学期开学后不久，她的语文老师打电话问我："你们有没有帮曼曼写作文？我将她的作文拿给三年级的老师看，他们说她写的作文比三年级的孩子都好。"

我高兴地回答她说："我们从来不帮女儿写作文，但在她 1 岁多时，我们就开始培养她的语言表达能力、想象力和创造力了。"

女儿的想象力和创造力也表现在她的绘画作品上。在她两岁多时，她从一个儿童节目中看到小鸡是从鸡蛋里孵出来的，便想象着小娃娃也是从一个更大的鸡蛋里孵出来的，于是便画了一个鸡蛋娃娃。小娃娃双手抱腿坐在一个椭圆形的蛋壳里，娃娃的头很大，五官清晰，四肢细小，身体各部位的比例很像一只刚破壳而出的小鸡。

正巧那天她刚画完，一个搞摄影的朋友到我们家来坐。当他看到这幅画时，十分惊奇，笑着对女儿说："曼曼，你这幅画可以挂到巴黎艺术博物馆，和毕加索争个高低了。"

那时女儿虽不知道巴黎在哪里，毕加索是谁，但她能从叔叔的眼神里、语调中感受到赞扬和欣赏，并因此受到鼓励。

女儿上幼儿园后，她的绘画天分很快被教美术的邹媛媛老师发现。邹老师当时 20 多岁，秀美中带几分文静，是一位很负责任、具有爱心的幼儿教师。有一天下午，老师用录音机给孩子们播放一个童话故事，故事说小熊很喜欢拉大提琴，某一天它优美的琴声吸引了树林里很多的小动物，有的小动物还从老远的地方赶来听它拉琴。

女儿拿出纸，边听故事边在纸上画这个故事。微笑的大提琴靠在小熊的左腿上，小熊的眼睛似乎随着音乐的飞扬更加明亮、有神。小猫、小兔子、小老鼠、小鸡都被这优美的琴声吸引，从老远的地方赶来，高兴地欣赏小熊动听的琴声，就连小小鸡，小虫子也来了。天上的飞鸟停在空中，花儿开、太阳笑，天蓝蓝、草青青，好美的一个动物乐园！

在整个故事的播放过程中，邹老师见她不抬头，又在不停地画着什么，便悄悄走到她身边。当邹老师看到女儿画的画时，十分惊喜。

等到幼儿园放学，我先生去接女儿时，邹老师一再叮嘱父女俩：“回家再画一幅大的，用蜡笔涂上颜色，交上去准备参加蛇口工业区儿童绘画比赛。”

后来这幅《优美的琴声》绘画作品获得蛇口工业区儿童绘画二等奖，并被选入 1997 年出版的《深圳市青少年优秀书画选》。

在邹老师担任女儿 3 年幼儿园美术老师期间，女儿多次参加幼儿园、蛇口工业区、南山区组织的儿童绘画比赛，并获得多个奖项。邹老师不仅敬业，而且富有爱心，很懂得幼儿心理，对女儿的想象力和创造力总是小心呵护和用心引导，并教她一步步提高绘画技巧，从未说过一句伤害孩子自尊心、打击孩子自信心的话。后来女儿的另一幅获奖作品《请外星人参观百果树》也被选入《深圳市青少年优秀书画选》。女儿很喜欢她 3 年的幼儿园生活，也很喜欢邹老师，至今仍记得邹老师。

邹老师也很喜欢爱画画的女儿，幼儿园毕业时留下了她的图画本作纪念。

女儿自由的心灵在爱的天空自由飞翔，感谢邹老师，感谢每一个给女儿爱和鼓励的亲人和朋友！

幼儿时播下种子 长大后收获果实

我们对女儿幼儿时想象力、创造力和语言能力的培养，在她上学后，对她的学习帮助很大。到加拿大和美国后，学校的许多课程，如手工、艺术、技术设计、科学，以及大量的阅读和写作，给女儿的想象力、创造力和语言表达能力提供了更多增长的机会和空间，使她的学习和生活更加绚丽多彩。

在女儿初中毕业颁奖典礼上，她同时获得语言、技术设计、学校和社区贡献方面的 3 个奖项。她的校长微笑着告诉我们，这所中学是全区唯一一所有天才班的中学，曼曼在这个优秀的群体里表现出色。在所有奖项的评选中，语言奖最难获得，技术设计奖主要是表彰学生的创造力，对这个奖项的评判也十分苛刻。这几个奖项通常亚裔孩子很少获得，像曼曼这样同时获得这几个奖项更是十分难得。

女儿出色的语言表达和写作能力在她上高中后更加突出地表现出来。在十年级时，她以两篇优秀的作文，面试时快速的反应和灵巧的对答，面对许多同学激烈的竞争，最终获得参加在暑假期间去法国南部，为期 5 周的国际实验生活，并得到 40% 的最高奖学金。在十一和十二年级，她被选入学校的模仿联合国（Model United Nations）小组，多次和同伴一起代表学校到美国许多高校参加演讲比赛。考入哥伦比亚大学后，她出色的写作能力、想象力和创造力为她赢得了许多荣誉和机会，也同时给她带来很多快乐和美好的回忆。

同时，女儿也将她的创造力应用于她的日常生活中。女儿不仅是一个爱学习，求上进的孩子，也是一个非常热爱生活的女孩，像其他所有女孩一样爱美，喜欢打扮自己。她能充分利用自己的资源，以独到的眼光穿出自己的风格和品位。在高中毕业时，被同学评为学校

2009年度“最佳着装”小姐。

拥有创造力 才有竞争力

对孩子语言表达能力、想象力和创造力的培养是衡量家庭和学校教育成败的关键因素之一，这一综合能力不仅在个人生活、学校生活和工作中扮演着重要角色，而且对社会文明的发展和进步有着巨大的推动作用。一个没有创造力的民族，是一个没有竞争力的民族！

我在一个亲子教育平台接受采访时，主持人在结束时发出了心灵的呐喊：“其实每一个孩子都是天才，只不过大多数被父母拖累了，更可悲的是他们还梦想让自己的孩子在他们的扼杀下成为人才！”

她的话如同惊雷，至今仍在耳边萦绕。每个孩子都有不同的天赋，只是孩子的独特性，他们丰富的想象力和创造力，有的被老师、父母忽视，有的不经意被扼杀了。

科学上的新发现、技术上的新发明、文学艺术上的杰出作品都是人类创造性思维的丰硕成果，但创造力并非只有少数科学家、发明家、文学家、艺术家才能拥有，每个思维健全的孩子都应有丰富的想象力和大小不一的创造力。研究创造性思维的专家发现，3~5岁是孩子创造性思维发展的关键时期。孩子在幼儿时想象力丰富、创造力旺盛，但心灵相对较为脆弱，父母的话往往被孩子当作评判自己能力和价值的尺度。父母一句不经意的批评、嘲讽、挖苦便可能将孩子的好奇心、想象力和创造力扼杀在萌芽之中。

作为父母和老师，一定要用心保护孩子的自尊心，认真对待孩子的好奇心，培养孩子敏锐的观察力，引导孩子的想象力，开发孩子的创造力。你今天有“怪诞”想法的孩子，也许明天就是又一个发明巨匠、科学家、音乐家、戏剧家。

教育由家庭、学校和社会 3 部分组成。家庭教育所占的比重远远高于学校教育，对一个人的成长、发展和未来的生活质量起着至关重要的作用，而且社会教育的结果在很大程度上取决于家庭教育的成败。

随着互联网的推进和科技的发展，知识和技能的获得将会变得越来越容易，人们以后竞争的关键是创造力、自信心、独立性、品德、心理承受能力、勤奋与执着、组织协调能力等综合素质的竞争。

要将孩子培养成才，并不需要多么大的财力和物力，但需要来自父母的爱、用心的陪伴、淡泊的心态和科学的育儿知识。着眼于孩子的未来，用心维护孩子的自尊心，保护和发展孩子的自信心，激发孩子的求知欲和好奇心，培养孩子敏锐的观察力、丰富的想象力、杰出的创造力和出色的语言表达能力。

第 2 节

培养有创意的快乐宝贝

从女儿幼儿时开始的对她想象力和创造力的培养，使她成为一个心灵手巧、富有创意和爱心的快乐宝贝。尽管那时我们将她带到了一块完全陌生的土地，和我们一同经历过许多迷茫、挣扎和奋斗的艰辛，但她内心依然快乐善良、充满阳光，用许多新奇的方式，带给我们惊喜，为我们平淡的生活增添了无限乐趣和希望。

我们初到多伦多时正值夏季，由于大量移民涌入，房源紧缺。我们在酒店住了一周多后，几经周折，才在距市中心不远处，找到一个二室一厅的住处。房东姓梁，20 多年前来自香港。

梁先生的房子是一排房子中的一个单元，加上地下室，共有 3 层。梁先生夫妇和两个儿子，一家四口住地下室和一楼，二楼租给我们。房子当时大概已有近 70 年房龄，很老式，房子也显得很陈旧，行走时木地板吱吱作响。房间虽比较大，卫生间几年前也装修过，可整体条件与我们当初在深圳住的公寓相比仍相去甚远。房子没有中央空调，房东也不装窗式空调，房顶的隔热层又做得不好，在多伦多炎热的夏季，清晨过后，室内便热如蒸笼。

我和我先生都经历过在炎炎夏日，无一丝风，也没有电风扇和空调的年代。虽大学毕业后到特区工作，过了些年现代化的日子，重返过去的时光，也没有什么大不了的。可这对从小在空调环境里长大的女儿，的确是一个很大的挑战。她起初不太适应，身体不适，也没有食欲。我每天晚上做好晚饭后，将她要吃的那一份放在饭盒里，等我们吃完后，带她到不远处的湖边，让她坐在湖边的长凳上吃。

到了湖边，晚风吹起，女儿马上高兴起来，很快将带给她的晚饭绝大部分吃完，留下一点去喂鸟和野鸭子。她在湖边宽阔的草坪上欢快地跑，我和她爸爸在她后面追，她快乐的笑声使我们将白天的烦恼全然忘却，一同沉浸在大自然的美与和谐之中。

有一天晚上，我们在湖边呆得稍晚了点。那时天差不多已经完全黑了，游人也多已散去，女儿站在长凳上对我们说："爸爸妈妈，我刚从电视上学会了踢踏舞，我给你们跳，好吗？"

我们齐声说："好"。

于是她便一边嘴里哼着曲子，一边开心地跳。长凳的木板随着她双脚的节奏而颤动，我们的心也随之上下翻腾，虽不知未来会将我们带向何方，但我们内心仍对未来充满向往。我先生看着女儿可爱的小脸，郑重地对我说："为了她的快乐和未来，我一定要设法在这儿立住脚。"

创意宝贝　点燃希望

初到异国他乡，要面对许多困难与压力。加拿大工作市场有限，一时间大量移民涌入，就业便成为新移民首先要面对的一个严峻问题。虽然加拿大政府承认中国学历与工作经验，但由于工作市场供远大于求，雇主对求职者格外挑剔，加之语言与文化差异，使我们对前途感到渺茫。尽管我们在女儿面前尽量掩饰，不流露出自己的真实情感，但内心的不安仍能被女儿察觉。

房东梁先生夫妇虽没有受过高等教育，但他们朴实善良、热情友好，尤其是梁太太，也许是没有女儿的缘故，对我女儿格外关照，经常叫她到楼下或院子里玩。有一天她修整后院的花草，便叫我女儿下去到院子里玩。女儿向梁太太要了把剪刀，从梁太太不要的树枝上将花儿剪下，又加上几个长有细小树叶的小树枝，将他们合在一起，插到一个汽水瓶里，兴高采烈地跑上楼，送到我面前："妈妈，你看，送给你的。"

看着女儿洋溢着快乐，充满期待的小脸，我的心暖洋洋的！

"妈妈，你看多好看啊！"女儿迫不及待地推推我，然后又上前走近一步，将花儿放在我旁边的桌子上，安慰我说："妈妈，您别担心，等我长大了，给您挣钱。"

刹那间，我觉得女儿一下子长大了许多。我伸手将她抱起，在地板上转了两圈，高兴地对她说：“谢谢你，宝贝，这可是妈妈到加拿大后收到的第一束花，也是世界上最漂亮的一束花！”

我先生听后在一旁打趣道：“就是，爸爸还没有想起来给妈妈送束花呢。曼曼真乖，这回就算你替爸爸补上了，好吗？”

女儿开心地点点头，在我脸上轻轻亲了一下，笑靥如花。在那一刻，贴心的创意宝贝，让我再次感受到生活的美好，点燃了我心中无限希望！

养育儿女虽有许多付出，可也从中得到丰厚的回报。在女儿的成长过程中，她为我本人、为我们的家带来了太多的欢乐和幸福，也由于对她的爱与必须承担的责任，希望的种子悄悄播撒，催我们不断耕耘，努力向前。我在深深地爱着女儿的同时，也对她充满感激之情。是女儿使我母性的一面得以彰显，让我能够成为一个完整的女人，也为我的人生增添了几分绚丽的色彩。

因梁先生的房子老，又与左邻右舍相连，我们搬进去后不久，就发现房子里有老鼠，而且这些老鼠多是从厨房里上下水管道爬进来的。于是我先生就去商店买了几个老鼠夹子，放在管道旁不远处，希望能夹住几只老鼠，以镇鼠威，使它们从此不敢再光顾。可我们等了几天，也没见一只老鼠被夹住。

我有一天打扫厨房，发现水池下面的管道旁放了两片面包，心里便很诧异，心想什么时候自己将面包放到这儿了？晚饭时，我向父女俩说出了我心中的困惑，女儿听后不禁咯咯咯笑了，并说那是她放的。

我不解地问："你将面包放到那儿干嘛？"

女儿笑着回答说："我有一天看到老鼠了，两只，肥肥的，很可爱。我不想他们被爸爸放的夹子夹死，就放了两片面包在那儿给它们吃。"

我们听后，都被女儿的善良童真和天真无邪逗乐了。

爸爸笑着说："怪不得我们一只老鼠也没抓到，是你把它们都喂饱了，它们当然就不再会在厨房里找食物，而是吃饱回家了。"

女儿从小就很喜欢动物，即使见了很大的狗，她非但不怕，反而用手去抚摸它的背、逗它玩。女儿的善良、可爱，给我们那些曾经迷惘、飘泊不定、灰暗的日子带来缕缕霞光，很多彩，使我们的心对未来不再焦虑，而是充满期待。

女儿上的小学校就在梁先生房子的马路对面，这也是我们当初租住梁先生房子的主要原因。我每天早晨和她一起下楼，在家门口目送她过马路，走进学校。下午放学，听到学校打铃的声音，我便站在家门口等她回来。

9月份一开学，我们就带女儿去学校注册。那年她7岁，读小学二年级。学校除了正常授课外，还带孩子参观博物馆、动物园、公园实地认识各种动物、花草树木的名称，了解多种动物的习性，学习不同植物的生长知识等。学校称这些活动是实地学习，实地学习分室内学习和室外学习。到博物馆参观是室内学习，到动物园和公园游览是室外学习。

10月初的一天，女儿放学回家，一进门我就发现她的夹克衫很脏，并有几处鸟粪的痕迹，再仔细看看她的裤子，也是一样脏，而且头发里还夹着几丝干草和几片残破的树叶。我赶紧带她去卫生间，帮她洗澡、换衣服。等帮她整理干净，我问她为什么今天把头发、衣服弄得这么脏。

她开心地告诉我："今天老师带我们去公园了，公园很大，里面有多种植物，也有一些动物。"

见女儿很高兴，我便微笑着问她："去那里学到了什么吗？"

女儿快乐地回答："我学会了许多动物的英文名字，也认识了好多不同颜色和形状的漂亮鲜花。我们在公园里转了一个大圈之后，来到一个小山坡上，大家一同坐下，围在一起听老师给我们讲动物和花草的知识，老师讲完就让我们学她的样子一起滚到山坡下面去。她先躺在地上，用双手蒙住眼睛和脸，开始向下滚。于是我们也学着她的样子，一起向下滚。”

她说到最后，仍是余兴未尽，自己忍不住咯咯咯笑了。

我知道这种小小的冒险很合她的心意，她从小就喜欢走“不寻常的路”。在她小时候，周末我们带她到公园散步，走上 20 分钟，她就喊累，闹着让抱。可若遇到弯曲不平的小路或山坡，她便来了劲头，兴致勃勃地走在我们前面。

看着眼前的女儿一脸阳光，满心欢喜的样子，我忍不住走上前，将她抱住，体会她的幸福与快乐。

创意宝贝 愉悦大家

日子飞快地过去，多伦多的冬天悄然降临。在一个周六的早晨，我睁开眼睛往窗外一看，天地一片白茫茫。路边停的车，对面的学校、操场，马路两边的树枝都披上了银装，被厚厚的积雪覆盖。女儿从小在深圳长大，这是她第一次见到这么大的雪。早上醒来，看到雪景，她兴奋极了。她以最快的速度吃完早餐，穿上姥姥给她买的红黄相间、漂亮的连衣滑雪裤，套上雪靴，拉着我一起来到对面学校的操场上。

半尺多厚的雪，使操场宛如一床宽厚、松软的棉被。一到操场，女儿就纵身扑在上面，先在上面打了几个滚，然后躺下，用四肢画不同的形状，引得对面许多正在铲雪的人停住了手中的工作，含笑注目躺在雪地里、沉浸在欢乐中玩耍的女儿。

丰富的想象力和创造力、充满爱的成长环境，使女儿内心充满阳光和创意。虽然初到一个完全陌生的环境，面对许多新的挑战与未知的因素，眼前经历着父母为前途的挣扎和物质生活水平的下降，但是女儿仍能快乐、自信、无忧地生活，并时常给我们带来特别的惊喜。有创意的开心宝贝给了我们心灵无比的安慰，也燃起了我们内心的希望之火，去昂首面对我们无法预知的未来。

第3节

培养孩子创造力的中小学校园

到加拿大后，由于我们在原专业领域内找不到工作，便决定重返校园，改行学习其他专业。拿到学校的录取通知书后，我们搬到了位于多伦多怡陶碧谷区的一个公寓。女儿也从市中心的小学转到怡陶碧谷区的榆树林小学。

在榆树林小学，女儿读三年级，班主任是一位三十出头的白人女教师，个子不高，待人友善，是一位很有爱心，很专业、负责任的老师。

在最初的一年里，我们夫妻忙于找工作和学习英语，没有太多的时间陪伴女儿。女儿很懂事，从不打扰我们，有空就坐在餐桌旁，自学我们从中国给她带来的数学课本。

被选入充满创造力的天才班

一个秋末冬初的傍晚，女儿放学后告诉我们："今天很奇怪，有位女士把我带到一个小房间，考了我好几个小时。"

爸爸问她："考你什么，是数学，还是英文？"我们当时都没在意。

女儿摇摇头回答说："是一些智力测试题。比如，老师拿出一组不同颜色和形状的物体，要求我很快找出他们的对应关系；说出一长串数字，让我说出第5个数字加上倒数第3个数字是多少；她还问我哥伦布什么时候发现美洲大陆。我刚来加拿大一年多，不知道怎样回答这个问题。"

过了一段时间，我们收到教育局发来的信，才知道女儿上次对我们说起的那个考试是一位专家对她的智力测试，不是传统意义上的数学或英语考试，是对孩子逻辑思维、图像识别、空间思维、语言能力以及记忆力等的综合测试。在信中，我们被告之，由于女儿刚到加拿大一年多，她的英语尚需进一步提高，但其他几个方面都表现出色，可以进入天才班学习。如果我们同意，她可以在四年级开学时转入怡陶碧谷区的布罗德克斯小学，进入那里的天才班就读。

这是我们到加拿大一年多以来得到的第一个喜讯与收获，给我们平日繁忙、单调的学习生活带来一抹绚丽的色彩。加拿大安大略省教育局关于天才班的定义和解释是：一种不寻常的智力，需要超出一般学校常规课程深度和广度的教育，以满足其潜在学习能力的需要。

女儿从四年级开始在布罗德克斯小学的天才班学习，在那里和一个充满活力和创造力的群体一起，度过了两年美好的时光。这两年的学习生活，给了她更多的自信，使她初步树立了长大后当一名律师的志向。同时，学校的课程、各种不同形式的作业与活动，为她提供了更多的学习机会和发展空间，使她的语言能力得到很大提高，想象力和创造力得到很好的拓展和发挥。她的独立思考能力、分析和解决问题的能力、组织协调能力以及与同学合作的能力也得到一定程度的发展。在学习多种知识性课程和手工、艺术、音乐、体育课程的过程中，使她能够平衡发展并乐在其中。

激发孩子创造力的作业

女儿两年的天才班学习生活丰富多彩，其中她的两个手工作业给我留下了深刻印象。

一个是女儿在四年级时制作的天鹅图。她用剪刀将不同颜色的彩纸剪成很碎的小纸片，然后将这些纸片帖在一个长方形的黑色硬纸板上，拼成两只天鹅及其周围的景象，这种形式称为马赛克拼图。两只天鹅浮在水面上，四目相对，栩栩如生，背景是鲜红的太阳和空中飞翔的海鸥。堤岸树木成行，绿色的荷叶静静地立在水面上，粉红色的荷花竞相开放。阳光洒在水面上，波光粼粼，水波荡漾，宛如几条耀眼的银链。那两只在水中的天鹅，就像两位久别重逢的恋人，两喙相接，脉脉含情，真是此时无声胜有声，好一幅优美的天鹅图！

这幅拼图被老师挂在了教室门口的走廊上。女儿小学毕业前，我请求老师允许我将天鹅图带回家保存。老师当时脸上流露出的遗憾之情，我至今依然记忆犹新，每每想起，心里便涌出几分歉意。这幅美丽的天鹅图，至今仍挂在我们家的客厅里。每当想念远在异地读书的女儿时，我便抬头看看它，它也好像很懂人意，似乎在向我娓娓道来与女儿共处的美好时光。

女儿另一个手工作业是一个化妆袋，女孩子外出旅行时，可以将它卷起来放在包里，携带很方便。她选了一块很漂亮的、毛茸茸的绿布做底子，在上面缝上几个五颜六色、大小不一的口袋，这些口袋可以放牙膏、牙刷、梳子、小镜子、唇膏等，功能很齐全。可惜经过几次搬家，我现在再也找不到它了，但仍清晰地记得孩子们为这个手工作业向家长做演示的情景。

有个孩子将许多长布条用胶水粘在他穿旧的溜冰鞋鞋底上，兴奋地对我们说，他这个新产品可以帮助妈妈擦地板，节省劳动时间和改善工作效率。他还自信地告诉我们："我目前正在了解申请专利的手续，如果你们将来在市场上看到这样的产品，那很可能就是我的发明和专利。"

还有一个小男孩，为他爸爸修理房屋、修剪花园所使用的各种工具做了一个腰包。孩子们的作品形形色色，琳琅满目。每个孩子都兴致勃勃、迫不及待地向走近他们的每一位家长展示他们设计、制作的新产品，没有任何害羞、拘谨或勉强。

为了让孩子了解火山爆发的原因，爆发时的情景及爆发后熔岩的形状和颜色，老师让全班同学分成几个小组，每个小组做火山不同阶段的演示，那次我女儿的小组负责做火山爆发后熔岩部分的准备。她和她的同伴不仅写了文字报告，附上图片，还让我在头一天晚上和了一大盆面，并按老师提供的配方加上不同颜色的颜料。第二天早上，发好后开车给她送到学校，以便她可以用这些五颜六色的发面，做出火山爆发后不同颜色和形状的熔岩，向同学们展示火山爆发后的情景。

充满情趣和创意的课堂

美国小学的科学课，注重让孩子们在学习知识的同时，将知识与生活实际相结合，使孩子们感受到学习的乐趣并提高他们相应的生活技能。

比如，老师有时会在一堂课结束前，分派不同的同学在下一次上科学课时，带上不同的物品：一个同学带3种不同的水果；另一个同学带3片不同品牌的面包；第三个同学带3个不同品种的西红柿。下次上课时，老师会让小朋友们给带来的每一种水果、西红柿，每一片面包都贴上标签，写上购买日期、品种或品牌，然后将它们放在不同的盘子里。老师让孩子们观察哪种西红柿和水果最容易变坏，哪种牌子的面包最先发霉，并将这些信息记录下来，而后再告诉孩子们每种水果不同的营养成分，每种西红柿不同的种植方法和每种面包不同的配方，并让他们回家后将这些知识告诉妈妈，让妈妈为他们准备营养均衡的配餐，购买值得信任的品牌的面包。

有时老师上课，会准备几种品牌的纸巾。老师先用同样大小的小纸杯装满水，然后将水倒在桌子上，再用不同品牌的纸巾去吸，这样孩子们就很容易看出哪种纸巾的质量好，吸水性能好。接下来老师会给学生布置作业，让他们上网搜索纸巾的成分和制作过程，并在周末和妈妈一起去购物，比较一下不同品牌纸巾的价格，下次上课时告诉老师哪一个品牌的纸巾最经济、实惠、耐用。老师也用同样的方法给不同品牌的尿布做实验，让孩子们回家告诉妈妈，哪个品牌的尿布质量最好，在给弟弟妹妹买尿布时，综合考虑价格与质量两种因素。

女儿在布罗德克斯小学毕业后，于2002年秋天进入约翰·奥尔特豪斯中学的天才班就读初中，从六年级到八年级，共3年。女儿三年期间主要学习的课程是英语、数学、历史、法语、科学、音乐、体育，

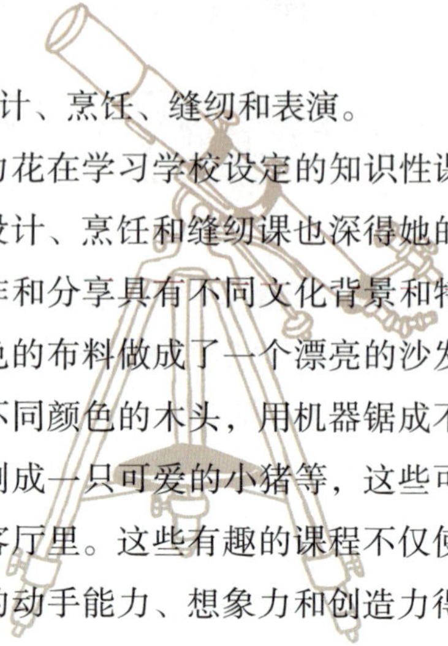

同时也在不同学期学习艺术、技术与设计、烹饪、缝纫和表演。

进入中学后，尽管女儿将主要精力花在学习学校设定的知识性课程上，但音乐、艺术、表演、技术与设计、烹饪和缝纫课也深得她的喜爱。上烹饪课时，她和同学一起制作和分享具有不同文化背景和特色的美食；上缝纫课时，她用不同颜色的布料做成了一个漂亮的沙发靠枕；上技术与设计课时，她将两种不同颜色的木头，用机器锯成不同形状和大小的木块，然后用它们拼制成一只可爱的小猪等，这些可爱的小东西现在仍被摆放在我们家的客厅里。这些有趣的课程不仅使她的初中学习生活丰富多彩，也使她的动手能力、想象力和创造力得到有效的发挥和提高。

多方位培养孩子的创造力

女儿在约翰中学时，学校每年都为学生组织实地考察，带学生参观一些自然保护区和带有独特历史、文化色彩的小区、城市等，例如，克劳福德湖保护区、马尼托、魁北克市等，帮助学生们了解人与自然的关系、生态环境的变化、印第安人的历史、加拿大历史等，有时还需要住上几天。他们去之前要阅读有关书籍，回来后要写相应的文章或报告，记录此次活动的收获。这些活动不仅丰富了孩子们的知识，为他们想象力和创造力的发展提供了更多的空间，也使他们的独立性得到了锻炼。在外期间，孩子们相互帮助，彼此照顾，增强了同学之间的合作和友情。借此机会，孩子们也能体会到离家在外的种种不便，对父母为他们的付出多了几分感恩之情，激励他们更加努力向上。

“教育的本质，不是把篮子装满，而是把灯点亮。”纵观北美的中小学教育，老师不仅向学生传授知识，更将培养孩子的创造力、动手能力、合作精神等贯穿于教学的始终。

国家的竞争本质上是人才的竞争，而人才的竞争教育是关键。衡量教育成败的一个重要因素是创造性人才的多少。孔子在课堂上常和学生一起讨论，对学生循循善诱，悉心启发学生的悟性和培养学生的创造性，师生之间的互动充满欢乐。愿我们父母与老师携起手来，共同努力，使我们的学校和课堂成为孩子求知、发展、创新的快乐大本营！

第 4 节

培养孩子读书的爱好

高尔基说:“书籍是人类进步的阶梯”。莎士比亚说:“书籍是人类知识的总结,是全世界的营养品。”

书是知识的海洋,人类智慧的结晶,塑造人类灵魂的精神食粮。大量的阅读不仅可以培养和提高孩子的语言表达能力、独立思考能力,也能培养孩子的想象力、创造力,激发孩子探求未知世界的好奇心。那么作为家长,如何才能有效培养孩子的读书爱好,提高孩子的读书效率呢?

努力营造家庭读书氛围

我和我先生都很喜欢读书，我先生对自己专业领域信息的更新和发展更是非常敏感和用心。我们出国前，国内互联网还没有兴起，他每次到北京、上海出差，都到图书馆设法找到当时在自己专业领域、国际上比较有影响力的学术刊物，从中选择自己需要学习和参考的文章复印后带回家，出国后更是勤于耕耘，脚踏实地。我比较喜欢阅读和购买文学、历史、人物传记等书籍，我先生也从中挑一些他中意的书阅读，并时常和我一起讨论，因而我们家的读书氛围比较浓厚，女儿从小耳濡目染，自然也就喜欢读书。

此外，我先生还经常陪女儿看一些科普类的电视节目，例如，《动物世界》《人与自然》《探索》等，并适时给女儿做一些讲解，培养女儿了解、探索未知世界的好奇心。这对她后来阅读兴趣广泛，上学后不偏科有很大帮助。

培养孩子读书的爱好，父母首先要努力营造一个读书的家庭氛围。我们可以想一想，如果父母对打麻将情有独钟，或晚饭后只热衷于看热播的电视连续剧，或家里经常高朋满座，孩子能坐在书桌前安静地读书吗？要想让孩子安静地读书、思考、做作业，父母要以身作则，以书为友，以书为伴，使孩子在充满书香的家庭氛围中健康成长。

可以不求甚解 但要博览群书

我曾经读过4遍《红楼梦》。初中时读《红楼梦》，虽然读不懂，仍然兴趣盎然，因为书中每一个人物的故事都很有吸引力。大学时读《红楼梦》则更多地关注贾宝玉、林黛玉、薛宝钗三个人之间的爱情纠葛，被林黛玉诗词的哀、雅、美，更并被史湘云、贾探春、妙玉、晴雯、平儿等那些个性鲜明、豆蔻年华的美丽少女深深地吸引。工作后再读《红楼梦》时就多了几分理性，将注意力更多地放在了贾母、邢夫人、王夫人、尤氏、王熙凤等人物之间的互动，以及她们与仆人和丫鬟之间的互动上。时隔二十多年后，当我去年再次重读《红楼梦》时，关注最多的则是这个家族的兴衰，当时的社会经济和政治状况，以及宗教信仰等。

在不同年龄段读同一本书，会有不同的理解和感悟。对于尚未成年的孩子，我们不能要求他读完一本书后能够完全理解当时的社会背景，洞察人物的心理活动，明了造成人物命运结局的原因等，但要想让孩子获得更多的知识，我们要允许孩子不求甚解，鼓励孩子博览群书。

就像一杯牛奶和一碗米饭，两者相比，哪个营养价值更高？有人说是牛奶，可你能将牛奶做成米饭给孩子吃吗？孩子在读书过程中，多少都会吸取到一些营养，获得一些感悟。这样日积月累，就能慢慢培养孩子读书的兴趣和热情，孩子的精神世界也会得到“润物细无声”的滋养。

读到这里，可能有的家长就会说，那我们就先不让孩子读这些名著，等孩子长大后再推荐给他们读。倘若如此，孩子岂不少了体会豆蔻年华时浪漫情怀的机会？成年后回想往事，可能会因此而遗憾不已。

一本好书家长读后推荐给孩子读

一本好书家长可以提前读，然后再推荐给孩子读，并事先给孩子列举些问题，让孩子在读书的过程中或者读完之后思考和回答。

以美国女作家玛格丽特·米切尔的长篇小说《飘》为例，家长读完这本书后，可以推荐给孩子读，并让孩子思考和回答："南北战争是怎样发生的？林肯是美国第几任总统？"

孩子回答完这些问题后，你可以再问孩子："美国的第一位总统是谁？"

如果孩子知道是华盛顿，你可以进一步问孩子："华盛顿为什么能成为美国第一任总统？美国为什么会爆发独立战争？英国当时为什么那么强大？"等并鼓励孩子自己找相关书籍阅读和回答上面的问题。

当孩子明白了以上问题后，你可以再和孩子一起阅读，了解文艺复兴、地理大发现、英国资产阶级革命、法国资产阶级革命，以及这几百年间出现的杰出的艺术家、思想家、作家，他们的代表作和学术成就等。这不仅有助于培养孩子学习欧洲历史的兴趣，也拓宽了孩子的视野。

家长和孩子一起读书

建议家长选一些书和孩子一起读，并借助其中描写的社会内容引导孩子领悟做人的智慧、眼光和胸怀。

作为母亲，可以和孩子一起阅读和背诵唐诗宋词，那不仅是我们的文化瑰宝，而且其中许多妙语绝句寓意深刻，发人深思。例如，苏轼的诗词语言精简，措辞无华，琅琅上口，易读易记。父母可以用趣味的语言，亲和的语气，激发孩子诵读诗歌的热情，培养孩子的文学修养和乐观豁达的胸襟。

像苏轼《蝶恋花》中的“花褪残红青杏小。燕子飞时，绿水人家绕。枝上柳绵吹又少，天涯何处无芳草。”

妈妈可用轻松的语气对孩子说：“尽管柳枝上的柳絮已经被风吹得越来越少，但不要担心，因为春天已经来到，到处都是茂盛的芳草。即使走到天涯海角，也是绿草青青，一片生机盎然。”籍此帮助孩子认识到，事情往往具有两面性，凡事要看到它光明的一面。

如果是男孩子，妈妈还可以用幽默的语言对孩子说：“儿子，如果你将来遇到一个你非常喜欢的女孩子，可她却不喜欢你时，千万不要懊恼，你看‘天涯何处无芳草’，真正属于你的花仙子还没有来到。”

如果是女孩子，妈妈则可温柔地对她说：“如果你将来遇到一个男孩子非常喜欢你，而你对他却没有任何特别的感觉时，一定要尊重对方的感情并感谢他对你的爱，并宽慰他‘天涯何处无芳草’，这样你们仍然是真诚的朋友。”

还有陆游的“山重水复疑无路，柳暗花明又一村。”不仅表达了作者走过一重重山，又过了一道道水，正疑惑无路可行时，忽见柳色正浓，花色正艳，一个村庄豁然出现在他眼前的喜悦心情，也告诫人们凡事要乐观。在人生的几十年里，难免有不如意的事情，但遇到困难要坦然接受，勇敢面对，积极寻找出路，终能柳暗花明，到达新的彼岸。

另外苏轼的“不识庐山真面目，只缘身在此山中。”不仅描绘了庐山之美，也启发世人在很多时候是“当局者迷，旁观者清”，要学会做一个智者，善于分辨和听取别人有价值的意见和建议。

等孩子大一点，妈妈可以和孩子一起阅读有关钱钟书与杨绛、梁思成与林徽因等优秀人物的故事。妈妈不仅可以从他们的人生经历中，思考如何定位自己，怎样平衡孩子、家庭和事业之间的关系，与孩子一起分享你的感受，还能帮助孩子了解他们生活的时代的社会文化和经济状况等。

同样，作为父亲在和孩子一起读书时，也可以用恰当的方式，将自己在阅读中得到的感悟、人生经验和做人的智慧传递给孩子，并启发孩子在现实生活中逐步学会克制坚韧、乐观执着，并拥有高贵的品德等。例如，父子同读《曾国藩》时，可将曾国藩、左宗棠、李鸿章等进行比较，看看他们各自的优势是什么。他们之间最大的不同是什么。你如果将来处在一个决策者的位置，你要做什么，怎样做等。

另外，在给孩子选书和买书时，一定要考虑到孩子的独特性，从孩子的兴趣点入手，在此基础上培养孩子的阅读爱好，拓展孩子的阅读范围。

读书要眼到、口到、心到、手到、脑到

要培养孩子养成遇到生字查字典，遇到精彩、重点或费解之处记笔记的习惯，以提高孩子的阅读效率。

孩子在读书时遇到不认识的字，虽有时靠上下文之间的关系，也可以大体猜出它的意思，但还是要培养孩子查字典的习惯，以掌握其正确发音，明白和理解其准确涵义和用法。同时，培养孩子记笔记、标出重点和难点的习惯，遇到精彩的语句抄录下来；遇到费解或发人深思的部分用笔圈点，以便将来重读；还可以将对某个章节的感悟，对某个人物的分析写出来。这些做法都可以加深孩子对知识的理解，增强孩子对知识的掌握，将书中的智慧领悟于心，就像鲁迅先生所说

的："读书要眼到、口到、心到、手到、脑到。"

多读书，尽力将书读懂、读透，常写、常记，日积月累，距离"读书破万卷，下笔如有神"的境界就更近一步。

阅读、写作、演讲三驾马车并驾齐驱

大量的阅读，不仅可以陶冶情操、开发智慧、开阔视野、拓宽胸怀，也是一个逐步充实和更新自我，不断重新塑造和完善自我的过程。

在女儿幼儿成长时期，我们通过让她改编故事来开发她的想象力和创造力，培养她的语言表达和概括总结能力，加之家庭环境的熏陶，她在上学前就有了强烈的求知欲和读书的渴望。每次带她到书店，她都乐而忘返，临走时更是依依不舍。上小学后，尤其是到加拿大之后，由于学校非常重视语言教育，学校和社区图书馆拥有丰富的图书资源，班里有趣的读书讨论、比赛、演讲活动等更大大激发了她读书的兴趣和热情，体会到读书的收获和价值。

北美中小学教育非常重视对学生阅读兴趣的引导，对学生阅读能力、尤其是快速阅读和精读能力、语言表达和概括总结能力的培养。中小学的英文课没有课本，老师通过让学生进行大量阅读，在读前、读后回答许多问题、小组讨论、读书比赛，读后写散文、概要、评论，上台演讲等形式完成自己的教学任务。这不仅增加了学生的词汇量，激发了学生的阅读兴趣，培养了学生的独立思考、分析问题和解决问题的能力，开发了学生的想象力和创造力，也提高了学生的写作、演讲和逻辑思维能力。有时需要几个学生一起做的小组作业，更是培养了孩子们的团队合作精神。

充分发挥每个孩子的个体能力，引领孩子有效运用个体能力带动团队其他成员，贯穿于北美中小学老师的教学之中。做为教育工作者，他们深深地明白，只有孩子的个人价值被充分理解、尊重和发挥，集体的力量才能得以提高和壮大。

记得女儿六年级时老师布置了一个作业，让班里每个孩子写一个国家或地区的概况，国家或地区可以任意选，女儿选择了中国台湾。为了准备这个作业，女儿去图书馆借了好几本有关台湾历史和文化方面的书籍。在她十多页的文字报告里，概括了台湾的地理位置、面积、气候、人口、历史、政治、宗教、经济、文化等并附有许多插图。孩子们完成作业后在班里轮流做演讲，还要回答其他孩子和老师提出的问题。孩子们在有限的时间里，了解了近三十个国家或地区的概况。

对孩子阅读、写作、演讲等语言综合能力的培养是一个长期、不懈的过程。无论从事何种专业的工作，语言综合能力都是基础，是一个必不可少的工具。即便孩子有意长大后专功理科，献身科学，大量的阅读仍能拓展他的视野，提高他思维的广度和深度，并启发他的灵感，有助于他对未知世界的探索，而清晰、生动、严谨的写作与演讲能力则会促进他未来事业的发展。

大量的阅读开发想象力和创造力

加拿大和美国的社区图书馆资源充裕，服务周到，手续便捷，不收取任何费用。如果你借的书该分馆没有，他们就会去其他分馆为你调来，收到后打电话通知你去取。有一次我带国内到访的一位朋友去我们社区图书馆参观，那时虽然正值学生上课时间，可宽大明亮的图书馆依然显得有几分繁忙，许多老人、年轻妈妈、学龄前儿童，或席地而坐，或坐在沙发上，或坐在书桌旁安静而聚精会神地读书。朋友见此情景，不由地感叹道："这里的读书氛围真好啊！"

女儿到加拿大时，开始读小学二年级。最初她只能读些图画书之类的简单书籍。二年后，在小学三年级快结束时，她的阅读能力、词汇量、阅读速度已在班里领先。她转入天才班后，读书量开始增大，读书范围也逐步扩展，有童话、科幻、侦探和反映历史与文化的中长篇小说，如《狮子·女巫·摩衣橱》《小公主》《蓝色海豚鸟》《哈利·波特》《南茜·朱尔系列》等。初中毕业时，她已读完许多名著，如《爱玛》《悲惨世界》《蝇王》《简·爱》《动物庄园》等。我先生那时差不多两周就带她去一次社区图书馆，频繁借还多种不同书籍。由于没有语言障碍，她可以及时读到美国、加拿大、澳大利亚、英国等大的出版社发行的最新书籍和其他读物。

女儿说由于儿时对她读书兴趣的培养和家庭环境的熏陶，她很喜爱读书，也很享受读书的过程和收获。书籍让她得以打破时间与空间的局限，在过去、现在和未来的时空中穿梭遨游，品味丰厚的文化，感受智慧的启迪。同时，书籍也丰富了她的情感、想象力和创造力，滋养了她的内涵，并使她的举止言谈多了几分优雅，待人接物多了几分成熟和周到。

在她上小学五年级时，一首展现她丰富想象力的诗《The Ice lady》，被选入多伦多 2002 年出版的诗集《Urban Voices》。

The Ice Lady

Icicles hang from her pale head,
Glistening like silver stars.
She wears a flowing white gown...
As soft as feathers...
And covered in snowflakes,
The cool winter wind whirls around her,
like planets and their moons.

She spins around and around...
Until white, icy pellets emerge from her,
And fall to the earth,
Chilling the air.
She laughs happily and dances,
One the northern lights.

Suddenly,

A bright light shines on her.
Her frozen hair drips with pearly drops.
She takes her grey eyes off the light,
And disappears from sight.
The sun takes over.

让我感动的是，仅仅因为女儿的这首小诗入选，班里几乎每个孩子都买了这本诗集。在孩子们的纯真心目中，女儿是他们的朋友，女儿的诗能被选入，是他们共同的荣誉。

通过读书培养孩子的仁爱之心

作为家长和老师，我们有责任帮助孩子借助作品和作者当时的生活背景了解历史、反思历史，培养孩子的悲悯、仁爱之心。

诚然许多名言警句，描写人物、场景、人的思想和心理活动等的精彩用词和段落，不仅要理解，最好要会背，这样写作文时便能信手拈来，活学活用。但我们要帮助孩子认识到，一部伟大的作品之所以能够流传后世，它的真正价值不仅仅由于其语句的优美和词藻的华丽，而在于作者深刻的思想和见解能够启发后人，作者的仁爱情怀能够普照后世。

苏轼的《水调歌头》中的“人有悲欢离合，月有阴晴圆缺，此事古难全。但愿人长久，千里共婵娟。”

范仲淹的《岳阳楼记》:“不以物喜，不以己悲；居庙堂之高则忧其民；处江湖之远则忧其君。先天下之忧而忧，后天下之乐而乐。”

杜甫《茅屋为秋风所破歌》:“安得广厦千万间，大庇天下寒士俱欢颜，风雨不动安如山！呜呼！何时眼前突兀见此屋，吾庐独破受冻死亦足！”

我们要不失时机地教育孩子要心中有理想、有大爱，对弱者有怜悯同情之心和救助之意，这样我们的社会才会充满爱，孩子才能在爱的阳光里健康快乐成长。

读书的价值是无法衡量的

读书的关键是在理解和领会的基础上，举一反三。用书中所学到的知识和智慧，思考历史和人生，结合现实，灵活运用，然后发展、创新，进入到更高的一个思想层次。

我们时常告诉女儿，人的一生非常短暂，没有时间和机会去尝试所有的事情，并真实地体会其中的得与失，一定要从书中汲取前人的经验教训。读书的重要作用之一就是要借助书中所描写的社会背景、人物经历以及他们最终的命运，去体会和分析造成他们命运结局的原因。如果书中人物不完满的命运结局是由于他们自身的性格和修养，能力的缺陷，对某个人认识的不足，或对某件事把握的不准等可控制的因素所致，就要思考如何帮助他们改进。如果人物命运的结局是源于他们无法控制的因素，如家庭贫困、社会动荡、自然灾害、战争、经济萧条等，就要避免书里人物性格中消极的一面，学会忍耐、乐观，勇敢面对现实，积极寻找对策，最终走出困境等。

如果读者勤于思考，一本有价值的书便可帮助他在人生道路上少走许多弯路。随着女儿年龄的增长，我们更是时常提醒她，在读历史小说或人物传记时，一要了解当时的社会、政治、经济、文化、宗教状况；二要关注书中主人公所经历的一些重大历史事件，以及他们在这些事件中所看到的机遇，面对的挑战等；三要学习他们在遭遇挫折或失败后，主动思考、反省、总结经验，然后积蓄力量，不懈追求自己的人生目标等优点。人生是一场长跑，不要在乎一时一事的成败得失。

“腹有诗书气自华，最是书香能致远。”多读书、会读书的人往往更有思想、有见解、有创新，自然也更会写作。当写作灵感到来、文思泉涌时，要一气呵成，写完后再回过头来修改语句、措辞和标点符号。在写作过程中先不要顾忌这些，以免思路中断。

读书是走向高贵和文明的阶梯

女儿进入哥伦比亚大学后，由于她所学的专业是历史和法语，她的阅读范围更加广泛。当我们一起谈论诸如宗教、种族、战争、贫困等问题时，我明显感到自己已远不如女儿，她能从历史、目前社会现状、未来社会发展等不同角度全面考虑问题，更加冷静、客观、全面和具有长远眼光。

在我们参加女儿哈佛大学法学院的毕业典礼前，女儿打来电话，让我们为她带去她大学毕业时寄回家的几箱书。我听后故意问她："你不是已经读过这些书了吗？为什么还要读呢？"

女儿快乐地回答："因为它们可以让我变得更加聪明！我相信工作之后再重读这些历史、人文书籍，将会得到更多的感悟和收获。"

女儿很喜欢读书，也喜欢买书，如果她在网上阅读一本书之后感到很有收获，她一定会到书店将这本书买回来。她说她这样做，一则是借此表达对作者的感激之情，二则是给作者经济上的支持，以便他能持续为社会贡献杰出的思想。

涉猎广泛的阅读，不仅使女儿的举手投足浸染着书的幽香，也使她更勤于思考、反省和完善自己。书中展现的世界仿佛一片天窗为她打开，开阔了她的视野，拓宽了她的心胸，也让她不甘平庸，去思考她的未来，以及她要面对的广阔世界，立志将来要有一片属于自己的天地。

读书是一个人走向高贵、一个民族迈入更高文明的阶梯。

中国现代集历史学家、古典文学研究家、语言学家于一身的陈寅恪先生说："华夏民族之文化，历数千载之演进，而造极于赵宋之世。后渐衰微，终必复振。"

民族的复兴不仅是科技的进步，经济的发达，国力的增强，更是国民素质的提高，品行的高贵，文化的复兴和发展。为实现这些目标，我们不仅需要出色的工程师和科学家，也需要杰出的思想家、外交家、经济学家和银行家等，而读书、观察、思考则是实现这一目标的比经之路。

祝愿我们的孩子愿读书、爱读书，在知识的海洋中尽情遨游，获取知识的乳汁，拥有科学的、逻辑的独立思考能力，富有丰富的想象力和创造力，具有悲悯和仁爱之情怀，长大后成就自己的梦想，担负起家庭的责任，为社会的文明和发展尽自己一份力量。

第四章

让孩子在从容的环境中成长

第1节

少一分功利　多几分从容

由于父母和孩子年龄不同，成长的时代和生活环境不同，对人生的体会和对社会的认识不同，在社会和家庭中需要承担的责任和扮演的角色不同，对对方的期望值也就自然不同。随着孩子年龄的增长，独立意识逐渐形成，叛逆心理的出现，如果父母对孩子的独立性缺乏认识，对孩子的期望值过高，父母和子女的冲突则在所难免，而且随着孩子年龄的增长，导致双方冲突的原因和方式也不尽相同。

孩子是一个独立的个体

孩子自出生那天起就是一个独立的个体，有自己独立的意愿和个性，虽然那时他还不会说话，但他会用肢体语言、哭和笑来反馈自己的意见。当孩子能够用语言和行为表达自己的意愿时，他的独立性也就日渐显明。

幼儿园小班的嫣嫣活泼可爱，擅长唱歌跳舞，很喜欢主动表演，可她妈妈却告诉幼儿园老师，如果让嫣嫣给她们住宅小区的阿姨表演，她就坚决拒绝。老师听后，也感到十分纳闷，不明白活泼可爱的嫣嫣为什么不愿意给小区阿姨表演。

有一天，幼儿园老师让孩子们说说自己像谁。

轮到嫣嫣，她回答说：“我像只小狗。”

老师听后，感到十分奇怪，微笑着问她：“为什么呢？”

嫣嫣小嘴一蹶回答说：“我妈妈总想让我像小狗一样给人家表演。”

孩子才不过3岁多，可已经有明确的独立意识，知道用自己的方式反抗妈妈的炫耀和虚荣。作为家长，我们在培养孩子的过程中，是不是应当反思自己的做法呢？

妈妈淡定　孩子从容

瑾和她的同事颖是好朋友，两家住在同一栋楼，瑾的儿子小宇比颖的儿子明明大两个月。小宇性格内向，做事沉稳。和小宇相比，明明反应快，性格外向。进入小学后，由于明明性格开朗活泼，在小伙伴中颇有号召力，学习成绩尤其是数学成绩出色，被老师和同学选为班长。小宇和明明在一个班，学习成绩在班里属中等偏上，和明明相比，小宇就显得有几分逊色。每次开家长会，老师谈到明明时，喜爱之情溢于言表，说到小宇时，老师一般只有淡淡3个字“还可以”。对此，瑾安然接受，处之泰然。

小学三年级时，有一天小宇放学回到家，用带着几分苦恼和迷茫的眼神问妈妈：“妈妈，我是不是很笨？为什么我和明明一起上学、放学、写作业，而且我写作业比他还仔细、认真，但他总能在班里考前几名，可我为什么就不能？”

瑾听后笑了笑，并没有直接回答儿子的问题，而是用温柔、亲切的语气反问儿子：“你一年级时在班里是第23名，二年级时你在班里是第19名，你这学期在班里是排第17名，你是不断在进步啊，儿子！

我一直为你打心底里高兴，你怎么竟没发现呢？”

儿子听后摸了摸自己的脑袋，憨憨地对妈妈笑着说：“是啊，妈妈，我怎么就没想到这一点呢？”

吃完晚饭，小宇坐在沙发上看电视里正在播放的《动物世界》，瑾也默默地坐在儿子身边，和他一起看。节目播完后，瑾对儿子说：“你看刚才电视里的小鹿，身体轻盈灵巧，奔跑速度很快，能够躲过老虎的追捕。大象身体庞大，行动很笨拙，但它的鼻子很有力，必要时可以用鼻子来抵御外来攻击。它们虽然差别很大，但各自拥有自己的长处，都能找到适合自己的生存方式。”

小宇听后若有所思，默默地点点头。

瑾慈爱地抚摸着儿子的后背，接着说：“同样，你和明明也各有自己的优势，明明反应快，你动手能力强；他口才好，你勤于思考；他的思维方式是发散的，你的思维方式是纵向的。妈妈相信你们将来都会找到适合自己的路，不要过于在意现在的分数，只要尽力，不愧对时光，妈妈就很幸福和知足！”

因为有妈妈的信任、鼓励和爱，小宇在学习上更加认真努力，一步一个脚印，并找到了适合自己的学习方法。进入初中后，他在班里的学习成绩开始领先，尤其擅长数学和物理，并和明明一同考入市重点高中。

小宇后来考进一所国内重点大学读电子工程，毕业后到美国继续深造，他的好朋友明明高中毕业后去英国留学，而后考入英国一所著名大学攻读经济学博士。谈及儿时成长的经历，小宇非常感谢他的妈妈。他说如果没有妈妈智慧的鼓励和引导，他很难一直保持这份自信和执着，乐观面对不同挑战。

瑾聪明、勤奋、努力，在工作中也小有成绩，自儿子出生，她就对儿子充满期待。面对邻居朋友的儿子明明，尽管他比自己的儿子小宇出色，但她坦然接纳，没有攀比，更没有受功利心的驱使，给儿子施加压力，而是用恰当的方式和儿子沟通，用积极的语言勉励儿子，引导儿子看到自己的优势。小宇在充满鼓励和爱的环境中从容快乐成长，能力和潜力自然得到应有的发挥。

不少家长常常不自觉地将自己的孩子与别人家孩子进行对比，这是培养亲子关系，建立与孩子有效沟通的大忌。每个孩子都是独特的个体，用称赞一个孩子的方式来贬低另一个孩子，会让那个被贬低的孩子产生自卑心理，也让他对那个被赞扬的孩子产生抵触情绪，甚至可能平空生出怨恨，这样便在不觉中为他们日后的相处设下了一个无形的障碍。不仅不能帮助孩子提高学习成绩，反而会阻碍孩子健康人格的形成和发展。

家长的期望不是孩子的愿望

玫的丈夫是一家民营企业的高管，自儿子磊磊上小学后，她便辞职在家，成为一位全职妈妈。磊磊活泼可爱，反应敏捷，爷爷奶奶时常在亲友面前夸奖孙子比儿子当年聪明，玫对儿子更寄予厚望。她不仅希望磊磊能一路过关斩将，顺利考入重点高中、重点大学，也希望儿子将来能够成为一位“全才”，琴棋书画、高尔夫球、网球等样样精通，将来超越爸爸，青出于蓝而胜于蓝。

自磊磊上小学后，他就很难再有自己能够自由支配的时间。下午放学后回到家，妈妈先让他喝一杯牛奶，吃点水果和点心，然后就让他练琴、写作业、强化英语等。好不容易等到周末，又被妈妈带去上钢琴课、英语课、书法课，寒暑假又加上网球课、高尔夫球课、游泳课。

磊磊小学毕业后，顺利进入所属学区的市重点初中，可进入初中后不到一年，由于长期超负荷学习和来自父母高期望值的压力，他的精神状况开始出现问题。他从最初的反抗，和妈妈发生冲突，但却得不到妈妈的理解而感到痛苦、失望、迷茫，进而开始厌学，学习成绩直线下滑，发展成后来严重的精神抑郁。

玫的姐姐回国探亲，玫一见到她，就向她哭诉道：“我这么爱儿子，为他做出那么多牺牲，可儿子非但不理解我，还发展到今天这个地步，真是让我伤透了心！”

姐姐在询问了孩子的状况后反问她：“要是让你象磊磊那样除了睡觉，像机器一样不停地学习、上课、写作业、考试，而没有其他任何可以自由支配的时间放松自己，你愿意吗？”

她先是怔了一下，然后吞吞吐吐地说：“可我又不是学生。”

姐姐长叹一声说：“磊磊和你一样是一个有情感、有物质和精神需求、需要娱乐和社交、独立大写的人！”

玫听从了姐姐的建议，在和磊磊进行了一次长谈之后，除游泳课和英语课保留，其他校外课程全部取消。同时，她也带磊磊走访了一些医学专家，使磊磊的抑郁症得到了有效控制，可磊磊的厌学情绪并没有因此得到根本改善。他初中毕业后，没有像大多数同学那样考高中，而是选择了技校。

陶行知先生说：“我们对于儿童有两种极端的心理，都于儿童有害。一是忽视；二是期望太切。忽视则任其象茅草样自生自灭，期望太切不免揠苗助长，反而促其夭折。”

磊磊本该在花季一样的少年，尽情享受家庭的爱和温暖、与同伴嬉戏的欢乐，自由遨游在知识的海洋，尽情汲取知识的乳汁，满怀好奇地探索未知世界，充满憧憬地编织未来五彩的梦。可不幸的是，他的求知欲、想象力和创造力都在妈妈过高期望值的压力下被扼杀了，而且身心健康受到了很大伤害。

玫爱儿子磊磊吗？当然爱，可她的爱不是首先为了磊磊长大后拥有健康快乐的未来，而是为了满足她对儿子期望值的追求。这种期望值掺杂着功利和虚荣，是她作为一位母亲自己的愿望和梦想，不是磊磊的愿望和梦想！

几乎每个家长都希望自己的孩子长大后能够拥有成功的人生，但成功究竟是什么？如果成功仅仅是考取哈佛、耶鲁、北大、清华，或拥有财富、地位、荣誉，进而衣锦还乡、光宗耀祖，那么丰富多彩的人生岂不只是所谓少数精英们的专利？

成功的人生首先是拥有一个正常的人生，能够充分发挥个人的优势和潜力，做自己喜欢做和擅长做的事情，并具有一定的心理承受能力应对人生中可能遭遇的不同挫折和挑战，从而保持一个积极向上、豁达乐观的心态，进而拥有一个幸福快乐、身心健康的人生。名与利是光环，可大可小，可有可无，因人而异，有也好，无也安。

孩子力所能及的考分就是好分

亚辉平日喜欢运动，尤其爱踢足球，他初中时在班里的学习成绩尚且不错，考入重点高中后，尽管他很努力，但始终中等偏下。每当家里来客人，妈妈和朋友聊起孩子的学习时，总是笑着说："亚辉脑子挺聪明，就是不太用功。"

亚辉高中毕业后考入本市一所普通大学，他性格爽朗，待人谦和，颇受同学喜爱，在大学过得很充实愉快。周末回家时，正巧姑姑来看望奶奶。奶奶见孙子回来，高兴地忙里忙外，一会儿给他削水果，一会儿给他拿点心。妈妈也微笑着看着儿子说："亚辉挺聪明，就是不太用功，以后加把劲，考个重点大学的研究生，让奶奶好好高兴高兴。”

这样的话，亚辉已经听了无数次，此刻他再也无法克制自己，生气地对妈妈大声说：“我就是我，我很普通，我已经很尽力，才考上现在的大学。我很喜欢我现在的大学，它很适合我。我毕业后就去找工作，不会再考研究生！”

只要孩子尽力，得到自己力所能及的考分就是好分；只要适合孩子的学校，就是最好的学校！

当邻居、同学、同事聚在一起，聊起孩子的学习时，不少人感慨：“我的孩子很聪明，就是不用功。”其实父母说这句话的潜台词，一是为了维护孩子的形象，提升孩子的价值，为孩子将来可能的失败先找一个合理的借口；二是心里仍对孩子有一个不愿说出口的较高期望值。

有的孩子，天资聪颖，兴趣广泛，可学习不够专注，直到升入高中后成绩才追赶上来。但对大多数孩子而言，学习好可以得到老师的表扬，同学们的羡慕，家长的喜爱，何乐而不为？孩子智商和情商的高低，只有通过与其他一定数量的孩子相比较，才能得到客观合理的结论。关于这一点，拥有多年教学经验的老师更有发言权。如果孩子的成绩不够理想，除了和孩子沟通之外，也要和老师及时沟通，以便尽快找到真实原因和合理的解决办法。

在日常生活中，父母要用恰当的方式和语言，让孩子明白他学习的目的是为了他自己的未来，而不是为了满足父母的心愿。父母的责任是将他抚养成人，教育和培养他成才，他长大后要离开家独立生活，要具有独立生存和支撑起自己家庭责任的能力。父母不是孩子终生的拐杖，孩子长大后要能成为父母的拐杖。

家长过度保护　孩子难以从容

对一个有正常独立性的孩子来讲，父母恰当、及时、适度的爱，对他是阳光、清泉、春风，可以滋养他的心灵，赋予他向上的动力。可父母过度关爱，反可能成为孩子心中的负担，而父母对孩子的过度保护，则往往会给孩子带来一定心理压力，甚至造成孩子心灵的创伤，使孩子难以从容成长。

冉的女儿简在国内出生，来美国之前是爷爷奶奶、外公外婆的心肝宝贝，是爸爸妈妈的掌上明珠。冉和丈夫在美国获得博士学位，工作生活稳定后，又先后生了两个儿子。由于夫妻俩工作繁忙，又要照料两个年幼的儿子，他们便很难再像从前那样关心女儿简。简虽然很懂事，从不抱怨父母，可随着两个弟弟的出生，自己在家里地位的变化，心里难免有失落感。

时光荏苒，岁月如梭。不觉间简已进入高中，长成一位容貌秀美、亭亭玉立的大姑娘。她不仅学习成绩好，在学校也颇为活跃，是学校拉拉队的成员。父母一直对女儿很满意，尤其是简的爸爸，谈起女儿，幸福之情溢于言表。

有一天简的爸爸打扫卫生，在简的房间里意外发现了一张简和一个男孩子的合影。男孩子高大英俊，金黄的头发，明亮的蓝眼睛，简和他依偎在一起，脸上绽放出甜美的笑容。刹那间，爸爸震惊了、愤怒了，犹如咆哮的狮子，手里拿着那张照片，不顾一切地冲向女儿。

女儿被这突如其来的风暴惊呆了，但她很快冷静下来，坦然面对爸爸的质问，向他耐心解释这个男孩是她的男朋友，他在学校也很出色，他们在学习上经常互相帮助等。

爱女心切、被强烈保护意识所驱使的父亲，那一刻已完全失去了理性，哪里会相信女儿的解释？他开始迫切追问女儿与那个男孩子交往的细节，无视女儿的隐私，不顾女儿的尊严，不惜伤到女儿的心灵深处！

女儿吃惊地看着爸爸，霎那间，这张原本在她心目中温和、慈祥的脸一下子变得狰狞了。她再也无法控制自己，不顾一切冲进自己的房间，扑到床上失声痛哭。

遗憾的是，简的爸爸并没有因此而反思和改进自己的言行，他不仅限制简上网和手机通话的时间，干预她与同学之间的正常交往，限制她的行踪，还趁简不在房间时翻她的书包等。他竭尽全力，不惜动用自己的专业优势，不顾太太的劝告阻拦，一门心思期望将女儿朦胧的爱情扼杀在摇篮之中。

简和爸爸的关系由争吵、冷战、发展到互相不说话，就连回国探亲，她也不愿和爸爸同坐一个航班。简由一个开朗快乐的小姑娘变成了一个郁郁寡欢、沉默的小女孩，她的学习成绩也因此受到很大影响。

高中毕业前，简考进了州立大学。在即将离家去上大学前夕，她伤心地对妈妈说，如果爸爸不伤害她，她便能保持以前的学习成绩，考进一所不错的大学。到大学后她要好好努力，争取大学毕业后能考进一所自己满意的大学读研究生。

青春期恋爱是一个值得大家关注的问题，但因此造成孩子学习成绩下降的主要原因，在很多时候往往不是恋爱本身，而是恋爱被发现后，来自家长和学校的过度关心和保护给孩子带来的心理压力。

父母对孩子缺乏个体尊重的过度保护行为，非但保护不了孩子，反使孩子心灵受到很大伤害，有时还会致使孩子产生强烈的逆反心理，滑向连父母也没有勇气正视的可怕深渊！

从容对待孩子青春期恋爱

有一位爸爸忧心忡忡地问我："意外发现儿子谈恋爱了，既担心影响孩子学习，又怕明确表示反对后孩子有逆反心理，就故作淡定地对儿子说：'你就要考大学了，这个时候要以学习为主。'谁知过了两天，儿子就跟我说他的女朋友邀请他到她家一起写作业，问我是否同意，我该如何回答呢？"

我笑着对他说："如果我是你，就让儿子邀请那个女孩子到我们家来写作业，并且准备好茶点和水果，请他们写完作业之后坐下来一起聊聊。用友好的语气真诚地告诉他们，人的一生很难遇见让自己真正喜欢的人，两人相爱是人生很大的缘份，你们要格外地珍惜。为了这份难得的缘分，你们都要对对方和自己负责，拥有为对方和未来生活承担责任的能力。所以，你们现在要相互帮助和鼓励，在学习上更上一层楼，这样才不会辜负对方对自己的一片真情。千万不要因此而影响学业，更不能像有的人，由于年轻时不能很好地把握自己，因为一时的放纵，荒废了学业，而换来一生的卑微！"

"爱的最好证明就是信任。"信任是祝福，是催人进取的动力，是孩子从容成长的润滑剂。同时"信任是开启心扉的钥匙，诚挚是架通心灵的桥梁。"当孩子被尊重和信任时，双方就会在一个愉悦的气氛里自由畅谈，从容交流。如若如此，你还担心你有价值的指导不会顺利传送到孩子的心灵深处吗？

对于青春期恋爱，我的原则是早预防不鼓励，但如果真的发生，家长也不必惊慌。正确面对，在尊重和信任的基础上，真诚给予孩子及时恰当的引导，孩子因青春期恋爱而导致学习成绩下降的几率将会大大减少。

平等尊重不是放任骄纵

女儿考入哈佛大学法学院后的第一个夏天，我问女儿："在你上大学之前，我们有没有做过让你很不高兴的事情？"

女儿马上回答；"你们对我过度保护，我上高中时，你们不允许我在同学家过夜。"

女儿在加拿大时，她的朋友多是和她从小学时就很要好的朋友，我们对她朋友的父母也很熟悉，大家为了孩子的校内外活动经常相互合作，久而久之也就建立了相互了解和信任的关系。女儿和她的朋友时常相互邀请到自己家或朋友家过夜，孩子们的这一交往方式，在加拿大和美国都很普遍。可我们搬到美国时，女儿已经开始上十年级，由于我们对她的同学和同学的家长都不了解，就自然不能允许她到同学家过夜。有时她同学家开过夜生日聚会，同学们在一起做游戏，看电影，彻夜长谈，借此机会增进了解，发展友情，但我们一定在晚上12点之前接她回家。

这件事无疑给女儿带来了遗憾，但我们至今认为我们当时那样做没有错。不在同学家过夜，失去的不过是几个小时与同学相处的时光，不会对她的未来和与同学之间的友谊有任何影响，而让一个小姑娘在一个我们不了解的家庭里过夜，则是我们的严重失职！

将孩子当做一个平等和尊重的独立个体，并不等于对孩子的所有要求都无条件地满足。对孩子无原则地顺从，是对孩子的放任和骄纵，是对孩子不负责任的爱！

家是让孩子自由生活的地方

有些父母为了让孩子抓紧时间学习，争分夺秒复习，考试时取得好成绩，在家什么事情也不让孩子干。父母将对孩子的爱和高期望值相混杂，用过度保护的形式对待孩子，非但不能使孩子在家里感到舒适和放松，反让孩子感到沉重和压抑，以致有时生气，与父母发生冲突。可事后孩子又感到后悔，懊恼不已，觉得对不起辛勤养育自己的父母，这种内心的纠结和心灵的挣扎，能不让孩子感到累吗？

对孩子来讲，有些家务劳动，如做饭、布置房间、洗衣服等是对大脑的有效调节方式，是对生活的真实体会。不仅可以使孩子疲倦的大脑得以放松和休息，帮助孩子提高学习效率，使孩子将来拥有一定的独立生活能力，也能使孩子体会到生活的琐碎和不易，感恩父母对他的付出。

家是让孩子感到放松和舒适，自由生活的地方，不是补习班或考场。

不少家长在和孩子产生分歧时，因对孩子缺乏个体的尊重，加之沟通技巧欠佳，常对孩子进行简单的说教，并在最后加上一句："我都是为你好。"这句话其实包含了3个涵义，一是我说的都是对的；二是你要听我的；三是如果你不听我的，我就很伤心，你使我伤心，你就不孝，而且你要自食其果。这句话实在是温柔地绑架！

家长常说的另一句话是"我过的桥比你走的路多。"家长是否想过什么是你曾经走过的桥？什么是孩子现在和将来要走的路？随着时代的发展，你过的桥和孩子要走的路已大不相同。人生经验可以借鉴，但难以复制，何况每个人都是不一样的独立个体。

也有的孩子集祖父母和父母的爱于一身，在家衣来伸手，饭来张口，久而久之，不仅任性，自我中心，欠缺感恩和尊重他人的意识，而且独立性、心理承受力等综合素质欠佳。以这种方式培养出的孩子，如何能理解、体谅、尊敬父母，不与家长冲突呢？可这又是谁的过错呢？

以爱为基础，将孩子当做一个和我们一样平等的独立个体，尽力理解和尊重孩子，舍弃功利之心，抖落过度保护之情，去掉家长的权威。随着孩子年龄的增长，独立意识的形成，叛逆心理的出现，即使父母和孩子之间出现分歧，也多会在和谐的气氛中，通过有效的沟通找到双方都能接受的合理解决办法，不至造成大的冲突。即使偶有冲突，也多会在宽容、理解、智慧和耐心中得以化解消融。这样家长轻松生活，孩子从容成长；父母身体健康，孩子内心有爱、有感恩、有担当。

第2节

孩子需独立　父母要放手

有一天，有个人看到树上有一只蛹开始活动，好像有蛾要从里面破茧而出，于是他就饶有兴趣地观察由蛹变成蛾的过程。但随着时间一点点过去，他变得不耐烦了，只见蛾在茧里奋力挣扎，将茧扭来扭去的，但却一直不能挣脱茧的束缚。最后，他失去了耐心，用一把小剪刀，把茧上剪了一个小洞，想让蛾比较容易地钻出来。果然，不一会儿，蛾就从茧里很容易地爬了出来，但是它的身体非常臃肿，翅膀也垂在身体两边伸展不起来。他期望着蛾能飞起来，但那只蛾却只是跌跌撞撞地爬着，怎么也飞不起来，又过了一会儿，那只蛾就死了。这位好心人不知道，飞蛾在破茧而出时，必须要经过一番痛苦的挣扎，在茧里撞来撞去，身体中的体液才能流到翅膀上去，这样翅膀才能充实有力，支持它在空中飞翔。

从这个故事，我们是不是可以得到一些启发？既然我们不能代替孩子成长，不能免除孩子在自立过程中要经历的磨炼和痛苦，那么我们是不是应该放手呢？所以孩子需独立，父母要放手。

独立性是指一个人的思想、行为等不易被他人影响或控制，在现实生活、学习和工作中表现为具有较强的自理能力、独立思考、分析判断和解决问题的能力，是在社会生存和进行创造性活动时所必备的素质。

独立性是立身处世之基础

面对当今竞争激烈的社会环境，越来越多的家长认识到培养孩子独立性的重要性。独立性差的孩子，长大后大多缺乏主见，容易目标不明、方向不定，遇事左右摇摆、缩手缩脚、人云亦云。独立性强的孩子往往有自己的主见，目标明确，有进取心和克服困难的意志和勇气。他们长大后在生活和工作中积极主动，在遇到问题和困难时善于独立思考，并做出相应的决策，敢于承担责任，不轻易被他人的意见所左右或控制。

独立性是一个人安身立命的基础，它不是与生俱来的，而是从小在日常生活中逐步培养起来的。家庭是培养孩子独立性的摇篮，父母是培养孩子独立性的老师。培养孩子独立性的关键是父母要放手，尽可能地给孩子提供机会，在确保安全的前提下让孩子做自己想做的事情。

在婴幼儿时期，孩子非常依赖父母，需要父母的精心照料和喂养。可随着时光的流逝，孩子一天天长大，尽管孩子在幼儿时期，他们的身体发育尚未完成，语言表达能力不足，动作还不够协调，但他们的可塑性大，好奇心强，凡事都想看一看、试一试，并对大人做的事情常常表现出极大的兴趣。这时父母就要逐步放手，在安全的前提下让孩子想做的事情自己做，使孩子的独立意识得以发芽、生根和成长。

对孩子独立性的培养，要从幼儿时期开始，并且越早越好。在女儿的幼儿阶段，我们在重点培养她生活自理能力、独立意识的同时，也着手培养她的独立思考、协调、分析和决断等能力。

会做的自己做　不会做的学着做

在女儿学龄前时，我们对她培养的原则是，在安全的前提下，会做的事情尽量让她自己做，不会做的事情学着做，并运用一些技巧，让她在做的过程中，体验到其中的乐趣。从女儿两岁多开始，我们便慢慢训练她，让她逐步学会自己吃饭、上厕所、洗手、洗脸、系鞋带、扣扣子和整理玩具等。孩子初学时，可能会给家长带来许多麻烦，还不如家长自己做省时、省力。可如果家长一直这样代劳，孩子便失去了锻炼的机会，孩子的独立能力便无从谈起了。为了让女儿学会自己洗手、洗脸，我早上起床后，先帮她穿好衣服，再牵着她的小手，一同走进卫生间。到了卫生间，我先帮她挽起袖子，让她站在洗手池前面的小板凳上，按照我说的自己打肥皂洗手，然后我帮她洗脸，再将护肤品在她的额头、下巴、鼻子、两边小脸蛋上点上五个点。点完后，我让她自己对着镜子看一看，当她看到镜子里自己的小花脸时，止不住乐了，觉得很好玩。这样她就很乐意按我的示意，用两只小手将脸上的润肤霜抹匀。等她做完后，我马上表扬："宝宝好能干，将小脸蛋抹得香喷喷的，又可爱，又好看。"她因此受到鼓舞，便将洗脸当作一件很开心的事情，而不是一个负担。这样一步步教她，过了不久，她就能主动自己洗手、洗脸了。如果她弄湿了袖子，我要么用干毛巾将她袖子上的水吸干，要么干脆给她换件衣服。如果她的润肤霜点在脸上太多，不能涂匀，我就和她开玩笑："是不是润肤霜很好闻，你想多涂点？"从不责备她。这样过了一段时间，她就能将这件事情独立做好了。

女儿初学穿衣服、扣扣子的情形，也很可爱。有时裤子穿反了，口袋摸不着了；有时扣子扣到最后，要么多了一颗扣子，要么多了一个扣眼。这时，我就领她到大镜子前，让她自己看。当她看到镜子里自己斜斜的衣襟时，自己先笑了。于是我便帮她将扣子解开，教她从上到下，一个个对齐再扣。这样反复几次，她就慢慢学会了。女儿每次扣完扣子，还在镜子前走几步，前后左右，仔细打量自己，像个小模特儿，样子可爱极了！

孩子的好奇心强，精力充沛，善于学习和接受新事物。女儿在很小的时候就学会了用遥控器开关电视，选自己喜欢看的少儿节目、人与自然、动物世界等频道。后来家里买了音响设备，她也很快学会了操作，能播放自己的少儿音乐、歌曲、故事等光盘。借此机会，我们要求她睡觉前一定要将玩过的玩具、用过的画笔、读过的故事书等收好，整齐地放回原处。如果她忘了或当时不愿意做，我们既不批评，也不勉强，而是要求她第二天必须先将这些东西收好，才能看电视、听音乐。这样按原则执行几次，她就能主动在睡觉前将她玩过、用过的东西收好。通过这些细微的事情，不仅培养了她的自理能力，也培养了她的责任心，使她明白自己的事情要自己做。

在日常生活中，我们除了用心培养女儿的生活自理能力，帮助她建立独立意识之外，也在适当的时候慢慢告诉她，使她逐步认识到爸爸妈妈不可能永远保护他。为了对她的未来负责，我们要将她培养成为一个有独立生活和独立思考能力的孩子，以便她将来能立足社会，用自己的双手挣得自己想要的生活质量。

参与是走向独立的关键

女儿还不到四岁多时就有了自己的房间，分房睡对女儿生活自理能力的培养很有帮助。

女儿的房间虽不大，但很温馨。有双层床、小书桌、书架和自己的衣柜。小书架上摆放着她的各种儿童图书，还有许多她心爱的玩偶和娃娃。粉红色的碎花窗帘、印着小动物的床单、被罩和枕套，让女儿很喜欢自己的房间。最初我们要求她自己睡时，她很不情愿，可当我告诉她，如果她自己睡，我会每天晚上给她多讲一个故事，她便爽快地答应了。在讲述故事的过程中，我有时伏下身去抚摸一下她的额头，亲亲她的小脸蛋；有时躺在她身边，她也顺势将头依偎在我的怀里，我拥抱着她，轻轻拍打她的后背。这些身体的触摸和亲近，增加了她的安全感。随着时间的推移，她慢慢习惯了自己睡，也更加喜欢自己的独立空间了。尽管在我熄灯前要离开的那一瞬间，她仍有点恋恋不舍，缠着我在她小脸蛋上亲两下，有时我忘了，只亲一边，她就拉拉我的胳膊，提醒我，闭着眼睛，用手指指指另一边。她眼睫毛忽闪着，嘴角带着笑，满脸的期待，十分可爱。当时的一幕幕，而今回想起来，犹在眼前，这都是与女儿在一起十分珍贵的时光。现在她长大了，想亲她一下都不容易了。作为一个母亲，能真正和孩子在一起的时光，尤其是孩子依恋母亲的时光，其实非常有限。愿天下父母在教子成才的同时，也能珍惜与孩子共处的每一个时刻，使之成为彼此心中美好的回忆！

等女儿习惯一个人单独睡之后，我便让她自己决定第二天上幼儿园穿什么衣服，让她每天晚上临睡前，将明天要穿的衣服从柜子里取出来，放在床边的椅子上。除非第二天的天气有较大的变化，我才给她必要的建议和要求，大多数时间都由她自己做主。有时她为了找一件衣服，将柜子里原本叠放整齐的衣服全弄乱了。我当时并不急于批评、干预她，而是等周末为她整理衣柜时，让她也来帮忙。我叠、她放，并指导她分类放置，以方便她下次取出。这样一点点积累经验，女儿的条理性就明显改进了。

长大后，女儿在纽约一家律师事务所做实习生时，她和两个在纽约工作的朋友合租了一个三居室的公寓。女儿将生活安顿好之后，我便去纽约看望她。

女儿的公寓，干净、整洁，尤其是女儿的衣柜，非常有条理。与她合租的朋友高兴地告诉我："在她搬进来之前，客厅、厨房、走廊都很乱。她上周搬进来之后，花了很长时间清洁和整理，让我们一下子感觉到我们的公寓原来如此可爱！"

女儿笑着说："这都要归功于妈妈从小对我的训练，我在一个干净、整洁、有条理的环境中长大，已不习惯杂乱。"

有些父母在家将自己变成了孩子的佣人，时时跟在孩子后面，处处为孩子着想，事事替孩子操心，唯恐哪一点不周，让孩子受了委屈。用这种方式培养出的孩子，和我们在文章开头讲的那个没有经过历练的蛾子一样，是难有能力自立于社会展翅飞翔的。

独立承担责任，体会独立的乐趣

女儿上幼儿园之后，她的许多衣服和鞋子都是我带她一起去商场购买的。我们一起挑，在价格允许的范围内，将决定权留给她。

有一次，我带她去买靴子，那时她不到六岁。在一个周末的下午，我带女儿到了一家专卖店，店员拿出了两双红色的靴子，并告诉了我两双靴子的不同价格。女儿一眼就看中了其中更漂亮一点儿、但价钱也略贵一点儿的那双。她坐在长凳上，在店员的帮助下，将自己脚上的鞋子脱下来，穿上漂亮的小红靴子，在店里走了几步，就转身对我说："很舒服，妈妈走吧。"我心想还没有付钱，怎么能走呢？女儿见我没有反应过来，便笑着指着地板上那个放靴子的鞋盒说："您将我的旧鞋子放进去，我们不就可以走了吗？"她这一句话将我和店员都逗笑了，当然我也就不能和店员再讲价了。考虑到这双靴子的价格仍在我的预算范围之内，我也就遂了她的心愿，答应了她的选择。

还有一次，她上幼儿园中班时我带她买凉鞋，走了两条商业街。每到一家鞋店，店员都取出好几双凉鞋，热情地让她试穿，但她都不喜欢。于是我便告诉她："如果今天不买，就要等到下一个周末，妈妈才能有时间再带你买。你去年的凉鞋已经小了，不能穿了，你下周只能继续穿布鞋或皮鞋。"女儿点点头，表示同意。

通过这些在生活中看似琐碎的事情，女儿既体会了独立的乐趣，又感受到了因独立而要承担的责任。

女儿的小学一年级是在国内完成的，在她上小学一年级的第二学期，班里要选少先队员。老师说要班里同学投票选举 10 个品学兼优的学生，这些学生将成为一年级第一批少先队员。女儿被选上了，放学后回到家，她高兴地向我们述说了这件事情的经过。

可第二天放学回到家后，女儿有点不太高兴地对我们说："老师昨天告诉我们，只要被选上就可以成为少先队员，可她今天又让我们写申请书。"我知道我们和她相处时，总是信守承诺。如果情况有变，不能按原来的计划或承诺执行时，我们也一定会给她合理的解释，并表达适当的歉意。

在那一刻，我本想给女儿一个拥抱，并真诚地告诉她："宝贝，在很多时候你只能适应，尽管其中并没有什么合理的理由。"但我犹豫了一下，向我先生投去了询问的目光。从他的眼神里，我明白了他的用意，于是我装作不经意地问：“那你打算怎么办呢？”女儿干脆地回答说：“说好的只要被选上，下周就可以戴红领巾，现在又说写申请书才能当上少先队员，说话不算数，我不写。”我也就顺着她说：“不写就不写吧，下一批不是都可以成为少先队员了吗？你这次当不了，就等下次好了。”女儿听了，高高兴兴地去写作业了。

过了一个周末再上学时，班里有 10 个小朋友戴上了红领巾。一年级戴红领巾的小朋友肯定是在班里品学兼优的好学生，很多孩子向他们投去羡慕的目光。看到这种情形，女儿有点后悔了。

她放学一回到家，便懊悔地对我说：“早知道写一个申请书就好了，我们班的同学让我看了她的申请书，其实很容易写，几句话就可以了。”听了她的话，我既没有责怪她，也没有对她讲述更多的道理，而是安慰她说：“没关系，宝贝，下次知道怎么做就行了。”女儿显然从这件事情上吸取了经验和教训，体会到有些机会如果不及时把握，将会永远失去，同时也进一步体会到独立背后要承担的责任，这些都为她后来在学校的平衡发展打下了良好的基础。

孩子人小心不小

很多人认为在幼儿期就培养孩子的独立性为时过早，其实不然，孩子在很小的时候就有成人的思维方式了。有一次女儿邀请她的一个好朋友和我们一起共进晚餐。我做了韭菜盒子，那个小女孩只吃两个，就说饱了，不吃了。

女儿问她："你上次吃了四个，为什么这次只吃了两个就饱了？"

那个小女孩回答说："我今天不饿。"

女儿又问："是不是我妈妈今天做得不好吃？"

那个小女孩摇摇头说："不是。"

女儿显然不太相信朋友的回答，低声对她说："你每次来我家吃盒子，都吃 4 个，可你今天只吃两个就不吃了。你告诉我实话，是不是你不喜欢我妈妈这次做的韭菜盒子。不然，我以后再也不去你们家吃饺子了。"

那个小女孩一听，有点急了，连忙小声对女儿再次解释："我不是不喜欢你妈妈做的韭菜盒子，我今天真的是不饿。"

女儿听后，不再计较，对她的朋友说："那好吧，请你等我一会儿，我吃完这个就和你玩。"

我在旁边听了这两个小女孩的对话后，忽然一下子明白了许多。她们那时才不过 5 岁多，竟然像大人一样知道"面子"和"礼尚往来"，真的是人小心不小。对于未成年的孩子，我们能不将他们当作和我们一样平等、独立的个体吗？

孩子的事让孩子自己做主

我们楼下有一块大草坪，孩子们晚饭后或周末经常在一起玩耍。有时在征得父母同意后，也会相互邀请自己的好朋友到家里一起吃饭。每次女儿和小朋友一起在楼下玩或请小朋友来我们家玩时，我都让她自己决定玩什么、怎么玩，并让她自己给小朋友打电话联络和协调，我所做的只是提醒和监督孩子们的安全。每次女儿的朋友到我们家，我也是先告诉女儿家里有什么点心和水果，让女儿自己决定给小朋友吃什么，然后我再去准备和招待他们。女儿从幼儿开始一步步形成和发展的独立、协调、决断能力，在她上小学后日渐表现出来，为她后来做事果断，敢于承担责任打下了良好的基础。

女儿有时参加朋友的生日聚会，常常需要为朋友买生日礼物。在女儿上幼儿园时，为小朋友买的生日礼物，都是由女儿根据小朋友的需要和喜好向我提出建议，在一定的价格范围内我们共同选择和决定的。女儿上小学之后，我们只给她一个预算，由她自己全权负责挑选和决定买什么，一本书、一个娃娃、一本精致的小日记本或一个小汽车模型等。女儿上四年级后，就学会和其他一两个同学一起为朋友合买一个较贵重的生日礼物，比如为女孩子买一条漂亮的裙子，为男孩子买一个篮球等。

动脑筋想办法　公园总比院子大

在北美，父母很重视孩子的生日，几乎每个家庭在孩子生日前后都会为孩子举行一个生日聚会，我们也入乡随俗。每当女儿生日临近时，便由她自己动手，设计一张别致的生日邀请卡，写明聚会的时间和地点。然后，女儿会根据来参加聚会的人数及她参加聚会的经验，列一张购物清单，我们按照清单上列出的物品和数量去准备。

那时我们还住在高层公寓，没有自己的后院，不能给孩子们提供足够的玩耍空间。但女儿却有自己的主意，将她的生日聚会放在公园里举行。尽管她的生日是在春天，可她将自己的生日聚会推后到了六月，学校放假前的一两周。那时天气很适合户外活动。孩子们在一起踢球、跳绳、扔飞盘、打水枪、做游戏等。我们预先在公园订一个烧烤炉，为孩子们烤玉米、土豆、热狗、鱼片等。大半天下来，孩子们个个都玩得十分开心。

每次开生日聚会，女儿至少邀请十五六个孩子，可我和先生并不感到这是一种负担，反而是一种享受。因为所有的计划都是女儿自己做，我们仅是出点力而已，而且我们还借此机会和他们一起度过了快乐的时光。孩子们举办或参加生日聚会，不仅能在玩耍中增进友谊和对彼此的了解，同时也是一个很好的机会锻炼他们的独立性、组织和协调能力。

让我做 我就行

加拿大的夏季美丽而短暂，人们非常珍惜，许多家庭都会安排夏季度假，我家也不例外。在做度假准备时，我们会让女儿负责查看目的地的天气和景点信息，自己收拾需要携带的物品并打包。在出发前的三四天，我们会和她一起看一下有没有忘记或缺少的物品。

女儿上高中后，参加过一些在外州甚至是外国的活动。例如，模仿联合国到不同的大学演讲，到法国参加为期五周的国际实验生活，到斯坦福大学参加为期 3 周的有关法律专业常识的暑期班。其中去法国和斯坦福大学这两个机会，都是她在征得我们同意后，自己联系、申请并通过激烈竞争获得的，去法国的活动还得到了有关组织的赞助。在全面考虑异地停留期间的需要后，她会将缺少的物品列一张清单，让我们和她一起去商场购买，最后由她自己收拾行装。这不仅有助于她生活自理能力的提高，也有益于她后来考虑事情的全面和周到。

孩子也有隐私权

父母在关爱孩子的同时，也要尊重孩子的隐私。

女儿一直有写日记的习惯，她的日记本就放在卧室的书桌上，但我和先生从不翻看女儿的日记。女儿的来信，我们收到后便放在她卧室门的下面，从不拆开。我们和女儿一直保持着像朋友一样相互信任的亲密关系，我内心对此万分珍惜。在如今这个信息发达，诱惑无处不在的社会，这种信任越发显得重要和珍贵。

一个正常的，有独立思考、判断和决定能力的孩子需要有属于自己的空间。如果一个孩子事事需要父母的建议、参与和监督，这样的孩子很难成为一个有独立性的孩子，将来在社会上也难以完全自立。

经济独立 人格独立

人的独立性还包括经济上的独立。在很多时候，经济的独立才能带来人格的独立，而经济上的独立意识和能力需要从小培养。

我们邻居家的男孩迈克，希望在初中毕业时，能够拥有一把真正属于自己的小提琴，因为他平时用的小提琴是学校提供的，毕业后要归还给学校。他爸爸告诉他，家里可以为他支付一半的费用，但另一半他要自己去挣。于是，迈克写了一张广告，分发给我们这些邻居，表明愿意帮我们铲雪，以挣得自己购买小提琴的一半费用。芝加哥的冬天特别冷，雪从 11 月一直下到来年的 4 月。近半年的寒冷冬日，在飘雪的日子里，住在我们这条街道上的人们，在清晨或傍晚经常可以看到一个少年铲雪的身影。

能住在芝加哥北郊名校区，相信迈克的爸爸绝不会支付不起一把小提琴的费用，他是想借此机会培养儿子经济独立的意识和吃苦耐劳的意志，体会父母支撑家庭、养育儿女的不易，明白付出与得到的关系。

美国孩子在大学毕业时大都有一定量的贷款，大多数父母只为孩子支付大学的部分费用，有的甚至一点也不负担，全部让孩子自己贷款。我女儿的一个同学，来自一个收入较高的家庭，学习成绩优秀，本可以考进一所很好的大学，但他却选择了一所愿给他提供高额奖学金的普通大学。暑假期间，他除了白天在一家大公司做实习生以外，晚上还给中学生做家教，周末到一家游泳俱乐部做救生员。这样他毕业后既没有任何债务，又积累了一定的工作经验，并在工作中提高了与人相处与合作的技巧，非常有益于他以后生活和事业的发展。他的选择未必是最好的，但至少没有紧盯名校这一条路。

爱不是将孩子抱紧，而是放手让孩子经历风雨。得与失是相对的，孩子长大后有能力用自己的双手和头脑创建自己想要的生活，才是养育孩子的真谛。

独立思考与明辨是非的能力

梁启超先生曾告诫我们，进学校为的是求学问，求学问为的是学做人。

教育的目的是培养孩子做人，而做人的基础是拥有独立思考能力和与人为善的良知，这两点是推动社会文明的原动力。

在女儿小时候，我们晚饭后经常在一起讲故事、编故事。在与女儿一起分享的故事中，有两个给我留下了深刻印象。

一个故事是讲一个人在旅行时迷了路，天气非常寒冷，他又累又饿，几近绝望时看到了一间破旧的茅屋，便走上前去敲门。开门的是一位衣衫破旧的老奶奶，她仅有半盆面，但还是用其中的一半为他做了几个饼，烧了一壶水为他充饥驱寒。他吃了老奶奶为他做的饼，休息了一会儿又继续赶路。在他饥寒交加时，他看到不远处有一座大宅院，就向它走去。恰在这时，这个宅院的主人外出归来，看到他便上前询问，他便对这位老乡绅述说了他的情况。老乡绅吩咐仆人：“先让这位先生洗个热水澡，为他换上干净、暖和的新衣，再准备一顿丰盛的晚餐，让他好好休息一晚，明天好继续赶路。”第二天早上，老乡绅为他准备好一大袋食物，并到门口为他送行。他平安回到了家，并向父亲述说了他在旅途中的遭遇。原来他的父亲是一位地位显赫、富有的贵族，在听完儿子的故事后十分感动，于是就让仆人带上厚礼去感谢曾经帮助儿子的那位老妇人和老乡绅。

这时我问女儿：“这位旅行者最应该报答的是谁？”女儿犹豫了一

下说："是那位大宅院的主人吧？"

我问女儿："为什么？"

女儿回答说："那个人送给他新衣服，为他提供了丰盛的晚餐，临行前还给了他许多食物。"

我摇摇头说："不对，宝贝。那位老奶奶虽然只给他做了几个饼，可她用掉了自己一半的面粉，这意味着在未来的日子里，老奶奶可能要因此挨饿。那位老乡绅的确很慷慨，可他很富有，那些东西并不影响他的生活。"

女儿想了想，坚定地点点头，并从这个故事里感悟到"厚道"两个字的涵义。

另一个故事是在我们搬到加拿大之后不久，它讲述了一个在教堂里发生的故事。有一年一个地方遇到了灾荒，教堂组织募捐，一个乞丐将他仅有的一个铜板捐了出来，众人都称赞那个乞丐善良和慷慨，而当地的一个富翁尽管捐了一百个银元，众人仍说他小气。因为乞丐捐出了他所有的财产，但富翁只捐出了他财产的一小部分。

讲完这个故事，我先生问女儿："能用这个简单的方法判断乞丐比富翁更慷慨和善良吗？"

女儿看看我，又看看爸爸，不知如何回答。

我先生说："对这个乞丐来讲，他在闹市区坐上半天，就能挣回另一个铜板，可是如果一个富翁捐出他的全部资产，他的公司将难以继续经营，甚至可能破产关门。他的公司倒闭后，将会有很多人失业，那些失业的人将无法养家，这样便会造成更多的人陷入贫穷，并导致社会动荡，所以不能用捐赠多少这个简单的标准判断一个人品格的高低。"

这个故事对女儿后来的成长帮助很大。在我的记忆里，几乎没有听到过她责怪任何朋友或亲人，即使对方做的事情明显只为自己考虑，她总能以理性的眼光、宽容的胸怀，站在别人的角度去思考问题，体谅和包容他人。

随着女儿年龄的增长和读书范围的扩大，我们的英语水平已远不及她，可我们仍时常提醒她通过阅读进一步提高自己的独立思考和判断能力，并从书中汲取前人的经验、教训和智慧，在以后的人生道路中少走弯路。

同时，我们在日常生活中也经常和女儿分享发生在身边的故事，帮助女儿理解和明白蕴含在其中的伦理、道德、是非曲直等，使她的独立思考和明辨是非的能力一步步得到提高。

我们时常用“听话”两字来褒贬一个孩子的个性，其实“听话”本身并没有错，关键是听什么话。如果一个孩子具有独立思考和明辨是非的能力，能接受他人有价值的建议和指导，并反思和改进自己的言行，那是智者。反之，如果孩子不具备这种能力，一味被他人的意见所左右，则是一个愚人。

独立的思想、意识和行为也是从事科学探索、研究所必备的素质。当代著名地理学家、气象学家和教育家，曾任浙江大学校长的竺可桢先生，一生追求“排万难冒百死以求真知”，他的这种“求真知”精神便是他人格独立的最好诠释。

孩子的独立性要规范

孩子从小到大各种能力的培养，需要父母长期的爱和付出。与此同时，父母也可以从中得到更多的人生体验，使自己的生活变得更加丰富多彩。

同时，父母对孩子独立性的培养一定要有正确的引导和规范，帮助孩子理解和平衡得与失、利与弊的关系，以免孩子长大后顽固执拗、一意孤行，走向独立性的极端。这样不仅会给孩子的成长和发展带来负面影响，有时还会因此给孩子的人生招致很大的损失。

“天高任鸟飞，海阔凭鱼跃。”愿天下所有的父母本着大智大爱的原则，用理解、平等和尊重的方式与孩子建立相互信任的关系，放手让孩子做自己想做的事情，在恰当的时候给予孩子必要的指导和帮助，使孩子的独立性随着年龄的增长而逐步提高，让孩子长大后在社会的大舞台上能够各显所长、各尽其能，找到适合自己的位置，拥有快乐、健康、幸福的人生。

第3节

轻松做家长

到加拿大后，我们曾经历文化冲突和不同价值观的挑战，庆幸的是我们都能用积极的心态和女儿一起面对，一同从容走过，并能有效地取其长、避其短，不断成长。

适合的才是最好的

在加拿大，如果孩子能够进入天才班学习，父母通常会很高兴。一是孩子的天分和智商得到了肯定，二是天才班为孩子提供了一个良好的成长环境，孩子能和许多优秀的同学在一起学习，会减少受到不良影响的可能。

女儿在四年级时转入布罗德克斯小学天才班后，我们搬到了一幢离学校较近的高层公寓，从家步行到学校，需要十多分钟，要经过一条主要马路和一个由许多独立屋组成的住宅小区。一般早上爸爸开车送她到学校，下午放学后她与班里一位名叫劳拉的小女孩一同回家，孩子过马路时由学校雇佣的交通管理员负责保护。劳拉的姨妈住在我们楼下，两人放学后一起到我家写作业、玩游戏、看电视、下国际象棋等。劳拉的姨妈下班后将劳拉从我家接走并将她送回家，有时劳拉的妈妈也会来我家直接接她。

劳拉是一个白人小女孩，两岁多随父母从巴西移民到加拿大，她懂事、可爱，性格温顺、腼腆。女儿与她朝夕相处，两个孩子成了很要好的朋友，而且放学后两人结伴回家，会减少路途中的不安全因素，让我们做父母的心里也踏实了许多。

女儿小学五年级最后一个学期快结束时，劳拉告诉我女儿，从下学期开始，也就是上初中后，她便不再同我女儿一起上天才班了，她要回到她家所属学区的初中读普通班。多伦多的小区划分有点像国内的大城市，通常一个小区只有一所学校有天才班。女儿晚饭时将这一消息告诉我们，我和我先生都感到有点吃惊。我们问她原因，她说劳拉没有告诉她，她也不知道。考虑到女儿上初中后学校离家更远，放学回家需要乘公共汽车，一个人远没有两人结伴回家安全，我们就让女儿协调，帮我们与劳拉的父母约个时间谈谈，了解一下劳拉放弃在天才班学习的原因，看看她有什么困难，我们是否能为她做些什么。

我们是在一个明媚的周六下午到达劳拉家的。她家在怡陶碧谷区的一个安静的住宅小区，劳拉是家里唯一的孩子。女儿见到劳拉后，两人就高高兴兴地到后院玩秋千去了。我们和劳拉的父母相互问好、寒暄之后，便转入正题。我先生问："得知劳拉下学期不去天才班读初中后，我们感到很遗憾，您介意告诉我们原因吗？我们能为她做些什么吗？"

劳拉的父母事先已猜到我们的来意，她父亲听了我先生的话后坦然地告诉我们："自从劳拉进入天才班后，她便渐渐不再像以前在我们学区小学普通班就读时那样快乐和自信了，总好像有什么心事似的。她以前在我们学区小学时，是班里和整个年级最出色的几个学生之一，经常在班里受到老师的表扬。那时的劳拉快乐、自信，但自从她到天才班就读后，尽管她很努力，在班里仍属中等。她不再像从前那样，放学回到家后便迫不及待地向我们述说当天在学校里发生的有趣的故事，而越来越沉默。我们问她，她也不愿多说。以前在我们学区小学上学时，她有许多朋友住在附近，她和邻居的孩子也相处很好。她们放学后在一起踢球、溜冰、跳绳、骑单车、玩游戏等，生活很丰富。但自从她转入天才班后，由于作业多、到家晚，她就很少有时间和机会与她以前的朋友和邻居的孩子在一起玩，而她天才班的同学又住得远，除了曼曼，劳拉很少有机会和班里其他孩子在一起。我们能感受到她内心的孤独，担心如果一直这样下去，她的性格会慢慢变得孤僻，对未来缺乏自信，这样对她将来个人的发展、生活都不利。考虑到以上因素，我们和劳拉做了一次长谈，在征得她同意之后，我们一致决定从下一学期，也就是从初一开始，劳拉不再回天才班就读了，而转入我们学区中学的普通班就读。如果一年后劳拉仍想回天才班，我们也会尊重她的选择，支持她回去。”

听完劳拉爸爸的解释，我们不由地感叹西方人的教育理念和价值观与我们是多么不同。他们追求的是孩子身心的健康和快乐，可我们大多数中国父母希望的却是孩子的成功，往往更加注重对名与利的追求。相比之下，他们的教育理念是不是更加合理和成熟？试想一下，如果孩子在追求成功的过程中身心健康受损，进而性格变得孤僻，缺乏自信，对快乐生活向往的热情降低，即便孩子最终考取了名校，在常人眼里取得了成功，可这种成功于孩子本身又有多少真正的价值呢？

人生的目的应该是健康、快乐地做自己喜欢做的事情，成功只是实现这一目的的工具，我们不能将两者本末倒置。劳拉父母的决定，让我们想起了与女儿同校、在普通班就读的一个中国男孩。这个男孩的父母自孩子上学后，就开始辅导他做许多额外的作业，其中不仅有高年级的数学题，每天还让孩子背许多很长、很难记的单词。孩子的父母几次要求学校将其转入天才班，均遭拒绝，并被明确告知：“您的孩子只是比别的孩子学的多、学的早，就像田径赛跑时比别人提前起跑，看起来好像领先，但并不能说明您儿子的智商比别的孩子高。天才班招收的是智商优秀的孩子，您的孩子并不符合这一要求。如果将您的孩子转入天才班，他在班里很难继续快乐地学习。”为此，这个男孩的父母总是不停地抱怨，有时甚至当着孩子的面，以致孩子感觉自己在学校受到了不公平对待，甚至一定程度的歧视，性格也变得有点郁郁寡欢。两个孩子的父母不同价值观和教育理念形成了一个鲜明对比。劳拉再也没有回到天才班。四年后我们决定搬家到美国，临行前带女儿到劳拉家与她告别，劳拉已出落成一个漂亮的大姑娘。她待人大方、得体，不再羞涩和腼腆，显得开朗、快乐、自信。她爸爸妈妈高兴地对我们说他们当年做了一个正确的决定，我们也衷心祝愿劳拉未来的生活充满阳光。

能进天才班就读，虽然是一个很好的机会，但并不一定适合每一个孩子。只有适合自己的才是最好的！

劳拉父母智慧的选择为劳拉创造了一个从容、快乐的学习和生活环境，为劳拉未来的人生打下了坚实的基础，同时她父母自己的生活也因此变得轻松和从容。

输赢只在终点而不在起点

每到孩子开学前，总有不少家长为选学校而纠结和烦恼，更有家长因自身经济和工作原因不能购买或租住学区房而对孩子心有愧疚。

曾彤在外企做财务，她说她也崇尚快乐教育，希望自己的儿子长大后不仅出色，更要身心健康。本来离她家不远就有一所普通小学，可看到儿子幼儿园好几个同学家里都买了学区房，并且同学、朋友们聚在一起聊天时，也经常讨论谁家的孩子上的什么学校，是不是重点学校等，她便开始动心，琢磨自己是否也要买一个学区房。

为了给儿子争取一个好的起点，不让儿子输在起跑线上，在做了一番调研之后，她痛下决心，倾其所有，花巨资在一所重点小学附近买了一个一室一厅的学区房。一家三口平时就住在这个小公寓里，周末再回到大房子住。可孩子上学后不久，曾彤就感到了儿子的压力。班里很多孩子在入学前，已经上过不同的培训班，接受了幼小衔接教育，学习过写字、拼音、数学、英语等，老师上课所讲的内容很多，课程进度也很快。可儿子在入学前什么培训班也没上过，曾彤每天吃完晚饭后都要帮助孩子温习功课，指导孩子做作业，就连周末也难得放松，但一学期下来，孩子还是感到很吃力，几乎成了班里垫底的学生。孩子的自尊心和自信心因此受到了很大的挫伤，平日快乐、阳光的孩子变得沉默、敏感了，有时甚至无故发脾气，自己关起房门独自哭泣。曾彤找到我，向我请教解决办法，我向她讲述了劳拉和我女儿学钢琴的故事，她听后深受启发。她和儿子做了一次真诚的交谈，并和儿子约定，再一起努力一个学期，如果一个学期后儿子仍感到有压力，便说明这所重点小学并不适合他，就将儿子转回原来离家不远的那所普通小学。

古往今来，无论是竞技还是人生，输赢只在终点，哪里会在起点？可不幸的是“不要输在起跑线上”这一荒谬的逻辑却影响了中国教育好多年！因为这一伪命题，多少家长奔波在接送孩子上各种补习班的路上？又有多少孩子因此身心健康受损？

另一位朋友的女儿点点上学前也没有上过任何培训班，初到市级实验小学时，她和那些学前接受过幼小衔接教育的同学比，有很大差距，上课、课后完成作业都有点吃力，可点点在妈妈的耐心帮助和引导下，一学期后，她就适应了小学的学习节奏。一年级的期终考试，她在班里名列前茅，不仅受到了老师的表扬，还获得了学校颁发的“优等生”奖状。从以上两个孩子的经历中，我们是不是可以领悟到，学校的排名并不重要，重要的是学校是否适合你的孩子，适合的才是最好的！

普通学校同样能培养出优秀的学生

若兰和她的丈夫都是普通的工程师，双方家庭也都不富裕，夫妻俩结婚前，在双方父母尽全力帮助下，才在北京一个普通小区买了一套三居室的公寓。随着儿子航航的出生和一天天长大，夫妻俩很想搬到一个好的学区，可由于要还房贷，加上房价上升的速度远比他们工资上涨的速度快，无力购买学区房，只能让儿子在附近的普通小学和初中就读。

丈夫为了增加一些家庭收入，常通过朋友在外面接点简单的设计工作在家做，若兰除了将孩子和家庭照顾好外，也利用空余时间尽力改善自己的业务水平。他们虽然不富裕，但一家人和和睦睦、其乐融融。儿子航航在这样一个平和、充满爱的家庭长大，性格开朗、自信，对未知事物充满了好奇心。他学习努力，和同学相处融洽，并具有一定的组织协调能力，让父母很是省心。

航航升入初中后，不仅是班干部，而且学习成绩也在年级名列前茅。他的老师都很负责任，经常相互沟通，轮流到他家家访，向他父母及时反馈航航在学校的学习情况，并提出一些建议，告诉他们应该给孩子买哪些书籍和学习工具，以使孩子的学习潜力得到更好的发挥。即便如此，航航的父母依旧很焦虑。

航航中考前，他的妈妈曾忧心忡忡地对我说："如果孩子不能升入重点高中，我和丈夫将负疚终生，因为我们没有能够给孩子提供好的学习条件。"

我开导她说："你大可不必有这样的想法，一则孩子对父母情绪的变化很敏感，一旦他察觉到，会给他带来一定的心理压力，可能会影响他考试的正常发挥，影响他的考试成绩。二则你们已经给了他幸福的家庭，培养了他自信、乐观、勤奋等健康品格，这是他一生的财富。考一所好高中或好大学只意味着孩子有一个好的开始，人生是一场长跑，贵在努力和坚持，不要在意一时一事的成败与得失。"再好的学区，也有差孩子；再不好的学区，也有好孩子。

再好的学校，也有不求上进的学生；再不好的学校，也有拥有志向的学生。很多家长担心孩子在普通中学就读，受不良行为影响的概率就大些，对此我非常理解。但事情往往具有两面性，福祸并存。孩子走入社会后，要和不同家庭、教育和文化背景的人打交道，孩子越早接触不同类型的人，将来适应社会的能力就越强。而且在孩子的成长过程中，如果他能在复杂的环境中做到"近朱者能赤，近墨者不黑"，更是他一生珍贵的财富。

普通学校同样可以培养出优秀人才。学校普通，老师未必普通；不上名校，未必将来不能成为名人。因为人才竞争的关键已经转向了品德、创造力、自信心、独立性、心理承受能力、勤奋与执着、与人相处与合作的能力等综合素质上。

家长的投入不要超出自己的承受限度

在一个周末的早上，我收到一条长长的微信语音留言。一位妈妈哽咽、无助地告诉我，她儿子自幼聪明好学，为了让儿子能够接受好的教育，她向堂姐借钱，付了首付，在一所实验小学的学区买了一套两居室的小公寓。本想着丈夫工作努力，在公司也颇受领导的赏识，应该很快就能升职，这样他们的家庭收入便会增加，就能及时还回借堂姐的钱。

可没有想到的是，自从买了房子，首付和房贷的压力使他们夫妻俩在工作中处处谨慎，与同事和上级相处也不像以前那样从容自信，做事难以放开手脚，反而不能将工作做得像原来那样好。

来自经济和工作的双重压力，使夫妻两人不由自主地将情绪带到了家里。一个多月前，儿子期中考试成绩不如意，丈夫就对儿子失去了耐心，对儿子训斥说："我们花那么多钱，买这么贵的房子，还不是为了你。你不好好学习，能对得起谁？"虽然丈夫事后也感到十分后悔，可儿子的自尊心还是受到了伤害。儿子很敏感，也明显地感觉到了他们的压力，原本快乐、活泼的儿子慢慢变得沉默、内向了。

由于她丈夫在工作中过于在意成功与否，心理负荷相应增大，以致他的能力不能得到充分、自如的发挥，与同事的合作也不像以前那样高效，结果自从他们买房到现在，已经近两年，丈夫依然没有得到提升的机会，而堂姐的丈夫做生意亏了钱，急需流动资金，一再催促他们还款。听完她的叙述，我真的很无言，不知如何安慰她。

在教育和培养孩子的过程中，父母对孩子投入的时间、精力和金钱都要量力而行，不要超过自己的承受限度。对孩子过度的投入，往往对孩子也会有较高的期望值，而父母的投入和孩子的"产出"，未必成正比。当孩子不能达到父母的期望值时，父母便可能对孩子产生失望情绪，进而对孩子失去耐心，这样就阻碍了父母和孩子之间的沟通和理解，给孩子造成心理负担，使他们的能力、潜力和优势得不到正常发挥。况且，父母对孩子过分的付出和爱，很容易让孩子内心产生压力，甚至不自觉地盲从父母的意见，而当自己不能实现父母的愿望时，内心又常生出愧疚感，如此周而复始成为一个恶性循环。

作为父母，我们要以孩子的身心健康为前提，在自己力所能及的范围内，提供适合孩子个性和特点的教育资源和教育方法。这样孩子才能阳光快乐地成长，家长也才可以从容生活和工作，并拥有自己的幸福人生。

自己做的事自己担当

多伦多有个很大的游乐场叫奇妙谷，有过山车、旋转木马、摩天轮、迷宫等许多游戏，还有一个很大的水上乐园。每到春天，奇妙谷便有季票出售，当时60加元一张，可在整整一个夏季随便出入，不受限制。女儿几个好朋友的家长都准备在暑假开始前为孩子购买这种季票，我们也决定在网上为女儿买一张。女儿的另一个好朋友詹尼弗得知此事后，请我们在购票时也为她买一张。于是我先生在网上订了两张票，一张给女儿，一张让女儿给詹尼弗。

詹尼弗回到家后，将这张季票拿给爸爸妈妈看，并让妈妈给她60元钱，以便她第二天能够还给我们，但她的请求却意外地遭到了妈妈的拒绝。她妈妈明确告诉她："你事先没有和我们商量并征得我们的同意，自己擅自做主让人家给你买票，现在你要自己承担后果，想办法挣钱还人家。"

这下可难住了詹尼弗。她那时总共只有20元存款，为了能挣到剩下的40元钱还给我们，她不得不在自己家居住的小区里到处张贴帮人遛狗的广告。她当时年纪小，还不满12岁，不到合法打工或帮人照看小孩的年龄，遛狗是她当时唯一能做的工作。女儿为了帮詹尼弗早点找到工作，也帮詹尼弗设计广告，修改广告词，以使它更具有吸引力。可半个多月过去了，詹尼弗也没有接到一个让她遛狗的电话，她开始有些焦虑。为了能够尽快挣到那40元钱，她不得不向父母道歉，并请求妈妈允许她为爸爸、妈妈和哥哥擦皮鞋，给家里吸地板，清理游泳池等。

得知此事后，我和我先生都感到非常吃惊。詹尼弗的爸爸是多伦多一家医院的脑外科主任，妈妈是律师，在北美属于富人一族。家里住着有游泳池的百万豪宅，并常年雇佣佣人，哪里会缺那区区 40 元钱？可她父母并不因此娇惯孩子，而是借此机会让她对自己的行为承担责任，体会“自作主张”的代价和后果。如果换了我们中国父母，别说是富人了，就是普通人家，也会立即掏钱让孩子还上。相比之下，不能不承认，我们对孩子的爱还是近视了些，而詹尼弗父母做家长的方式，尽管表面严苛，但背后却是对女儿长远的爱，这种爱对孩子的成长和未来的成熟、自立才更有价值和意义。

我们对孩子的超前教育多注重对孩子的知识灌输，孩子仅得益于一时，而北美对孩子的超前教育则是在尊重孩子的基础上，注重对孩子的价值观、独立性、团队合作精神、是非判断力、想象力和创造力等综合素质的培养，可使孩子受益终生。如果我们在注重对孩子知识教育的同时，也能重视对孩子综合能力的培养，我们的孩子应该会如虎添翼，在世界这个大舞台上有更广阔的发展空间。

第 4 节

不以成败论英雄

英雄是一种人们可以从他们的经历中寻找到精神力量的人。这种精神力量能够激励人们奋斗，战胜困难和挫折，虽遭患难，处境险恶，甚至会失去宝贵的生命仍不屈服。他们以高贵的品德、强大的人格力量，让人纪念、敬仰和爱戴，人们也可以从英雄身上发现令人积极向上的人生价值。

英雄不一定是成功者

英雄之所以能活在人们心中，是因为他们的事迹能感染后人，他们的精神能鼓舞后人，并使后人从他们的人生经历中得到智慧的启发。英雄不一定是最后的成功者，最后的成功者也不一定是英雄。

英雄也是人，人非圣贤，孰能无过？在他们追求各自目标的过程中，有成功也有失败，失败者也同样可以是英雄。楚汉相争，逐鹿中原，西楚霸王项羽虽败于汉王刘邦之手，自刎乌江，但我们依然称项羽为英雄。战国末年，荆轲为保卫燕国不被秦国所灭，前往秦国刺杀秦王。临行前，燕太子丹等人在易水边为荆轲送行，荆轲在与众人告别时吟唱出千古绝句：“风萧萧兮易水寒，壮士一去兮不复还。”荆轲虽刺秦王不中而被杀，但谁能否认荆轲是一位真英雄呢？同样，成功者也未必都是英雄。宋朝的秦桧，成功地陷害了岳飞，并当上了宰相；清朝的慈禧，成功地铲除了政治对手，并把持朝纲。他们当时都是权倾一世，富贵已极，可谁又认为他们是英雄呢？

人生贵在追求　不在结果

父母或老师如果持有以成败论英雄的观点，就会无意间在孩子面前夸大功利的意义，可能会诱导孩子长大后为了达到目的而抄近路、走捷径，甚至有时不择手段。如果一个人功利心太重，做事不择手段，缺乏应有的道德品行，就会致使他在社会上、工作中与人难以相处，有时还可能会陷入孤立无援的境地，不仅得不到应有的机会和利益，反吃大亏。

在日常生活中，我们要帮助孩子慢慢体会和理解人生贵在追求，不在结果，因为结果往往不是个人的力量所能控制的。人生的价值不仅仅是为了摘取成功的桂冠，更是在追求的过程中享受人生的感悟，得到丰厚的人生体验，并向人们展示善良真诚、宽容大度、坚韧刚强等人性中美的一面。

在我们这个社会，绝大多数都是平凡人，其中许多人看似平凡，却做着不平凡的事情。他们甘当人梯，淡泊名利，对工作兢兢业业，尽忠职守。正是这些无名英雄和幕后英雄，才是社会的脊梁，推动着时代的前进，他们的精神和品格也同样应得到世人的尊敬和爱戴。

我们初到加拿大的那些年，尽管有许多不如意，可我们很少抱怨。我们一边脚踏实地，将自己现有的工作做好，一边为改善当时所处的状况不断努力，并对所得到的常怀感恩之心。这样不仅为女儿提供了一个宽松、进取的成长环境，也使我们的言行无声地影响着女儿，使她珍惜每一个机会，认真做好眼前应做的每一件事情。这样随着年龄的增长，阅历的增加，她便能一步步理解成功的真正价值和内涵。

父母少功利，多淡泊的健康心态可以给孩子创造一个从容成长的环境，这样孩子的能力、潜力和优势不仅能够得以最大程度的发挥，也使他们距离成功更近一步。

英雄的价值在于其精神力量

成为一个英雄，除靠自身的实力，更靠时势的造就。英雄待时而动，顺势而起。当年许多省的高考状元，都是时代的骄子，才华出众的少年，他们成人后，能成功的又有多少呢？决定成功与否的客观因素天时、地利、人和不是人的能力所能操控，也不以人的意志为转移。英雄的价值在于对人精神和灵魂的提升，而不在于事情的成败！

民族英雄岳飞，胸怀抱国之志，文韬武略，才华盖世，可生不逢时，既遭奸臣抵毁，又遇昏君无韬略胸怀，最后壮士未酬，屈死风波亭，但他的爱国情怀和民族责任感，将永远激励后人。

我们不要过于期待孩子成功，但要着力培养孩子的综合素质，引导孩子善于看准方向，把握时机，在努力争取明显机会的同时，也不要轻易让一些看似不起眼的机会从身边溜走。同时也要告诫孩子学会扬长避短，待人真诚，合作互利，具有敬业精神，既尽力做好现有的事情，又要目光远大、脚踏实地。

也许孩子长大后是一个普通人，但如果他心中有爱，知感恩，有怜悯，勤奋向上，同样能够获得家人和他周围人的尊敬和爱戴，这样的人生不也是成功和美好的人生吗？

中国物理学家和教育家叶企孙先生，生前没有耀眼的光环，走后没有热烈的颂赞，但他是中国物理学界的一代宗师和中国近代物理学奠基人，在二十三位“两弹一星”功勋奖章获得者中，有半数以上曾是他的学生。他的教育思想，他对自然科学的贡献，他高贵的品格，揽天下英才而育之的胸怀则永留人们心中，成为人们为师做人的榜样。

不以成败论英雄，但以是否拥有英雄的良好素质和优秀品德论人生！

培养孩子的意志需要耐心

第五章

第1节

耐心教子　成效显著

“在人生的道路上，如果你没有耐心去等待成功的到来，那么，你只好用一生的耐心去面对失败。”

耐心是在一定程度上的执着，也是一种谋略和休养。

法国文学家巴尔扎克说：“人的全部本领无非是耐心和时间的混合物。”

耐心的多少是决定一个人能否成功的关键因素之一，也是决定父母是否能教子成才的一个重要法则。父母和老师对孩子的耐心越大，智慧就越高，孩子成才的机会也就越多；反之，亦然。

耐心了解与观察　顺藤摸瓜想办法

邻居家的女儿莹莹是个非常可爱、乖巧的小女孩，她从小跟退休的外公外婆长大。由于幼儿园就在离家不远的同一个小区内，加上外公外婆十分疼爱莹莹，莹莹一周在幼儿园也呆不过两天，而且外婆又担心她中午在幼儿园吃不好，便时常在午饭前将她接回家。由于没有在幼儿园受到系统训练，她刚上小学时，很不习惯在课堂上持续坐45分钟，注意力也难以保持集中，因而在学校经常受到老师的批评。她回到家也不敢对爸爸妈妈讲，害怕爸爸妈妈知道后责备她。她爸爸妈妈因孩子刚上学，认为小学课程简单，对孩子不成问题，也就没有留心和过问孩子在学校的学习情况。

莹莹因老师时常当着全班同学的面数落她，便认为老师不喜欢她，心里就不太喜欢去学校，作业也写得潦草并常有错误。遗憾的是老师并没有注意到莹莹内心的变化，不但没有停止在课堂上对莹莹的训斥，还认为她上课不认真听讲，下课不认真完成作业，时常让她站在教室后面，对她进行罚站。由于自尊心受到很大伤害，自信心也因此受到打击，莹莹心里便开始对学校和老师有了几分恐惧和厌烦，下课后也不愿主动和同学们玩，原本一个可爱、快乐的小女孩变得孤独和沉默了。她期中考试成绩很差，其中数学是班里倒数第一。于是老师就将她妈妈叫到学校，她妈妈这才知道女儿在学校的情况，开始每天晚饭后监督她的学习并检查她的作业。

有一天晚上，我们刚吃完晚饭，就听见对面传来莹莹撕心裂肺的哭声。我们以为她家出了什么意外，赶紧放下手中的事情，向她家冲去。莹莹的爸爸为我们打开门，我一进门，就被眼前的情景惊呆了。莹莹的妈妈像拎小鸡一样拎着莹莹的胳膊，边打边数落。莹莹满脸恐惧，大哭不止。莹莹的妈妈见我们进来，气呼呼地将莹莹放下，我赶忙趁机让女儿带莹莹去我们家。

回到家里，我为莹莹擦掉脸颊上的泪水，让她和我一同坐在沙发上。孩子那时眼里仍噙着泪，惊恐未消。

我轻声问她："你喜欢上学吗？"

她摇摇头。

我抚摸着她的头，微笑着问她："为什么呢？"

她的眼泪又止不住掉下来，哽咽着说："老师不喜欢我，我的数学老师一开始就不喜欢我。"

我再次用纸巾给她擦了一下脸上的泪滴，然后问她："你知道老师为什么不喜欢你吗？"

她不再回答，转而大哭道："我想外公外婆，我不喜欢这儿，我要回成都。"

我将孩子抱起，用手轻轻拍她的后背，让她将心中的委曲都哭出来。过了一会儿，她的情绪渐渐平静下来，我便问她："我去和你妈妈商量商量，如果她同意，你可以吃完晚饭后到我家写作业。要是你有什么不懂、不会的，阿姨可以教你，好不好？"

可怜的莹莹，当时只想着如何才能躲避可能再次挨打的噩运，听到我的建议，好像遇到了救星一般，眼里含着泪，带着几分感激，马上点头答应。

我让女儿和莹莹玩，然后到莹莹家向她妈妈谈了我对莹莹的看法和打算，她妈妈听后正在犹豫，她爸爸却欣然应允了。

我带莹莹一个星期后，就发现了孩子的问题所在，孩子关键是内心缺乏自信。她智力很正常，只是写作业的动作有点慢。比如，她明明知道 12 + 4 = 16，但却不敢肯定，在写完 1 后写 6 时，写到一半就停住抬眼看看我。当我微笑着朝她点点头，示意她做的是对的，她才在本子上写上一个完整的 6。在课堂上当老师提问她时，她怕说错挨老师训斥，就有些迟疑。她一迟疑，老师就认为她上课没注意听讲，不会回答，就越发训斥她。老师越批评她，她心里就越害怕，越不敢回答老师的提问，如此反复便形成了一个恶性循环，莹莹和她妈妈的冲突也多缘于此。

在学校受到的一次次伤害，加上妈妈的打骂，使莹莹不再喜欢学校和去学校上学，并逐步产生了厌学情绪，因而在课堂上注意力难以集中，作业时常出错，考试成绩下降。

当一个月后，莹莹的精神状态和学习积极性有明显改善时，她爸爸妈妈也开始意识到造成莹莹问题的原因所在，在改进与莹莹的交流方式和帮助莹莹提高学习效率的同时，也和老师有了更进一步的沟通。后来莹莹一家移民到加拿大，现在在加拿大一所很好的大学读医学院，准备将来做一名儿童心理学医生。

如果当初莹莹的老师能对莹莹多一些耐心，帮助她适应学校全新的生活，莹莹就不会出现上课注意力不集中、不敢回答老师的提问和作业常出错等状况。如果她的妈妈有足够的耐心，以接纳、倾听、分享的方式和莹莹进行有效沟通，了解到她在学校的真实状况，观察她放学后的情绪反应，就能顺藤摸瓜想出办法，帮助莹莹克服在学习中遇到的困难。这样她的学习状况不就可以早点得到改善？她幼小的心灵也不会受到那么大的伤害了。

如果孩子说他不想或不喜欢去学校，不喜欢哪一门功课或考试成绩非正常下滑，那一定是孩子在学习中遇到了困难，在与老师的相处中遇到了麻烦或与家长的关系不够和谐等。这时孩子最需要来自父母耐心的关爱和理解，并在此基础上进行有效的沟通。简单粗暴的责备、打骂，只能使孩子对学习产生抵触情绪，进而还可能发展成厌学、弃学（关于更多相关内容，家长可以参考附录第 3 节《孩子学习成绩下降、厌学、失学浅析 1——缺乏沟通的技巧》）。

耐心生智慧　智慧出办法

“耐心是一切聪明才智的基础。”若父母拥有耐心，往往会有智慧的办法有效引导孩子，使孩子的生命变得丰盈美丽，并感染他周围的人。

朋友的大女儿朵朵在国内出生，朋友在美国完成学业，生活安定后，又生了一儿一女。朵朵比弟弟大八岁，比妹妹大十岁。在弟弟妹妹出生前，朵朵集父母的爱于一身，是爸爸妈妈的掌上明珠。可随着弟弟妹妹的出生，爸爸妈妈忙于照顾年幼的弟弟妹妹，对朵朵的关注越来越少，为此朵朵心里便生出几分失落感。她多次向爸爸妈妈提出抗议，爸爸妈妈也做出一些相应的改进，但仍不能让朵朵满意。为了发泄内心的不满，朵朵常趁爸爸妈妈不注意时，找机会将弟弟妹妹弄哭。

针对朵朵情绪的变化和她对弟弟妹妹的行为，朵朵的妈妈都看在眼里，她并没有因此训斥朵朵，而是开始思考和调整与朵朵相处的策略。这位耐心的母亲一方面主动找机会和朵朵沟通，向朵朵表明她仍像过去一样爱她，一方面设法让朵朵和自己一起照顾弟弟妹妹，以增加她和朵朵在一起的时间。

首先，妈妈让朵朵帮忙给弟弟妹妹洗澡。起初朵朵不太情愿，可当朵朵看到坐在浴缸里的弟弟妹妹如此可爱，以及两个小家伙玩水的兴奋时，朵朵便有了几分兴致。于是妈妈趁机告诉她，当初妈妈给她洗澡时的情景，朵朵听后忍不住乐了。从此每逢给弟弟妹妹洗澡，朵朵都主动过来给妈妈帮忙。当朵朵给弟弟妹妹洗完澡，用浴巾将两个小家伙包好，再抱他们到床上的那几秒钟，小家伙余兴未尽，在她怀里手舞足蹈。在给他们穿衣服、垫尿垫时，他们又带有几分调皮。这给朵朵带来了以前从未体会过的快乐，这其中也有几分做姐姐的成就感。

朵朵的妈妈为此受到启发，她再接再厉，一步步耐心训练朵朵给弟弟妹妹喂饭、换尿布、陪弟弟妹妹做游戏等，同时也给朵朵一定的权力管理弟弟妹妹。她告诉两个小家伙，爸爸妈妈不在家时，一定要听姐姐的话。当两个小家伙为争夺同一个玩具而打闹或从外面回来不洗手就抓点心吃时，朵朵就开始行使做姐姐的权力来管教他们。妈妈看着朵朵的进步，喜在心里，同时也尽量找机会让朵朵能够完全放松。

周末全家一起去湖边时，妈妈陪弟弟妹妹在沙滩上堆沙子，让朵朵和爸爸去游泳。

朵朵在参与和妈妈一起照顾弟弟妹妹的过程中，体会到父母的辛苦，认识到父母是和过去一样爱她，只是弟弟妹妹年幼，需要父母更多的精力和时间照顾、陪伴他们。她虽有付出，但弟弟妹妹回报给她的是尊敬、信任和浓浓的手足之情。每次爸爸将他们从幼儿园接回家，两个小家伙一进门就高兴地喊妈妈和姐姐。不知不觉中，朵朵渐渐变得懂事和善解人意了，她不仅努力学习，在学校成绩优秀，还主动为爸爸妈妈分忧，帮助他们照顾弟弟妹妹。

有一次，我们几家一起度假，朵朵一手拉着弟弟，一手牵着妹妹，进餐时更是彼此相互照顾。两个小家伙对姐姐的依恋之情，朵朵对他们的呵护疼爱，让我们这些坐在旁边的大人都十分感动。当一位叔叔问两个小家伙长大后想做什么，两个小家伙竟不约而同地回答："做姐姐。"虽然孩子无邪的回答逗得众人大笑，但却由此看出姐姐在他们心里的份量，同时也是他们心中的榜样。

朵朵妈妈对朵朵耐心智慧的引导，不仅使她的家被爱和亲情所环绕，也为朵朵以后生活的自立和未来经营自己的家庭打下了坚实的基础。

耐心多一点儿　孩子飞高点儿

当孩子犯错误时，父母要有耐心允许孩子犯错误，使孩子在犯错、知错、改错中得以成长，同时也要帮助孩子总结犯错误的原因，以期达到少犯或不犯同样错误的目的。

女儿上小学三年级时，从国内来的一位朋友送给女儿一套头上带有十二生肖的彩色铅笔。女儿将这些铅笔带到学校的当天，就被一个叫安的小女孩借走。安说她想给她的弟弟和妈妈看看中国的十二生肖是什么样，女儿爽快地借给了她。

本来安答应第二天早上就还给女儿，可安拖了一周，也只还回女儿 3 支。更让女儿有点生气的是，安对另一个小女孩说，她本来就没打算还给女儿，因为她太喜欢那套彩色铅笔了。

女儿为此有几分烦恼地对我说："如果安真诚地告诉我，让我知道她实在很喜欢那套彩色铅笔，我可以送给她，可她却用了一个欺骗的办法，将我的大部分彩色铅笔拿走。"

我听后，并没有责怪她不该将新铅笔带到学校，因为在学校上课，学校提供学习用品，也没有心急地告诉她下一步要怎么做。

我蹲下身来，抚摸着女儿的头发，笑着对她说："宝贝，她是你的同学，当她表示想借你的彩色铅笔给她弟弟和妈妈看，帮助他们了解中国文化时，你借给她，说明你对同学友好大方，你没有错。"

我略停了几秒钟，将她的手轻轻拉过来，和我的手握在一起，接着说："她虽然是你的同学，可你并没有和她具体合作过，你不了解她，不知道这是一个小小的圈套，错不在你。但以后如果你还借东西给她，你就可能会再犯同样的错误，那就是你不对了。每个人都会犯错误，但要总结经验，尽量不犯同样的错误。"

女儿听了我的话，若有所思地点点头。

后来女儿告诉我，英文里也有一句相应的话："第一次被朋友欺骗，错不在自己；若第二次被同样的人欺骗，错在自己。"看来，女儿还是从儿时的成长经历中，总结经验，一步步成长。

"伟大的工作，并不是用力量而是用耐心去完成的。"养育孩子，何尝不是如此呢？父母耐心多一点儿，孩子就能飞高点儿。

父母耐心够　孩子可造就

在现实生活中，我们时常发现人们对自己所爱的人，往往耐心不够，可谓是“爱之深，恨之切。”究其原因，是过于期望自己所爱的人能够达到自己的期望值。

许老师在高中教数学，同时也是一个班的班主任。有一天他找到我，十分烦恼地对我说：“我班里不少学生的学习成绩都不错，学生们也很喜欢我，可我儿子的学习成绩却很一般，并且和我的关系也不好。”

我听后问他：“如果你的学生学习出现问题，你怎么办？”

他马上回答：“先找学生谈谈，找出原因，指导他改进，必要时请家长配合。”

我又问；“要是你儿子学习出现问题，你怎么处理？最好给我一个具体真实的例子。”

他想了想说：“就以英语课为例吧，我儿子英语期中考试没考好，老师上课讲解试卷时，他又不专心听，和同学说话，老师很生气，下课打电话告诉了我。我当时很恼火，就在课间找到他，狠狠批评了他几句。”

我问他：“结果怎样？”

他带有几分郁闷地说：“回到家不理我，我想和他再谈谈，他将房门砰的一声关上了。”

我换了一个话题问他：“如果你的教研室主任，对你做的某项工作不满意，并告诉了校长。校长知道后很生气，将你叫到他的办公室，不顾办公室还有其他老师在场，也不问缘由，见到你就批评你，你怎么想？”

他不假思索地回答：“肯定很生气。”但话音一落，他就意识到自己正是那样对待儿子的，于是充满懊悔地说："唉，我那样做，真是很伤害儿子！"

可过了几秒钟，他又满怀忧虑地问我："我对我的学生很有耐心，可对儿子却没有那么多耐心。我太太多次批评我，我也想改进自己，可一到具体事上，我还是控制不了自己，您说这是为什么？我该怎么办呢？"

听了他的话，我忍不住笑了，并没有直接回答他的问题，而是真诚地对他说："老师对待学生，能够保持理性，因为学生能否学好，将来能否有成就，并不直接关乎老师的切身利益，只要尽一名教师当尽的责任，心里也就踏实了。可是对自己的孩子，心里太希望孩子现在能学好，将来能有所作为了，于是便常常会操之过急，少了应有的耐心，多了几分'恨铁不成钢'的情怀。致使有时对孩子说出的话言不由衷，刺伤了孩子的自尊心，使孩子失去了应有的自信和追求上进的动力。"

他听了马上带有几分激动地大声说："您可说到要害之处了！我要反省自己，调整心态，改进和儿子的沟通方式。"

许多出色的中学老师，可以培养出优秀的学生，但却不能教育好自己的孩子，造成这一问题的根源是爱子心切，将孩子的未来和自己的幸福紧紧捆绑在一起，并由此引发的对孩子缺乏应有的耐心。

父母耐心够，孩子可造就；父母耐心不够，恐怕只有"恨铁不成钢"的叹息了。

孩子和父母是一种缘分

女儿上大学后，每次在机场目送女儿远去的背影，我都百感交集。真恨不得时光能够倒流，让我有机会再多爱爱她、多疼疼她。而今我在写这本书时，许多情景仿佛犹在眼前。多么感谢女儿曾带给我的许多快乐时光，多么感谢女儿那天真无邪的眼神给我许多人生的感悟，多么感谢女儿因生她、养她、教她，使我成为一个完整的女人，并和她共同成长！

孩子和父母是前生的缘、今生的分，父母能和孩子在一起的时光其实很有限，孩子依恋父母的时光更短。做为父母，如果一味追求培养孩子的成功，而缺少对孩子富有耐心的理解、包容和引导，失去在孩子成长过程中应得的天伦之乐，即使孩子将来很出色，这段难得的共处时光对每个家庭成员来讲都是残缺的。如若如此，人生岂不有很大缺憾？

愿天下父母在养育孩子的过程中，能多几分耐心。当你有耐心时，就会倾听孩子，理解孩子，有智慧发现造成孩子问题的根源所在，找到适合孩子的教育方法，并能逐步培养孩子的自制力、心理承受能力、勤奋与执着等综合素质，使孩子阳光快乐成长。

第2节

自制力不可少

诗人但丁说："测量一个人的力量大小，应看他的自制力如何。"

自制力是指人们自觉控制自己情绪和支配自己行为的能力，它帮助人们抑制妨碍达到人生奋斗目标的生理和心理因素。"能控制住自己的人，才能掌握自己的命运。"

人若有所成 要有自制力

人的情绪往往容易倾向于暂时的满足，自制力差的人更是看重眼前的利益和享受，而不能顾及长远大局。在很多时候，诱惑就像盛开的罂粟花，美丽而芬芳。它婀娜多姿，向你含情招手，使你不顾一切地去追求它。可常常不幸的是，在你得到它之时，也是你陷入深渊不能自拔之日，随之而来的是灾难、痛苦和懊悔。自制力可以帮助人们抵御诱惑，它"是人生的方向舵，使你的人生之舟避开暗礁、漩涡，永不覆灭。"

自制力属于意志的范畴，是衡量一个人价值尺度的重要因素之一。自制力强的人，往往意志比较坚强，在利益和诱惑面前不轻易为之所动，勇于放弃，能理性地把握自己，坚持不懈地追求自己的人生目标。

人若有所成，要有自制力。一个人若想拥有美好的人生，并在某一领域有所作为，自制力是必不可缺少的素质。

自制力的反面是任性。任性的人往往根据自己个人的需要和愿望而不加以克制自己的秉性，放纵而不约束自己的思想、语言和行为。在现实工作和生活中，任性的人大多不愿听从和采纳别人有价值的建议和意见，不易与他人相处与合作，不仅难以在某一领域有所建树，有时还因此给个人、家庭和社会带来很大损失。

20 世纪六十年代，美国斯坦福大学沃尔特·米歇尔教授以 4~6 岁的孩子为对象，进行了一项棉花糖实验。

教授将孩子们安排坐在放好糖果的桌子前，然后告诉孩子们："我要出去一会儿，15 分钟之后才能回来，你们可以随时把糖吃掉。但你们当中，如果有谁能在老师回来之前忍住没有吃糖，那么我回来之后，就会再奖励他一颗糖。"

若干年后教授发现，不论是在学习成绩，还是与同龄人相处的能力，以及在个人自我成长方面，当时忍住的孩子都比没忍住的孩子好很多。

自制力是在日常生活和社会活动中逐步加以培养和建立起来的一种个人素养，它不是与生俱来的。父母对孩子言行的规范和引导，良好学习和生活习惯的培养，是一个人自制力形成和发展的关键，尤其是在孩子学龄前。

不合理的要求哭也不行

孩子在婴儿时就知道用哭表达让妈妈喂、让妈妈抱等意愿，等他们一点点长大，发现哭是对付父母的有效“武器”时，便会设法将这一“武器”的作用充分发挥。

为了制止孩子以哭闹为手段，期望达到满足其不合理要求的目的，家长要从孩子能够听懂大人的话开始，就给他讲明道理，让他知道为什么他的要求不合理，不合理的要求不能被满足。否则就是对他不负责任，不真正爱他，真正的爱是对他未来负责任的爱。

假如孩子在商场，向父母要求购买相似的玩具，父母可以这样对孩子说：“宝贝，我知道你很喜欢这个玩具，可我们家已有类似的玩具了，没必要再买。”

如果你当时没有这个预算，也可以坦然告诉孩子：“宝贝，我们今天实在没有这个预算，你如果真的需要，可以回家告诉我们理由，我们商量后再决定。”

如果父母给他讲明道理后，他还是哭闹，父母在这个时候一定要保持理性，不要迁就，但要用接纳和共情的方式与孩子进行沟通：“宝贝，我知道你很难过，可在商场哭会打扰别人，我抱你到一个角落里哭，好吗？”同时用身体的触摸让孩子感受到父母的爱，比如轻轻抚摸孩子的头发，拍一拍孩子的后背，亲亲孩子的额头等。

等孩子内心恢复平静，认识到不合理的要求哭也没有用之后，多会自己止住哭。大人这样按原则执行几次，效果就会很明显，但千万不要以恐吓、暴力的方式对待孩子，使孩子内心的安全感流失，造成孩子与父母感情的疏离，以致后来对父母正面的管教产生抵触情绪。

有时候，孩子看似不合理的要求背后也许另有隐情，比如父母工作忙或家里添了老二等，陪伴孩子的时间减少或质量降低，致使孩子内心的安全感不足，于是便想通过哭闹使父母满足他不合理的要求，来证明自己被爱、被重视等。

父母要用心理解和关心孩子的所思所想，以接纳、倾听、共情的方式与孩子进行有效沟通，并在此基础上规范和引导孩子的行为，以免这件看起来很小的事情，家长未能正确处理，导致孩子长大后固执任性，缺乏应有的自制力。

管理时间的技巧

很多孩子在上幼儿园大班时，老师就开始不定时地给孩子布置些游戏、智力开发式的作业。在上钢琴、小提琴、绘画等课的孩子，老师在每次上完课之后，也常常会给孩子布置一定量的家庭作业。做为父母，这时候就应该帮助孩子建立把握事情轻重缓急的能力，让孩子知道什么是需要在某个时间一定要完成的，什么是在其它任何时候都可以做的。

我们当时告诉女儿，健康永远是第一位的，学习是第二位的，其它都是第三位的，然后帮助她安排休息、体育活动、写作业、玩游戏、看电视、和小朋友玩等的时间和先后顺序。如果女儿做的不好，我们也不责备她，只是适时地提醒、耐心地帮助她。当女儿的表现有所改进后，我们便及时给予她适当的表扬和鼓励。

这样一步步循序渐进，女儿的自制力和安排时间的技巧就慢慢提高。我们对女儿幼儿时期这一良好习惯的培养，其效果在她上学后便明显地表现出来，使我们在她以后的学习生活中十分省心，从未督促、过问过她的作业，除非她有问题需要我们的帮助。她总能提前安排好她的学习时间，按时、高质量地完成作业，并拥有充足的睡眠，合理的体育锻炼、娱乐和社交等。这也是为什么有人向我们请教教育女儿的经验时，我先生总是调侃地说："放羊，给她充分的自由。"

有位年轻的妈妈烦恼地告诉我，每到周日晚上，她都要为女儿做一个时间表，上面写明周一到周日每个时间段的安排，并打印出来，贴到餐厅对面的墙上。她每天监督女儿写作业、练钢琴、看电视等，每做完一件事情，她就让女儿在表格上画一个钩。可女儿已经三年级了，还是没有时间概念，不催她她就不去写作业。

听了她的话，我不禁哑然失笑。她为孩子如此周到的安排，孩子还会认为写作业、练钢琴等是她自己的事吗？当然不是，那是妈妈的事！她为孩子制定了那么详尽的时间表，规定孩子每个时间段要做什么，孩子哪有自主安排时间的机会？一个只能机械地听从妈妈指令的孩子，别说她现在才三年级，就是高中毕业，也难以学会安排时间的技巧，知道什么是轻重缓急。

有的家长早上连叫孩子几遍，孩子仍赖在床上，于是便不得不走上前去，将孩子从床上硬拽起来。孩子早餐没有吃完，就草草出门，一家人也因此吵吵嚷嚷，不知如何是好。

其实造成孩子这一状况的根本原因和上面谈到的那位妈妈一样，是家长过于“负责”，而孩子没有机会认识到合理安排作息时间、按时起床是他自己的事。

给孩子一个闹钟，让孩子自主管理时间，承担失误的后果。但如果他因迟到而被老师批评或处罚，回到家后，家长千万不要再训斥他，而是要用接纳、倾听、共情的方式与孩子进行及时有效的沟通，并将解决问题的权力和机会留给孩子，帮助和引导孩子一步步改进（关于这一点，家长可以参考附录第 3 节）。

不能以自我为中心

现在大多数家庭只有一个孩子，孩子是家里的小太阳。尽管现在物质生活已十分丰裕，可有的孩子在家里，凡是他喜欢吃的东西，都不许别人动；他喜欢吃的菜，也要放在自己面前，不想让别人多吃。孩子这样做，有的家长不但不警觉，反而觉得孩子很可爱。可孩子的这种行为，如果家长不及时纠正，长大后就很容易演变成自私、自我中心，甚至唯我独尊，在生活和工作中难以和他人相处与合作。

为了让女儿从小知道尊敬父母，认识到她与别的家庭成员一样都是平等的个体，我们从一些小事着手。

由于深圳的夏季炎热，我们那时几乎每天晚上都吃西瓜。有一次我先生发现，我给女儿准备的那一份西瓜，全是中间最甜的那一部分时，坚决制止了我，并告诉我这样做会使孩子滋生唯我独尊的心理。

我先生切西瓜时，故意切一份大一点的，让女儿送给我，并笑着对她说："妈妈又上班又做饭，很辛苦，我们给她一块最大的，好不好？"女儿听后点点头，高高兴兴地将装着一块最大西瓜的盘子递给我。

有一次，一个在北京工作的朋友为我们空运了一箱北京桃子，每个人都很喜欢。尽管那时还很难在深圳买到新鲜的北京桃子，我们也很想留给女儿一个人慢慢吃，但为了使她长大后懂得尊重他人，明白与人分享的道理，我们还是每天晚饭后，大家一起吃。

我们对女儿幼儿时期这一平等意识的培养，使她随着年龄的增长，逐步认识到无论对家人还是朋友，都应该尊重对方，不能遇到事情只为自己着想，为她日后与人友好相处打下了良好基础。

一位幼儿园小班老师告诉我，她班里的小朋友冬冬在幼儿园算是一个不错的孩子，入园后很少哭闹，可让老师操心的是他经常一个人跑到楼梯口躲起来。老师先和冬冬的父母交流，然后又仔细询问冬冬，才了解到其中的原因所在。原来，冬冬进幼儿园之前，爷爷奶奶和外公外婆四位老人一起照料他。他在老人面前，俨然是一位高高在上的"司令官"，老人随叫随到，言听计从。可到了幼儿园，老师不可能时刻都将注意力集中在他一个人身上，他因此便感到十分失落，于是便用“逃跑”的方式，期望引起老师对他的关注。

处处将孩子放在首位，事事以孩子为中心，难免让孩子自我中心意识逐步膨胀。小时候难以适应幼儿园和学校生活，长大后更难以适应社会，与他人和睦相处，这对孩子是爱还是害呢？

没有安全意识可不行

“天有不测风云，人有旦夕祸福。”人生旅途充满险恶，为了避免孩子将来可能遭遇到意想不到的灾祸，从小培养孩子的安全意识，对那些危险、不安全、可能造成人身伤害的因素，让孩子在小的时候就知道警觉，具有适当的防范心理和知识，就显得越发重要。

在女儿刚会走路时，我便开始用她能听懂的语言和她能明白的简单示范，让她知道有的东西如电源插头、电灯、电线、煤气开关等不能碰，否则就很危险。等她再大一点，就慢慢告诉她，打雷时不能站在树下面，火柴、打火机不能玩，否则就可能造成火灾，危及生命安全。过马路时，不能着急，要两边看，先左后右。幼儿园放学时，如果我们不能去接她，一定会在头一天晚上告诉她谁将会去接她。否则，就是她认识的叔叔阿姨去接她，也决不能跟他（她）走。

女儿两岁半时，曾被送到一家离我们家不远的私人托儿所。在去那里的第三天，她就趁老师不注意，一个人跑回了家。那家托儿所和我们当时居住的小区中间隔着一条很大的马路，我们小区的住宅楼之间还有几级台阶，可她却凭着记忆一个人摸回了家。幸亏那时社会治安尚好，没有出任何意外。鉴于她那次的经历，我们格外叮嘱她，万一我们去接晚了，也一定要耐心地坐在教室里等，不能趁老师看不见，自己跑到院子里玩或跟住在附近楼栋小朋友的家长走，以免造成难以预见的后果。

我们还告诉她，你的个头小，从幼儿园的楼梯下楼时，宁可慢一步，也要避开小朋友们的拥挤，以免被推下楼梯，造成摔伤或被踩伤的后果。在幼儿园，要学会对小朋友谦让，不要和小朋友争抢玩具，尤其是剪刀、铅笔之类的东西，要格外小心，以免伤着别人或自己，特别是眼睛，要更加注意保护。

这些小小的规范，既帮助女儿从小就能够意识到安全的重要性，长大后对安全更加重视，又在一定程度上培养了女儿的自制力，凡事多了几分耐心和宽容。

健康饮食很重要

在我年幼时，父母对我健康饮食的教育和良好饮食习惯的培养，使我成年后受益良多，加之我先生也有很强的健康理念，我们从女儿三岁开始，便向她逐步灌输有关健康饮食的知识，帮助她建立健康饮食的概念和培养她良好的饮食习惯。

我们首先告诉女儿，吃饭的目的主要是为了身体的健康，其次才是味道、口感的享受。没有合理营养价值的食品，味道再好也不要多吃。具有合理营养价值的食品，只要身体需要，有益于健康，即使不好吃，也要吃够身体所需要的数量。同时，我们规定她不能挑食、偏食，妈妈做什么她就要吃什么。在日常生活中，我们一再强调，无论在什么时候，什么情况下，身体的健康总是第一位的。如果一个人没有强健的身体，即使他勤奋、努力、聪明，也很难拥有美好的生活质量，而健康的饮食是拥有一个健康身体的基础。

五颜六色的糖果和果冻，美味的巧克力和冰激凌，各种精致的小点心和蛋糕，对大多数年幼孩子都具有很强的吸引力，对我女儿也不例外。为了让她的身体能够得到合理的营养和培养她良好的饮食习惯，我们除控制这些食品的购买量，规定她饭前一个小时内不能吃零食外，更重要的是让她知道这些食品对身体的作用和影响。

那时我们家订了两本健康杂志，每看到与儿童饮食和健康有关的文章，我就让她坐在我身边，我读给她听，让她了解那些美味食品里的成份和添加剂在身体里的相互作用，以及它们对健康造成的不良后果等。有的文章里还刊登着肥胖儿童的照片，告诉读者孩子因肥胖而造成的疾病，这些疾病给本人和家庭带来的不便、压力和痛苦等。那些知识她当时很难听懂，可类似的信息被反复强调，便使她渐渐明白了有些食品不能多吃，吃多了会“害”她，会让她变胖，变得不好看，还可能会生病。于是她就能慢慢自觉、主动控制自己对那些美味食品的喜好了。本来爱吃的果冻，她后来每天只吃两颗。平日很喜欢的冰激凌、巧克力、小点心等，也逐渐少吃了。以至后来我只告诉她一次肥肉吃多了不健康，本来她很喜欢肥肉香软的味道，从此再也不多吃了。

有一天早晨，我从广播中听到一则新闻，说美国有些十几岁的肥胖少年，他们的心脏质量就像五十多岁人的心脏，听后真的感到有几分不寒而栗。我们国内由于人们生活水平的提高，物质的充裕，肥胖儿童也日渐增多。我们做为父母，一定要警觉起来，在提高自己健康意识的同时，也要帮助孩子建立良好的饮食习惯。

在女儿幼儿时期，我们帮助她建立的健康饮食观念，对美味却不健康食品的自制力，为她后来的生活带来了积极有效的影响。女儿不偏食，也很少挑食，适应性较强，而且热爱生活，喜欢烹饪，东西方食品都愿意尝试。

她在加拿大上小学和初中时，几乎每个月都有同学的生日聚会。为了庆祝孩子的生日，家长除准备正餐、生日蛋糕、水果外，也准备很多薯片、冰激凌、鲜炸薯条和各种有色饮料等孩子们喜欢吃、喜欢喝的东西。女儿告诉我，每当同学大吃大喝那些不健康的食品和饮料时，她便吃水果，特别是苹果，可以慢慢吃，消磨时光。

培养孩子健康的饮食习惯，不仅有益于孩子身体的健康，也有益于孩子自制力的形成和长大后的修身养性。

此外，也要让孩子养成饭前洗手的习惯，以免病从口入。

控制孩子对相似物品的需求

现在不少孩子，特别是有些家境较好的孩子，对钱的价值缺乏认识。他们只知花钱，却不知如何让钱花得有效，更缺少节俭意识。造成这种结果的很大一部分原因，是孩子在幼儿成长过程中，父母没能理性地把握和控制好孩子对物品的需求，尤其是对相似物品的需求。

有些家境较好的孩子，拥有许多相似的玩具。每到商场看到一个新款的玩具，尽管这款玩具和家里已有的玩具很相似，但还是向爸爸妈妈索要。爸爸妈妈为了让孩子高兴，也是有求必应。可玩具买回家后，这个新玩具并没有给孩子带去多长时间的快乐，孩子玩几天之后，也就不再喜欢，放在一边了。家长只顾孩子一时高兴，可你们是否想过，当孩子所有的要求都能轻易地从父母那里得到满足，久而久之，孩子还有强烈的进取之心吗？

雨琦和丈夫来美国留学时，女儿刚刚四岁。那时夫妻俩忙于攻读学位，加上经济拮据，既没有太多时间陪伴女儿，也没能给女儿买一些时尚的玩具和学习用品，对女儿颇有愧疚。儿子出生时，他们的情况已大为改善，工作稳定，收入也颇高。为了弥补养育女儿的遗憾，他们对儿子极尽疼爱，有求必应。夫妻俩常对邻居朋友说，他们要给儿子提供最好的资源，中国孩子有的儿子要有，美国孩子有的儿子也要有。可女儿高中毕业后以优异的成绩考入芝加哥大学，儿子在学校的学习成绩却总在 C 徘徊。

妈妈有时实在着急，问儿子：“儿子，下次能不能加把劲考 B？”

儿子耸耸肩，安慰妈妈说：“妈妈，C 已经不错了，是平均成绩，还有一半同学不如我呢！”

孩子在成长过程中没有缺憾，只要对父母开口，就能得到自己想要的东西。那么，他还有几分动力去奋斗和追求他想要的生活呢？

在美国和加拿大的一些中国留学生，到餐厅用餐时点一大桌菜，吃了不到一半就潇洒离开，让餐厅老板都感到汗颜。在西方的价值观里，浪费是一种可耻的行为，因为在这个地球上还有很多人在挨饿。还有的孩子聚在一起不是为了在学业上相互帮助，而是彼此攀比，更有孩子为满足虚荣心，不惜以牺牲自己的尊严为代价。孩子这些不良行为的背后，都有其成长的足迹和父母有不可推卸的责任！

父母对孩子物质上的纵容，一是使孩子长大后很难体会父母的辛苦、挣钱的不易，也不知道如何用钱，才能使钱的使用效率更高；二是可能会导致孩子长大后对物质要求的欲望过高，甚至产生贪欲。当用正常手段无法满足这种欲望时，这个欲望就可能会引他步入歧途。

三国时期蜀汉丞相、杰出的政治家、军事家诸葛亮在《诫子书》中谆谆告诫儿子：“夫君子之行，静以修身，俭以养德。非淡泊无以明志，非宁静无以致远。”

有效地帮助孩子控制对玩具、衣物等相似物品的需求，这一看起来在生活中似乎是一件不大的事，但却很有助于对孩子未来“淡泊明志”的培养。

随着女儿年龄的增长，上学后接触的同学具有不同的教育、文化和家庭背景，我们对女儿自制力的培养也逐步拓宽并引向深入。

近朱者能赤　近墨者不黑

几乎每个中国人都知道“孟母三迁”的故事，这个故事一是说明孩子很容易受外界环境因素和周围其他人行为的影响；二是告诉我们孟母很有智慧，知道要对孟子采取“因材施教”的培养方法，才能有效挖掘孟子巨大的学习潜力。当她发现孟子的模仿能力很强，具有主动学习他自己没有的技能这一特点后，就为孟子找到了一处最适合他特点的居住地安家，使他能够学到更有价值的知识。果然，孟子天资聪颖，好学上进，后来成为我国古代著名的思想家和教育家。

在现代社会，搬家不是每个家庭都能轻易做到的，也不是对每个孩子都合适的办法，况且再好的学区，也有差孩子，再不好的学区，也有好孩子。

当孩子年幼时，父母要用心观察孩子每个朋友的个性和言行，帮助孩子认识到哪一个朋友具有他应该学习的优点，例如孝敬父母，在家主动帮父母做家务，自觉完成作业，性格开朗，待人随和等，鼓励孩子多和这样的朋友交往，并学习他们的长处。如发现哪个孩子爱打架，不爱学习，在家里缺乏管教等，就提醒孩子与这样的朋友在一起时，不要受这些不良行为的影响。

当孩子进步时，给予适当的表扬和鼓励，当孩子行为不妥时，给予及时的提醒和纠正。这样随着时间的推移和孩子心智的发展，孩子便逐步具有明辨是非的能力，一步步学会“近朱者能赤，近墨者不黑。”这不仅有助于孩子自制力的形成和发展，也使孩子和家长之间的关系更加融洽。

对待孩子的朋友，一定要真诚友好，一视同仁，切忌不要强迫孩子与某个朋友断交，以免孩子产生逆反心理，背着你偏和他玩。这样，不仅不能帮助孩子做到“近朱者能赤，近墨者不黑。”反使孩子内心和家长产生隔阂，为对孩子以后的教育设下一道无形的障碍。

要控制好自己的情绪

我们经常从邻居、同事、电影、或电视剧中听到这样的话：“某某某被她儿子气的心脏病又复发了，某某某被她老公气的血压又高了”等等。一直以来，我们都认为让某某某生气是“那个人”或“那个事”的错。可在美国，一个小学二年级的孩子会告诉你，如果你生气，错在你自己，是你没有管理和控制好自己的情绪。“那个人”或“那个事”只是一个动因，你要有能力去控制那个“动因”对你情绪的影响，否则是你自己的错。

有一天，去朋友家聊天，朋友正在为下一个周日去教堂弹琴的事而烦恼。原因是主持人给她两首歌让她下周日弹奏，但却只给了她歌词，并没有给她乐谱。主持人让她到网上去听听这两首歌，然后将曲谱写下来，周日弹奏。她虽会弹钢琴，但并没有专修过音乐专业的课程，很难听几遍歌，就能将乐谱写下来，于是心理就有几分懊恼，觉得主持人这样要求她，标准有点偏高，对她有欠理解。

她 7 岁的女儿听到妈妈在给我们讲述这件事时，显得不太开心，便走过来安慰她说：“妈妈，你不该为这样的小事生气。你的任务是弹琴，主持人的任务是选歌。他将歌选好后，应该将歌词和乐谱一同交给你。他不给你提供乐谱，那是他的问题。他给你建议的那个办法，你做不到，就应该尽快告诉他，让他知道你没有能力听几遍歌，就能将乐谱写下来。如果你将你的情况告诉他之后，他仍不给你提供相应的乐谱，你可以选择不弹。你这样做造成的后果是主持人的责任，错不在你，你的责任仅仅是弹琴。你生气是你的错，他并没有让你生气，你生气是因为你没有管理和控制好自己的情绪。”

我们4个大人被眼前这个7岁小姑娘的一席话“震”住了！她也看出了妈妈脸上流露出的惊讶，以为妈妈没有完全听懂她刚才所说的话，于是又进一步对妈妈解释说：“就像上次我和弟弟吵架，你生气也没必要。你如果认为我们做的不对，你可以选择惩罚我们，但你没有，而是选择了生气。你要学习管理、控制好自己的情绪，不要让某个原因或别人的错误误导你的情绪。”

这哪里是在听一个7岁小女孩的讲话，分明是在听一堂大学心理学教授的讲课。吃惊之余，我忍不住问她：“你这是从哪里学来的专业心理学知识？”

小女孩耸耸肩，潇洒地说：“是老师告诉我们的，也是人人都该知道的！”

一个7岁的小女孩就知道如何把握和控制自己的情绪，家长还有必要担心她长大后会做出失去理智的事情吗？如果家长期望孩子拥有管理情绪的能力，是不是要首先管理好自己的情绪？

对孩子自制力的培养，也是对孩子一种良好习惯的培养，需要父母长期耐心的付出。它是一个持续不断、循序渐进的过程，不是一次就能够完成的，但从孩子越小开始，就越容易，并且效果越好。

英国哲学家、思想家、作家和科学家弗兰西斯·培根，一生成就斐然。谈到习惯，他深有感触地说：“习惯真是一种顽强而巨大的力量，它可以主宰人生。因此，人自幼就应该通过完美的教育，去建立一种好的习惯。”

由于每个孩子的特点和成长环境不同，培养孩子自制力的方式和方法也不尽相同。只要父母本着耐心与爱，以理解、平等、尊重为基础，着眼于孩子的未来，就一定能找到适合培养自己孩子自制力的有效方法。

第3节

笑渡难关

著名华人企业家李嘉诚先生说："所谓成功，并不是看你有多聪明，也不是要你出卖自己，而是看你能否笑着渡过难关。"

一个人身处逆境之中，面对打击、挫折、失败等不利因素产生心理压力时，能否笑渡难关，取决于他的适应力、忍耐力和自我调节能力，也就是我们常说的心理承受能力。

在人的一生中，除了极少数非常幸运的人，绝大多数人都经历过大小不同的挫折和失败。尤其是现代社会，知识老化加速，生活节奏加快，工作竞争加剧，年轻人需要承受的压力越来越多。同样的压力，为什么有的人能够泰然处之，战胜困难，一步步实现自己的人生目标，而有的人却沮丧、失望，甚至产生绝望情绪，以至轻易结束自己的生命呢？造成后一种状况的原因，除缺乏自信心外，心理承受能力不够强也是一个不可忽视的因素。

少年吃苦锻炼毅志

如果一个人在年轻时，有机会吃些在他承受能力范围之内的苦，是命运对他特别的恩赐与眷顾，也是他的福气和造化。

“自古英雄多磨难，从来纨绔少伟男。”如果一个人少年时经历过一定的艰苦磨练，在成年之后往往心理素质比较好，承受能力也相对较强，在遇到挫折或失败时能很快冷静下来，然后分析原因，总结经验，再次寻找新的契机。这样的人也许可能没有过人的天资，但成功的机率却相对较高。

有些从小天资聪慧，学习成绩优秀，在父母、老师、亲友的赞扬声中长大的孩子，心理承受能力往往不够强。当他们遇到打击，遭受失败时，很难再像从前那样自信，于是便看不到自己的优势，并将眼前的不利因素无限放大，甚至走极端。事实上，“退一步海阔天空”，脚下的路很多，可他们由于在过往的路上一直是所向披靡、无往而不胜，没有机会经历过失败，品尝失败的滋味，在心理上就很难承受暂时的失败，更不愿后退一步，另辟蹊径。

前些年在北美自杀的几位同胞，他们之中有的曾是当年某省的理科高考状元，有的曾是奥林匹克竞赛的前三名。这些原本出色的人才，本该拥有高质量的生活和成功的人生，可不幸的是，由于他们缺乏一定的心理承受能力，非但没有能过一个普通正常的人生，反而轻易结束自己年轻宝贵的生命，伤及所有他爱和爱他的人！

有些事业成功的父母，尽力为孩子提供一切方便，他们认为：“我们小时候吃了许多苦，现在有实力了，决不让我们的孩子再吃这些苦。”

他们可曾想过，他们这样做，事实上是在剥夺孩子当走那段人生之路的权力，体会得与失、苦与乐多彩人生的机会？他们可曾想过，正是他们昔日曾经经历过的磨难，才使他们日渐坚强忍耐、奋发向上、脚踏实地，方有今日的成功？他们可曾想过，在孩子未成年时，他们尚有能力不让孩子吃苦，可他们能保证孩子长大后，社会也不让他吃苦吗？他们能将孩子永远放在自己的保护伞下、为孩子遮风避雨吗？

如果孩子年少时没有机会品尝苦的滋味，不具备一定的心理承受能力，等孩子成年后，同样的苦对他来讲，苦的滋味可能要加倍。到那时，他是否还能承受得住呢？

英国著名诗人雪莱说：“如果你过分珍爱自己的羽毛，不使它受一点损伤，那么你将失去两只翅膀，永远不再能够凌空飞翔。”养育孩子，又何尝不是如此呢？

贵在参与　不在输赢

在女儿的幼儿成长时期，我们尚无意识培养她的心理承受能力，只是本着爱与理解的原则，在女儿经历小小的失败和挫折时，耐心告诉她贵在参与，不在输赢；贵在合作，不在角色；凡事只要尽力就可以了，不必在意结果。

在女儿后来的成长过程中，我们发现这一原则非常有益于她心理承受能力的形成和发展。到加拿大后，面对新的生活、学习和文化环境，她能很快适应，快乐成长，并且阳光向上。

女儿上幼儿园中班时，有次我去接她，她带着几分失望地对我说：“妈妈，我们现在做的这个游戏，明天我们班比赛，我肯定赢不了。”

我知道女儿正在玩的那个游戏是“数假钞”。一种像 100 元人民币一样大小的纸片，上面印着不同的彩色图案，总共 100 张，要边数边说出从 1 到 100，并要求像数钱一样，从一只手转换到另一只手，谁先数完谁就赢。这个游戏主要是训练孩子从 1 快速数到 100 的能力，将纸币从一只手转换到另一只手的速度，培训孩子的手脑协调能力。

听了女儿的叙述，我没太在意，笑着问：“为什么呀？”

女儿回答说：“阳阳的妈妈在银行工作，她是专门数钱的。阳阳说她妈妈数的可快了，她妈妈教阳阳，阳阳也数的很快。”

我一下子意识到女儿还是很在意这个游戏的输赢，连输的理由都找好了。于是我换了一个话题问她："你每次参加绘画比赛，妈妈要求你必须赢了吗？"

女儿摇摇头。

我又问："你每次去参加绘画比赛前，妈妈对你说的最多的是什么？"

女儿马上回答："好好画就行了，只要尽力，得不得奖不重要。"

我又接着问她："那么，你参加绘画比赛的目的是什么？"

女儿快乐地回答："是想把我心里喜欢的画出来，让爸爸妈妈、老师和小朋友们看。"

那时我们已到楼下，我将自行车停好后，转过脸面对着她，笑着问："你每次绘画比赛得奖，心里是什么感觉啊？"

"高兴呗！"女儿咯咯咯笑了。

我没有马上将女儿从自行车的后座上抱下来，而是接着对她说："你看你已经在好几个绘画比赛中得了奖，这次阳阳有机会赢一次，让她也高兴一下，不是很好吗？"

小孩子的心纯净如水。女儿听了我的话，一下子醒悟过来，笑着大声说："是啊，妈妈，我怎么就没想到呢？"

借此机会，我对她说："每个人都有长处，就像你们班的小朋友，有的人会弹钢琴，有的人唱歌唱得好，阳阳数钱数得快，你画画画得好。等你上学了，也许你们班上会有别的小朋友画画画的比你更好。一个人不可能样样都比别人强，要是那样，就不是正常人，而是电视、电影或童话故事里的超人了。凡事只要尽力就可以了，结果不重要。你现在玩的这个游戏，你能很快地从 1 数到 100，又跟班里的小朋友一起玩的很快乐，这就是你最大的收获，输赢不重要。"

女儿听后点点头，开开心心上楼回家看少儿节目，将刚才"赢"不了的烦恼全然忘却了。

在日常生活中，父母要帮助孩子逐步认识和接受无论做任何事情，都有失败和成功两种可能。如果在开始做一件事情之前，心里总想着要赢，反而会加大心理负担，既很难在参与过程中得到应有的乐趣，也不能使自己的能力和潜力得以正常发挥，距离赢的结果更远一步。成功和失败都是正常的，两种结果都体会一下，人生岂不更加多姿吗？况且，“失败是成功之母”。

贵在合作　不在角色

女儿小学一年级的“六一”儿童节演出，她们班准备的节目是四个女孩和二个男孩在前面跳舞，其它同学在后面合唱。女儿本来被选上去跳舞的，并且已经参加了两次排练，可后来老师考虑到，其他几个跳舞的孩子个头都比她高，就决定将她换下来，让另一个小姑娘上去跳舞。

在她被换下来的那天下午放学回到家后，她告诉了我事情的经过，并在最后感叹道：“要是老师能早点想到这一点，别让我上去排练跳舞，不就好了吗？”

女儿的话让我明显感到了她内心的失落，在我心里荡起了小小的涟漪，同时也有几分心疼和不安。我知道她很快就要离开中国，到一个遥远而陌生的地方，我希望她在中国的每一个时刻都能成为她未来美好的回忆，并从这个节目的参与中得到快乐，体会合作的成果。

于是，我放下手中正准备着的晚餐，拉她一同走到餐厅。我先坐下，女儿也习惯性地坐在我的腿上。我将她的一只手放在餐桌上，轻轻抚摸着问她：“宝贝，你觉得在这个节目中跳舞，真的对你那么重要吗？”

女儿点点头，没有说话。

我知道她心里还是很希望能够参加跳舞，并有几分委屈，但我还是换了一种轻松的语气对她说：“其实啊，跳舞只是你们这个节目中的一部分。如果将你们这个节目比做一只漂亮的大公鸡，舞蹈部分就像公鸡身上多彩的羽毛，合唱部分是公鸡雄健的身体。没有五彩的羽毛，公鸡就不够好看；同样，没有雄健的身体，公鸡走起路来，就不会稳健有力，公鸡整体的形象便会大打折扣。所以，舞蹈与合唱两个部分都同样重要，你说是不是，宝贝？”

女儿点点头，面部表情开始放松。

我亲了一下她的额头，接着说：“作为老师，这个节目编排的负责人，她一定希望这个节目从每个角度看上去都很完美。她起初选你跳舞，只想到你跳舞跳得好，没有考虑到你和其他同学身高的差异。后来你们一起排练了两次后，她才发现这一问题，这是很正常的。你明天虽不能参加舞蹈排练，但可以和更多的小朋友一起排练合唱，这也很好啊，你不是也很喜欢唱歌吗？”

女儿笑了笑，并再次点点头。

看到她的情绪渐渐好转，我继续说：“事实上，对你来讲，无论是在前面跳舞，还是在后面唱歌，最重要的是你在整个节目的排练过程中，能够从中体会到和同学一起合作的快乐，享受合作的成果，至于做什么，扮演什么角色，都不重要。不要在意老师刚开始时想的不够周到，任何人都有犯错误的时候。要学会宽容待人，当你对别人宽容时，别人以后才会对你宽容。再说，宰相肚里能撑船，能伸能屈。”

说完，我用手抓抓她的小肚子，她怕痒，笑着跑开了，刚才那小小的失落感也随着她的笑声，消失的无影无踪。

孩子的心灵虽然相对比较脆弱，但很有弹性。当孩子在幼儿园或学校经受失败或挫折时，父母要给予及时的关心和疏导，将孩子心中的郁结解开，并引导他能从容乐观地看待人生中不如意的事情。

引导孩子在挫折中成长

女儿很喜欢阅读和写作，她的英文成绩一直不错。可到了七年级，她却遇到了一个不小的挑战。新学期的英文老师不太欣赏她的写作风格，使她的英文作业成绩偏低。尽管她做了许多努力，可结果也没有得到很大改善，她为此十分烦恼和不安。

我先生发现这一问题后，首先不希望女儿在学习上感到有任何压力，更不想女儿因此减少对阅读、写作以及上英文课的兴趣。根据我们平日与女儿交流的经验和她一贯的英文成绩，我们对她的写作能力和作文质量也颇有信心，况且也亲眼看到孩子已经尽力了，我们应该做的就是对她关心、疏导和鼓励，使孩子心里的压力得以缓解和释放。

为此在一个周末的晚上，我们特意全家一起去一家中餐厅用餐。趁此机会，我先生以随意的方式和语气向女儿询问她在学校的学习情况，女儿便向我们诉说了她最近因作文成绩不能达到她所满意的分数而烦恼。

我们和女儿交流时，多是在看似不正规的场合做着重要的事情，用不经意和友好的语气使沟通氛围变得轻松自然，让女儿感觉自由，但又被有效引导着。

我先生听后，只是淡淡地对她说：”你不必太在意老师给你的评分。这位老师不喜欢你写的文章，并不能说明你写的文章就不好，她给你的评分只代表她个人的意见和看法。她不欣赏你的文章，可能有多种不同原因，也许是由于文化和生活背景的不同，也许是看问题的角度不同，甚至也许是她欣赏水平有限。如果你自信你作文的写作风格、内容和表达方式是好的，就不要轻易改变或放弃。对老师给你作文的评语，你可以作为参考，但不能让它左右你的写作。”

我先生稍停了一会儿，以便女儿能将他的话消化和吸收，然后又接着对她说：“人的一生，不可能使每个遇到你的人都接受你、喜欢你，包括你的作品，你要学会在逆境中生存和成长，不要因他人的意见而轻易改变或放弃自己的思想和追求。现在的高分只是暂时的成功，不必过于在意，重要的是凡事要尽力和坚持。”

同时我们也告诉女儿，有时为了保持和发展自己的优势和亮点，需要适当调整自己的方式和方法，以便别人能够接受和认同你的优势和亮点，使它们的价值能够在现实中得以体现。

女儿在经历了这次挫折之后，其自信心并没有受到打击。她在写作文时适当地采纳了那位英文老师的一些意见，同时也保留了自己独特的风格，结果后来那位原本不欣赏她作文的英文老师也喜欢她的作文了。

女儿大学毕业前和我聊起她过往的成长经历时，深有感触地说：“爸爸说的上述话，对我后来的学习帮助很大。从那以后，我在心理上再没有考试分数的压力，并在写作上能够保持自己应有的自信和兼容。这使我进入哥大后所写的文章，依然拥有自己独特的风格、思想和见解，即使在众多优秀的学子中也能表现不俗。”

直面磨难　感恩生活

现代最伟大的物理学家之一斯蒂芬·威廉·霍金，当他得知自己患卢伽雷氏症，并被医生告知只剩下两年的生命时，他刚刚二十一岁，正在牛津大学读书。

在以后的数十年，他全身瘫痪，并失去了说话能力，他能动的仅有一双眼睛和三根手指。这个做在轮椅上的残疾身躯，曾多次和死神交手，但却从不哀叹和抱怨命运的不公。他乐观面对未来，对生活充满热情，并以惊人的毅力完成了多部著作，在天体物理学、理论物理学等领域做出了卓越成就。他以自己的言行告诉世人："一个人如果身体有了残疾，绝不能让心灵也有残疾。"

在一次演讲结束之际，一位女记者走上讲坛，面对这位享誉世界却被困在轮椅上几十年的科学巨匠，仰慕之余，又带有几分悲悯地问："病魔已将您永远固定在轮椅上，您不认为命运让您失去太多了吗？"

面对这突如其来的问题，演讲厅内顿时寂静无声，人们担心记者带有几分唐突和尖锐的问题会伤害到大师的心灵深处。但大师的的脸上却一片安详，微笑着用他尚能活动的三根手指，艰难地叩击键盘，随后宽大的投影屏上缓缓显现出以下四句话："我的手指还能活动，我的大脑还能思维，我有终生追求的理想，我有爱我和我爱的亲人和朋友。"随后，他又艰难地打出第五句话："对了，我还有一颗感恩的心！"

大师的回答如惊雷乍起，如清泉流过，人们在经历了心灵的巨大震撼和洗涤之后，崇敬热爱之情油然而生。伴随着掌声，人们拥向讲台，簇拥着这位杰出的科学家，向他表达由衷的敬意。

法国作家雨果有句名言："世界上最宽阔的是海洋，比海洋更宽阔的是天空，比天空更宽阔的是人的胸怀。"

霍金虽身困轮椅，但心可比浩瀚无垠的宇宙。他展现给世人的，不仅是科学上的伟大发现，更有在磨难降临时，他仍坚守理想，乐观坚韧，不懈追求的高贵灵魂。

父母乐观　孩子从容

到加拿大后，目睹许多同胞面对全新环境和压力后的反应，我们深深地体会到，拥有一定的心理承受能力，对一个人的事业发展和生活质量是多么重要。我们夫妻虽同样经历在原专业领域找不到工作的挫折、改行的挑战、现实生活的压力等，但我们始终保持积极乐观的心态，在做好当下工作的同时，努力充实和提高自己，并对所拥有的常怀感恩之心。尽管那时我们生活很忙碌，在工作中时常会遇到一些困难和压力，可晚上回到家后，我们都尽力让家这个港湾充满爱和希望。这些都给女儿以正面积极的影响，使她从容成长，并且阳光向上。

当女儿申请哈佛大学法学院时，为了准备招生老师对她的面试，她在网上找了一些问题发给我，我们俩以我问她答的方式在电话上做了一些练习。其中有个问题是："在你的人生中，谁对你的影响最大，在哪一方面对你的影响最大？"

女儿回答说："我的爸爸妈妈对我的影响最大。他们对我影响最大的一点是，无论遇到什么困难和压力，他们都能坦然面对，冷静分析形势，积极寻找出路，乐观对待生活。他们从不给我任何压力，只告诉我凡事尽力和坚持，做最好的自己就可以了。从我上学至今，他们从来没有让我做过一道课外题，没有给我指定过一本课外书。"

女儿的话，如一股暖流从我心底流过。在她学习深造的世界一流高等学府，可谓人才聚集，英才辈出，但对她影响最大的仍是父母的言行，家庭的熏陶。

丰子恺先生有句名言："心小了，所有的小事就大了；心大了，所有的大事都小了；看淡世事沧桑，内心安然无恙。"

培养孩子乐观豁达的胸怀和坚韧向上的精神，提高孩子的适应能力和自我调节能力，帮助孩子理解"祸兮福之所倚，福兮祸之所伏"的辩证关系，即使孩子长大后没有耀眼的光环，但仍会有一个健康幸福的人生。

第 4 节

贵在勤奋与执着

华罗庚说:“聪明出于勤奋，天才在于积累”

爱因斯坦说:“在天才和勤奋两者之间，我毫不迟疑地选择勤奋，她是几乎世界上一切成就的催产婆。”

成功之理　兴家之道

切实可行的人生目标、勤奋的工作态度和坚韧不拔的执着精神，是一个人成功所必备的条件。

人的智商是有一定差别，但绝大多数人的智商是相近的，只是表现在不同的领域，显现出不同的特点。例如巴金的才华表现在文学创作上，华罗庚的天赋是数学，钱学森的智慧在科学，茅以升的强项是桥梁工程，还有的人具有做大厨、园林设计、汽车修理或木工等专长。每个人的特点不同，表现的方式和结果也不尽相同，但没有高低贵贱之分。“三百六十行，行行出状元”，只要勤奋、用心、尽力将现有的工作做好，不断更新和提高自己，脚踏实地，并在现实可行的基础上寻求契机，终会有能力拥有一份安居乐业的生活和一个充实、快乐的人生。

在这个世界上，大部分工作不需要发明创造和过人的天资，但需要勤奋、执着与合作精神。成功永远归于那些勤于耕耘，并为实现自己的目标而执着追求的人，懒惰和目标朝令夕改是失败之源。一个人即使有超人的智慧和出色的才华，但如果缺乏勤奋和执着，也一样会一生一事无成，到头来他的生活质量可能还不如一个勤劳的普通人。

勤奋是成功之理，兴家之道，如晚清名臣曾国藩在给家人的书信中一再告诫兄弟和子侄："一家之中勤则兴，懒则败，一定之理。"

父母是孩子的第一任老师

父母是孩子的第一任老师，孩子在很小的时候就会揣摩父母的心理，仿效父母的言行、世界观和处世态度，我国著名教育家陶行知先生在《小孩不小歌》里写道：

人人都说小孩小，谁知人小心不小。

你若小看小孩小，你比小孩还要小。

对年幼的孩子谈勤奋与执着，显然有点抽象。当父母希望自己的孩子长大后成为怎样的人时，父母要首先在言行中先做那样的人。

我先生平日很喜欢看书，尤其是对他专业领域的科技动态和发展十分关注。那时互联网尚未普及，他每次去北京、上海出差，都会到图书馆复印许多科技资料带回家。他经常因读书、分析自己的实验数据而忙到深夜，有时也因工作忙晚上或周末到公司加班。

为培养女儿与其他孩子相处的能力，我经常与同事、朋友相约，周末抽半天时间带孩子一起到海边或公园游玩。我先生多不和我们同去，他留在家里看他自己的书和资料。对此，女儿心里有点不太明白，在一次临出门前，终于忍不住，径直走到书房去问正在专心读书的爸爸："爸爸，为什么每次你都不和我们一起去？"

爸爸将目光转向她，微笑着回答："我要留在家里看书、看资料。"并用手指指桌上那摞资料说："你看，爸爸还有很多没看完呢。"

女儿听后有些不解地问："爸爸，你不是都已经读完博士了吗？为什么还要读书？"

爸爸听后忍不住乐了，并向她耐心解释道："科学技术每天都在向前发展，如果我不学习和提高自己，就会很快被抛在后面。就像我和另一个人赛跑，假如我站在这儿不动，而那一个人却一直在向前奔跑，那我们俩之间的距离，是不是越来越大？"

女儿看着爸爸，认真地点点头。

看着女儿可爱的模样，爸爸又加了一句："哈哈，这就是我们中国人常说的'不进则退'，不向前进，就会后退。"

爸爸说着将她抱起来放在书桌上，让她和他面对面坐着，然后问她："曼曼将来长大想干什么？"

女儿马上快乐、不加思索地回答："上大学，当画家。"

爸爸于是笑着说："那我现在就要努力工作，好好挣钱，将来供你上一所好大学。"

女儿也笑了，但转瞬间又小脸一变，带着几分严肃地说："我要好好读书，长大像小姨，到美国念大学。"

爸爸听了不禁哈哈大笑，捏了捏她的小鼻子："那我更要好好工作，挣更多的钱，才能供你到美国读大学。"

我在加拿大和美国生活多年，观察朋友的孩子和女儿同学的成长，真切地感受到父母的言行对孩子有着多么巨大和深远的影响。在我所能知道的范围内，勤奋出色、执著向上的孩子大多是家里的老大，即使是家里唯一的孩子，但他们几乎都有一个共同点，那就是他们在国内出生，出国时多是将要上小学或已经在国内上小学。出国前他们是父母的掌上明珠，爷爷奶奶和外公外婆的心肝宝贝，出国后他们亲眼目睹了父母奋斗的执着、创业的艰辛，与父母共同经历了生活的不易，因而萌发了强烈的进取心、顽强的毅力、远大的志向，决心用自己勤劳的双手和不懈的努力去挣得一份属于自己的美好生活。

勤能补拙

在女儿的幼儿成长过程中，我们曾一起分享过许多在历史上有杰出成就，并为人类文明做出巨大贡献的人刻苦学习的故事，例如司马光“警枕励志”，匡衡“凿壁偷光”，贝多芬在耳朵失聪的情况下，仍以顽强的毅力创作了《第九交响曲》等，但我们讲的最多的，还是《龟兔赛跑》的故事。

乌龟和兔子赛跑，由于兔子自以为自己跑的比乌龟快得多，能绝对赢乌龟，便中途在大树底下睡了一觉。而乌龟知道自己跑的慢，便从一开始就拼命向前爬，一刻也不停。兔子一觉醒来，乌龟已远远走在它前面，等它跑到终点时，只能眼睁睁地看着乌龟已经比它提前到达了终点。

我们告诉女儿，这个故事说明了两点，一是天赋和聪明在由骄傲而生出的懒惰中，其价值大大降低；二是勤能补拙，在勤奋和不懈的努力面前，劣势天份的作用就会相对减少。

有一个周末，几个朋友相约到我家喝茶聊天。因为有个朋友当时迷上了柴可夫斯基的音乐，不知怎么回事，话题就在不觉中转到了俄国的文化、艺术、社会和政治上去了。我们从沙皇、十月革命、戈尔巴乔夫，聊到叶利钦，以及当时俄国的社会经济状况；从柴可夫斯基的主要音乐作品，聊到他与梅克夫人的传奇友情；从《战争与和平》、

《安娜·卡列尼娜》，聊到《日瓦戈医生》等。女儿在旁边静静地玩她的拼图，吃我为她削好的放在她小果盘里的水果，很少打扰我们。

等朋友散尽，女儿问我“妈妈，你们今天晚上每个人都说了许多话，为什么唯独小芬阿姨一句话也不说？”

小芬是我的一个朋友，因住的离我们家不远，那时又是单身，空闲时就时常来我们家坐坐，和女儿也很熟。

女儿的话一下子提醒了我，让我心里感到非常抱歉，后悔我们当时只顾聊天，忽视了小芬的背景。

小芬是个聪明、善解人意的女孩，因妈妈生病，欠下亲戚许多医药费，便不得不辍学，初中毕业后到深圳打工。由于她工作勤奋努力，几年后从一名普通的车工，被提升为组长、产品质量检查员，后又被调到市场部，从一名普通的业务员做到当时主管某一地区的业务经理。

于是，我带着几分歉意地对女儿说：“我们今天谈的话题，可能小芬阿姨所知不多，插不上话。”

女儿听后，带着几分不解地问：“为什么？她不是和你们一样，都是大人吗？”

看着女儿可爱、认真的样子，我耐心地对她解释说：“刚才谈话的每个人都至少受过大学教育，虽然我们今天晚上谈话的内容并不是昔日我们在课堂上或书本中学来的，可大学教育不仅是专业和技能教育，也是基础教育，培养人的一些综合素质。当人具有一定素质时，就会时常有意识地去了解社会、经济、文化、艺术等多种领域的知识，拓宽自己的视野，提高自己的休养和生活情趣。小芬阿姨只读完初中，尽管她很用心学习，可她平时工作繁忙，对今天我们所淡的内容还是了解不多，因而无法参与大家的讨论。”

女儿听了我的解释，马上迫不及待地问：“只读完初中，像姐姐一样吗？”

女儿说的姐姐是指曾经照看她两年，我们家昔日的小保姆。

我带着惋惜地点点头，算是对她的回答。

女儿显然不满意我的回答，带着急切、困惑的语气对我说："可她和姐姐不一样啊！"

刹那间，我突然意识到回答和解开女儿心中的困惑，将会非常有助于她明白勤奋与执着对人未来的成长和发展是多么重要。

于是，我先向她讲述了小芬的家庭背景和她来深圳后的成长经历，然后对她说："她们俩起初是一样的，可小芬阿姨经过这么多年的努力，现在已成为一名管理人员，你现在看到的她当然和姐姐不一样了！"

我将女儿抱起，将她放在沙发上，我也盘起双腿，在沙发上和她面对面坐着，开始问她第一个问题："宝贝，妈妈问你，如果小芬阿姨不努力、不勤奋，她今天会是怎么样的？"

女儿毫不犹豫地回答："还像姐姐。"

我接着问："如果小芬阿姨有机会上大学，并且一直像她现在这样努力，她会比今天来我们家的其他叔叔、阿姨差吗？"

女儿看着我，坚定地摇摇头。

我又问："尽管小芬阿姨没上过大学，但如果她一直这样努力下去，她将来的生活和今天来我们家的其它人相比，将会怎样？"

女儿将脑袋歪向一边，想了想，但仍不知如何回答。

我对她笑了笑，然后拉着她的一双小手，放在她的腿上，带着几分认真地对她说："小芬阿姨没有上过大学，和今天来我们家的其他叔叔、阿姨相比，显然有很大距离。就像《龟兔赛跑》中描述的，小芬阿姨像那只可爱的小乌龟，其他人像那只灵巧的小兔子。如果小芬阿姨像那只乌龟一样一直努力往前走，而其他人像那只小兔子，因为现在有很好的工作和收入，不再继续努力。那么在将来某个时候，就会像小兔子一样，落在乌龟的后面。你说是不是，宝贝？"

女儿面带沉思地点点头，小模样十分可爱。

我略停了一会儿，让她能稍稍消化我上面所讲的内容，然后接着对她说："和许多人相比，小芬阿姨有两点可贵之处，是你以后要向她学习的，一是她一直很勤奋，二是她非常执着。一个人努力一段时间并不难，可她是这么多年以来，一直都很努力，这一点十分难得。"

我想对五岁的女儿谈勤能补拙和执着，以她身边所熟悉的人为例，效果更直接和有效。

勤奋诚可贵　健康价更高

搬家到加拿大后，由于现实的需要，我和我先生重返校园，改行去学当时工作市场所需要的专业。那时虽前途不定，但我们仍积极乐观地面对现实，执着努力向前。我们的言行，潜移默化地影响着女儿，加上我们自她幼儿时就开始的对她良好习惯的培养，女儿一直勤奋努力，阳光向上。

我们那时都很忙，没有太多的时间陪伴她，她就自学我们给她从国内带来的数学课本，只是偶尔遇到不认识的字时，才过来问问我们。在我们到加拿大后的第二年，她三年级开学后不久，学校在征得我们的同意后，将她转入与四年级的学生一同上数学课。大概同四年级的学生同上了近一个多月的数学课之后，我们又接到学校的一封信，信中说四年级的数学课对她还是太容易了，建议她与五年级的学生一同上数学课，问我们是否同意。我先生读完那封信后，觉得问题严重了，周六放下手中所有的事情，专门检查她的数学。一天下来，我先生高兴地对我说："她不仅学会了国内五年级数学课本上的内容，而且理解的也很好。"

女儿当时仅八岁多，让她和比她大两岁，相当于比她大近四分之一年龄的孩子在一起学习，很可能会造成她将来早熟或在同龄人中感到孤独。考虑到这一因素并征得女儿的同意后，我们回信告诉学校，我们不同意将女儿转入与五年级的学生一同上数学课，最多与四年级的学生一起上数学课。

孩子勤奋努力，奋发向上，自然十分可贵，但健康价值更高！

我们诚然希望女儿成才，并有好的前途和未来，但要首先以女儿身心健康、拥有正常的人生为前提。名与利是光环，有也好，无也安。

如果女儿的未来，让我们在一个内心孤独、性格怪僻、有成就的科学家或拥有财富和地位的富翁与一个快乐的幼儿园老师之间做一个选择，我们宁愿选择后者！

“勤奋和智慧是双胞胎，懒惰和愚蠢是亲兄弟。”愿我们做为父母，用自己的言行告诉我们的孩子，我们在一如既往地努力创建美好的家庭和未来，也愿我们的孩子用自己勤奋的双手、执着的精神，创建属于自己未来的美好生活。

第六章

以身作则培养孩子良好品德

第 1 节

父母修身　子女立身

修身之本在于修德，存善去恶。荀子在《修身篇》中告诫我们："见善，修然必以自存也；见不善，愀然必以自省也。善在身，介然必以自好也；不善在身，菑然必以自恶也。"

德国作曲家贝多芬说："那些立身扬名出类拔萃的，他们凭借的力量是德行，而这也正是我的力量。"

孩子自出生那一天起，便与父母朝夕相处，父母的品德、言行、价值观是孩子认识社会和人生的一面镜子，对孩子的成长有着潜移默化的巨大作用。家庭是孩子成长的摇篮，父母是推动摇篮的手。父母的品格、学识、能力等是供给父母双手的动力，而父母的德行则如导航器，它可以推动孩子奔向辽阔的草原，驶向蔚蓝的大海，翱翔在广阔的天空，也可以将孩子推入泥泞的沼泽，无边的沙漠，甚至是悬崖下无底的深渊。

父母德高　子女良教

古人云："父母德高；子女良教。"

蕊的爸爸原是一位省厅级干部，可不幸的是，在蕊上高中时患癌症去世，留下体弱多病的妈妈、她和三个年幼的弟妹。蕊的爸爸在世时，家里亲戚往来不断，可爸爸去世后，门庭冷落，就连昔日妈妈一度尽力照顾的舅舅和姨妈，也生怕受她们孤儿寡母拖累，对她们唯恐避之不及。

蕊的妈妈虽为此十分伤心，但从不抱怨，平静地用自己孱弱的臂膀默默支撑起家庭的重担。她在市图书馆工作，收入不高。白天她在单位认真负责，下班后全力养育儿女，教育和勉励他们要自立自强。在那个物质极为匮乏的年代，尤其在冬天，不时有讨饭的人来敲门。每逢这时，妈妈不仅给人饭菜，还让那些人进门来，给他们一个小板凳，让他们坐下来吃完再走。那时她们家已十分拮据，每到月底妈妈都要向财务科借五块钱，才能支撑到下个月领工资的时间。后来蕊回忆起这段往事时，不仅感叹母亲的坚强，更因母亲的善良，对弱者的怜悯之心，使她越发爱和敬重她的母亲。

母亲的善良和宽容深深地影响着蕊。蕊在美国一家大公司的基因研究所工作，待人真诚、热情、大度。她的邻居筠做市场营销工作，时常要到中国出差。每逢筠的丈夫忙不过来，要将年幼的女儿送到蕊家里时，蕊总是有求必应，尽力照顾。就连平日包饺子、蒸包子，她也让女儿给筠的女儿送一份。几年前蕊姨妈的孙子来美国留学，蕊不计前嫌，到机场接他，为他买好日常生活用品，并将他送到学校，帮他将生活安顿好。逢感恩节和圣诞节，蕊便将他接到家里，以免他在异乡感到孤独。

蕊的言行无声地影响着女儿杰西卡。杰西卡性格开朗，心地善良，做事得体周到。从中学开始，她就很热心组织和参与许多不同公益、慈善募捐活动。她大学毕业后到一家咨询公司工作，并业余在一家慈善机构做义工，帮助一些智障人士。

父母行事为人的方式，犹如一个样板，是孩子模仿和效法的对象。正所谓“动人以言者，其感不深；动人以行者，其应必速。”如果父母正直善良，视名节诚信如生命，孩子长大后怎会轻易变得贪婪欺诈，在关键时刻无视道德和良心的呼唤，一味被眼前利益所驱使而滑向无底的深渊呢？

父母德薄　子女难教

强强刚上幼儿园不久，他的父母就开始闹离婚。他爸爸那时已经另有新欢，他妈妈也从家里搬了出去，两个人谁都不愿意要孩子。无奈之下，强强只得由爷爷照料，可爷爷的老伴又不是强强的亲奶奶，内心也不接受强强，强强在家里便很难得到应有的爱与温暖。

有一天吃午餐，班里有个孩子比强强先拿了一个面包，强强就不愿意，让老师将面包从那个小朋友手中拿过来给他。老师没有听他的，而是另拿了一个面包给他。没想到他马上捶胸顿足，嚎啕大哭。老师想抱抱他，他却挣脱了，独自跑到一个桌子底下去哭。老师想让他冷静一会儿也好，便没有管他。五分钟后，老师找到他，但让老师万万没有想到的是，他已在桌子底下解下了大便。

类似的事情还有不少，比如在和其他小朋友发生争执后，他就趁老师不注意时，在小朋友的床上撒尿。如果老师批评他，他就在饭前洗手时故意将裤子尿湿等。

老师找到强强的爷爷，向他诉说了孩子在幼儿园的情景，爷爷充满哀伤和无奈地说："他妈妈很恨他爸爸，她刚从家里搬走时，家里的锁没有换，她回来就在床上大小便，可能孩子是跟他妈妈学的。"

孩子在家里得不到应有的爱与温暖，就想在幼儿园老师那里获得。如果在幼儿园老师那里也得不到他想要的关爱，这一在充满怨恨与报复家庭中成长的孩子，也同样用恶意的报复来发泄他内心的不满。

强强的行为不由让我再次想起了电影《阿甘正传》中的珍妮，一个曾经健康、聪明、漂亮的小女孩，由于成长在一个充满暴力的家庭，心灵受到扭曲，最后以悲剧落下生命的帷幕。

孩子的生命是父母创造的，不是他自己要求要来到这个世上的。即使婚姻已经走到尽头，两人不得不分手，但双方养育孩子的责任并没有因此而减少。持续给孩子应得的爱，设法减少因父母关系裂变，孩子内心的安全感流失，使孩子健康快乐成长，才是父母当尽的义务。

为人父母，不仅是养者，更是师者。若父母德薄，子女在幼儿园和学校怎不难教呢？

德不盛 家难和难兴

三年前的夏天应邀到朋友家聚会，同被邀请的还有其他七八家住在附近的中国朋友。我和几位太太正在帮助主妇准备餐饮，忽听后院传来一个女孩子撕心裂肺的哭声和求救声，我们惊讶地一同放下手中的工作，向后院奔去。只见琳的儿子约翰一只手将妹妹苏珊按在自己的腿上，另一只手在猛打妹妹的屁股，周围十多个孩子只在一旁驻足观看，却没有一人前去阻拦约翰。琳不顾一切地冲上去，一把从儿子手上抢过女儿，一边安慰女儿，一边训斥儿子。

见此情景，女主人感到有几分难为情，责怪自己的儿子保罗说：“你刚才为什么不制止约翰？”

还没等保罗回答，其他几个孩子几乎异口同声地说：“约翰每说一句活，苏珊就讥讽他一次，她实在是对哥哥太不友好。”

约翰一下子有了那么多同情者和支持者，顿时勇气倍增，愤愤地说：“就因为她在学校学习成绩比我好，就总是瞧不起我！”

妈妈琳听后，面带怒容地对儿子约翰呵斥道：“既然你知道自己不如妹妹学习好，为什么还不好好努力？妹妹比你小两岁，可你哪一样也不如妹妹！”

我听后不禁愕然。此情此景，这位妈妈对儿子说出这样的话，她是想调解兄妹之间的冲突，还是在刻意加剧兄妹之间的矛盾？

吃完晚饭，大家一起围坐在餐桌旁嗑瓜子、喝茶、聊天，不知是谁将话题转到了回国的感受上，琳便讲起她上次全家一同回国探亲的经历。说到父母，她是多了几分抱怨，少了几分感恩之情；谈及婆婆和姑姐，更是少了几分理解，多了几分刻薄。她先生在一旁听着，脸色一会儿青，一会儿白，最后将茶杯狠狠地往桌上一放，愤懑地哼了一声起身走开。在那一瞬间，我一下子恍然大悟，明白了她女儿为什么如此不尊重哥哥，以致触犯了众怒，当哥哥打她时，其他孩子竟然袖手旁观而不去救她。据我多年在加拿大和美国生活的经验，孩子们大多有爱心和正义感，这种情况实属罕见。

“立身成败，在于所染。”孩子的价值观和待人处世的方式，大多来自父母潜移默化的影响。如果孩子从父母那里感受到的不是宽容理解、拥有爱心和同情心，孩子长大后往往待人刻薄、斤斤计较。如若如此，他将来何以与他人和谐相处、有效合作？缺乏与人合作共处的能力，又何以在社会立足或在某一领域有所建树呢？

德盛，家和万事兴；德不盛，家难和难兴。

信是立身之本　恕乃接物之要

我少年时的邻居陈伯伯是一家市医院的胸外科主任，他来自江苏南通一个富裕的家庭，年轻时曾留学德国。他的小女儿咏梅比我大两岁，我们俩虽不在一个中学就读，可我们寒暑假一起买菜、做饭，是很要好的朋友，我骑自行车也是在她的帮助下学会的。

陈伯伯总是一脸祥和，举止儒雅，待人彬彬有礼，我们家和他家做了近十年邻居，从来没有听见过他对人大声说话，对家人发火。他夫人夏阿姨也是慈眉善目，待人和气，是我父亲的同事。我们那个单元共三层，一层住四家，我们家和陈伯伯家各住三楼的东西两头，中间还有两家。陈伯伯家和姓范的护士一家紧挨着，两家合用一个卫生间。那位范阿姨是医院有名的困难户，在没有搬到我们楼上之前，和前后左右的邻居都和不来。陈伯伯和她做近邻，凡事都让着她。卫生间总是陈家主动清洁，楼道共用的空间尽她占用，陈伯伯一家从不和她计较。那时咏梅的大姐正在谈恋爱，每逢大姐的男朋友来访，那位范阿姨就将耳朵贴在陈家门上偷听，有次被咏梅和我撞了个正着。

进门后，咏梅不满地向爸爸诉说了我们刚才看到的情景。

陈伯伯淡淡地说："如果一个人没有教养，你若和他争吵，只能说明你和他一样没有教养。对于有些修养欠缺的人，你要以大度、宽容的方式回应他，这样久而久之，他才有可能被你的修养所感染，并自觉改进自己。如果一个人实在是品行不端，心地不善，不可救药，那么你回应他的最好方式是沉默和不屑，但这种人是少之又少。"

清代学者王永彬说："信是立身之本，恕乃接物之要。"而今三十多年过去，陈伯伯的音容笑貌仿佛还在眼前，他当时的教诲犹在耳边，多少回味，多少感慨，多少收获！当年我们那个单元，总共住着十二户人家，邻里之间和睦相处，从没有发生过任何争执。陈伯伯用他的言行、品格影响着她的家人，感染着他周围的每一个人。

一个人活在世上，重要的不是财富和地位，而是品德。财富和地位可以赢得人们表面的畏，而难以获得人们由衷的敬；而高贵的品德，不仅能赢得人们来自灵魂的畏，更能获得人们发自心底的敬。

做人厚道是大道

女儿高中毕业前的春天，当我妹妹得知外甥女考上哥伦比亚大学后，给她寄来一张数目不小的支票。女儿收到支票后，高兴地拿给我看。我看了一下支票的数额，平静地对女儿说：“你将这张支票留着做纪念，不要到银行兑现。”

女儿听后不解地问：“为什么？”

我看着女儿的眼睛，真诚地对她说：“你能考入这么好的大学，自然全家都感到高兴，姨妈也不例外。她给你寄钱，是想借此对你已取得的成绩给予奖励，并鼓励你以后要继续努力，这都是出于对你的爱。可我们做人要厚道，要遵守我们中国人‘礼尚往来’的传统，不能只接受，不付出。如果我们现在收下这笔钱，那么将来她的孩子考上大学，我们送给她每个孩子的数额，都应该比这张支票上的数额要多一些。我很了解你姨妈，她是不会接受的。我明知她将来不会接受我们的回礼，若现在收下她的馈赠，让我何以心安呢？”

女儿听后爽朗地笑了，并对我说：“那我就将这张支票留做纪念，并马上给姨妈发个电子邮件，谢谢她！”

两年多后，女儿放冬假回家过圣诞节。因放假前考试劳累，回家时又遇到暴风雪，飞机延误，在机场等了十多个小时，回到家就病了。正巧那时我妹妹的大女儿在申请大学，女儿二话不说，不顾身体疲倦，并且身体还发着烧，全力以赴，给妹妹提供尽可能的帮助，连着几天不得休息。看着女儿辛劳的面容，想着不久她就要远行赴法国学习，不免有几分心疼。

女儿看出了我的心事，笑着安慰我说：“没关系妈妈，等我帮妹妹忙完这件事，休息几天就过来了。姨妈对我这么好，对我来讲，现在是最好的机会报答她，不然我会遗憾一生。你和爸爸不也常对我说，做人要知恩图报吗？”

我们中国人常说的“舍得”一词蕴含着很深的寓意和哲理。有舍才有得，既得就要舍。两者相接，循环往复，才能在周围渐渐形成缕缕清泉，而后集结汇合成江湖，成为一个人的信誉、人脉、信息等资源。这些宝贵的资源，是一个人立足社会、实现梦想最有价值的无形资产之一。

知恩图报、做人厚道方是为人之大道！

见利忘义　自毁长城

几年前蓓蓓和同事一起吃午饭，同事向她抱怨她即将高中毕业的儿子不求上进，勉强考入当地一所四流大学。他放学回到家后，要么坐在沙发上看电视，要么坐在电脑前玩电子游戏，而且没有节制地吃零食，身体已接近肥胖型，让她十分烦恼。

听了她的述说，蓓蓓轻声问：“你以前没有和他认真谈过吗？”

她马上回答说：“谈过，当然谈过，我和他爸都和他谈过，谈过好多回！我们一再告诉他你老爸老妈刚到这里时一无所有，而今给你挣得这份家业容易吗？你奶奶在国内 140 平米的房子没给你堂妹而给了你，你还这么不争气，你对得起奶奶吗？”

听了她的回答，蓓蓓吃惊地问：“奶奶的房子，没有给你先生和他的兄弟姐妹，而给了你儿子？”

她带有几分得意地说；“是啊！我先生只有一个弟弟，和奶奶住的不远，奶奶八十多岁了，平时都是他弟弟一家照顾她。尽管他弟弟的女儿很懂事，学习也很出色，在省重点高中排年级前十名左右，但她毕竟是一个女孩子。奶奶已经立下遗嘱，等她百年之后将房子留给我儿子。”

蓓蓓听后愕然，不禁问她："奶奶这样做，你先生的弟弟没有意见吗？"

她脸上又掠过一丝得意的笑容，很快回答说："肯定有意见啦，他弟弟一家再不去看望奶奶，也不和我们来往了。现在奶奶有事，我先生或者我都必须回去，我这份工作恐怕以后也很难做下去了。不过辞职也值啊，这套房子位置特好，在名校区。"

蓓蓓听后无语。

他们做为父母，一再提醒和暗示儿子，他们的房产未来是属于他的。他们家房子的市值近一百万美元，如果儿子以后将它卖掉，可以买一栋房子自己住，再买两套公寓出租。如果将来再将奶奶在国内的房子卖掉，将钱带到美国，也至少可以在市中心买一套公寓出租。这样他便对未来的生活不会感到有任何压力，既无压力，何须上进？

祖母愚昧糊涂，父母不仅不加以劝阻，反而贪图利益，不顾兄弟之情独占房产。父母如此行事做人，孩子虽在生活上仰仗父母，但在心底对父母并无敬重之意。既对父母缺少敬重之情，又怎能听进父母对他的规劝和管教呢？

孩子的孝来自他心底的敬，如果父母行事做人不让孩子敬重，即使父母的管教和引导是正确的，父母的人生经验是有价值和智慧的，孩子也不一定听从和采纳。

雯雯十年前来美国姑姑家过暑假，姑姑带她去游玩，到餐厅用餐时她点最贵的。姑姑带她逛商场，她毫无顾忌地让姑姑给她买名牌鞋和衣服，结果引来她自己孩子的强烈抗议："妈妈为什么总给姐姐买贵的，而却给我们买减价的？"

姑姑正在为难，不知如何回答，可雯雯却振振有词地说："我妈妈说了，你妈妈这么多年在国外，很少回家，欠我很多生日礼物和压岁钱，这次就该狠狠宰她一次！"

姑姑听了很是惊讶，但仍微笑着问侄女：“奶奶的房子是我出资装修的，你们一家和奶奶一起生活，并不交生活费。尽管奶奶有退休金，可并不足以支付一大家人的生活开支。你们平时陪伴照顾奶奶，我很感激，每隔半年就给奶奶寄一次钱。你回去问问你妈妈，我对家庭的这些奉献都不算数吗？”

去年姑姑回国，雯雯已上大二，嫂子哭哭啼啼地对她说：“雯雯正和学校一位厨师谈恋爱，两个人的文化和家庭背景都相差甚远，将来很难幸福，可怎么劝她都不听。”

姑姑找到雯雯，耐心地询问她为什么爱他，她不假思索地回答：“他对我很好啊，每次我到食堂打饭，无论我付多少钱，他给我打的又多又好吃。”

姑姑听后惊呼：“这个人以损害食堂之利来讨好你，人品有问题。而你只看重眼前这一点点利益，他将来也难以真正爱你和珍惜你！”

让姑姑意外的是，雯雯噘起小嘴，带着几分生气地说：“你们怕什么，我又不和他结婚，以后我还会遇到对我更好的呢！”

姑姑顿时被气得浑身发抖，忍不住对她大声呵斥道：“你这样贪图眼前利益，迟早要吃大亏！”

雯雯的母亲没有想到，她重小利，少感恩的言行日后成了女儿仿效的榜样，而且被无原则地放大，可这又是谁的过错呢？

人生在世，每个人都可能会遇到或大或小利与义的考验和抉择，面对或多或少良心的碰撞，权衡得失利弊。如果你在关键时刻只看重眼前利益，而无视良心的呼唤、道德的规范，那么当你遭遇危难、陷入困境时，将可能独自品尝孤立无援的苦果。而且你的道德观、价值理念和行为准则会常常被你的孩子所效仿，致使他在特定形势下的某个特定时刻，由于他急功近利、忽视道义的选择，可能会给他在人生的某个阶段，带来无法预知的灾难，甚至是灭顶之灾。如果他深处高位，还可能会给国家、民族带来历史性的劫难。

孔子曰："富与贵，是人之所欲也，不以其道得之，不处也；贫与贱，是人之所恶也，不以其道得之，不去也。"先人教诲，还要常记于心，并时时省察自己的言行。见利忘义，只能自毁长城！

高贵的品德是人类最高智慧

北宋著名史学家司马光在《资治通鉴》的《三家分晋》里明确告知世人："智伯之亡也，才胜德也。才者，德之资也；德者，才之帅也。"

美国许多著名的高等学府在录取学生时，申请学生的考试成绩固然很重要，但诚实、执着、具有探索精神等个人品德同样是重要的考量因素。

许多成功人士，尤其是奋战在不同领域的科学工作者，他们的成就往往不是以出人头地为目的，而是在不懈追求、探索的过程中而获得重大突破的。如果一个人功利心太强，做事急于求成，就难以在工作中脚踏实地。这样既很难享受到在求索过程中的乐趣，得到同事的合作、支持和友情，也使他距离取得成功更远一步。

高贵的品德是人类最高智慧。有德的人内心更注重耕耘和付出，但却时常会收到意外的收获，有时这个收获还是持久的、永不间断的。这是"无心插柳柳成荫"，也是智慧的回报。

"修身"是立身之本，是实现人生抱负的通道。父母修身养性，子女身处其境，耳濡目染，不仅感激父母的养育之恩，更对父母的人品有敬仰之意，并将父母当做自己的人生楷模。久而久之，筑成立身之本。

父母修身，子女立身！

第2节

品德培养　重中之重

品德是指一个人依据一定的社会道德准则和规范行动时，对他周围的人、事、物以及社会所表现出来的一种心理特征和行为倾向，是社会道德规范在一个人身上的具体体现。

品德是一个人行事做人，安身立命之本。

雪莱说："一个人如果不是真正有道德，就不可能真正有智慧。"

林肯说："品格如同树木，名声如同树阴。我们常常考虑的是树阴，却不知树木才是根本。"

"有德而富贵者，乘富贵之势以利物；无德而富贵者，乘富贵之势以残身。"昔日的"电脑巨人"比尔·盖茨，虽富可敌国，却不骄奢淫逸，退休后将他的大部分时间和精力用于慈善事业，资助许多疾病的防治和科研项目的开发。相比之下，有些人虽富贵已极，并有过人的才华和出色的能力，可由于道德缺失，以致驾驭财富的能力不足，最终既没有造就他本人，也没有造福家庭和社会。

德厚方可言志

“凡建立功业，以立品为始基。从来有学问而能担当大事业者，无不先从品行上立定脚跟。”品德高于智慧，德厚方可言志。

甲午战争后，许多有识之士为救国图强，开始兴办教育，私立南开系列学校创办人张伯苓先生就是其中之一。他先后在天津创办了南开中学、南开女中、南开小学、南开大学，又在重庆创办了重庆南开中学。

南开大学的经费主要靠社会捐赠，为维持学校的正常运作，张伯苓四处化缘，并因此得了个“化缘和尚”的绰号。尽管如此，南开大学也曾一度几乎办不下去，他曾心情沉重地说：“雨中走在南开大学的校园里，看到雨点打在小树上，水点往下滴，就感到像是自己在落泪一样。”

社会各界感动于张先生教育救国的拳拳之心，纷纷慷慨解囊，使南开度过了一个又一个难关。张先生将募集的数百万资金，一一登记入册，分毫不沾，并实行账目公开化。

先生为教育兴国倾其一生，去世时房无一间，地无一亩，皮夹里只有几块钱，他留给子女的话是：“不给子女留财，给子女留德。”

友谊贵在真诚　不在礼物贵重

品德是一种内在力量，它决定人的行为。品德有时是在重要时刻表现出来，有时是在日常生活和工作中不知不觉地表露出来，但品德的形成多是在无关紧要的时刻，尤其是父母的价值观和处事态度，对孩子品德的形成和发展起着至关重要的作用。

对孩子良好品德的培养，越早越好，尤其是诚实和善良，更是孩子长大后具有良好品德的关键。

在女儿的幼儿成长时期，特别是上幼儿园之后，她有几个玩的很好，又住在我们家附近的朋友。每逢女儿的生日，我们都为她订一个生日蛋糕，并邀请她的朋友来家里一同庆贺。同样，她的小朋友过生日时，也邀请她一起庆贺。

每逢女儿受邀参加朋友的生日派对，我都会带女儿一起去商场，为她的朋友买一个生日礼物，并借此机会告诉她，送给朋友的礼物，最好是他需要的。这样你送给他，他能用，就不会浪费。如果我们实在买不到他所需要的或他需要的东西太贵，不在我们的预算范围之内，就选一样你喜欢的，你认为好的礼物送给他。你不喜欢或你认为不好的东西，千万不要送给朋友，因为那样做是对朋友的不尊重。如果你的朋友知道了，还会对他造成一定程度的伤害。真诚是对友谊的最好回报，而不是礼物的贵重与否。

女儿在这一看似微小的事情中学会了厚道和真诚待人，为她后来收获同学和朋友诚挚的友情打下了坚实的基础。

常怀感恩之心

我的朋友林娅回杭州探亲时，她的妈妈买来原材料，请工匠为林娅做了一床厚厚的蚕丝被。林娅手很巧，她将剩余的材料收集起来，上街买了一块面料，为我女儿做了一件包着蚕丝的可爱小棉袄。

收到小棉袄后，我对女儿说：“这件小棉袄虽然很普通，可里面有阿姨的辛劳和爱。”

女儿将此牢记于心。

我们到加拿大后，许多朋友和邻居都有两个孩子，无论谁问她："想要弟弟还是妹妹？"女儿都会毫不犹豫地回答："想要妹妹，因为妹妹可以跟我玩，男孩子调皮。"

有一天，我收到林娅的邮件，她满怀幸福地告诉我她怀孕了。

晚饭时，我将这一消息欣喜地告诉了父女俩，并随口说了一句："不知是男孩还是女孩？"

谁知话音刚落，女儿就说道："只要是林娅阿姨的，不管是男孩还是女孩，我都喜欢！"

女儿的回答让我感动了好久。

在女儿的成长过程中，不少朋友曾经提供过帮助，例如女儿生病时为她做鱼粥，我们有急事时帮忙照顾女儿等。我为此心存感激，时常在女儿面前提及她们，女儿也将此一一记在心里。女儿很喜欢我的朋友，我的朋友也一直关心着她的成长。

丰子恺先生说："你若感恩，处处可感恩。你若成长，事事可成长。"

真诚而有气度　大方不失分寸

我们时常会遇到一些人在生活中锱铢必较，睚眦必报；在工作中斤斤计较，不仅计较领导工作量分配的多少，甚至连公司一点小小的福利，比如几斤水果也挑肥拣瘦。有的还是身高五尺的男儿，但心胸却相对狭小。

为了培养女儿与人相处的诚恳大方，同时又具有节俭与克制的意识，我们特意在夏天为她买两种不同的消暑食品，一种是由一家本地食品厂生产的雪糕，一种是由三种颜色、三种味道组成的一盒进口三色冰激凌。我们告诉女儿，一盒冰激凌的价格大约是一箱雪糕（二十四支）的两倍，因而我们每个月只能给她买一盒冰激凌，但我们会多买些雪糕，保证她无论什么时候想吃雪糕，冰箱里都会有。

我们楼前有一块大草坪，傍晚和周末时，女儿常和她的小伙伴们在那里玩耍、嘻戏。常在周末的下午，我估摸着她们该玩累的时候，就叫她和她的小朋友们一起上来，到我们家吃些点心、水果或冰激凌等小食品。尽管她知道一盒冰激凌五六个小朋友分，几次就分完了，并且我们一个月也仅给她买一盒。可由于我们平日教育她，送给朋友的礼物首先是你喜欢的，你认为是好的，因此每次当我征求她的意见，是给她的朋友吃雪糕还是冰激凌时，她总是大方地说："妈妈，我和我的朋友都喜欢吃冰激凌，让我们一起吃冰激凌吧，等吃完它，我们就吃雪糕。"

记得有一次她的朋友到我们家后，我将她叫到厨房，从冰箱里拿出所剩不多的冰激凌盒子给她看，故意小声对她说："如果现在你们几个小朋友一起吃，每个人只能有小半碗。如果留着给你自己吃，还够你以后吃三四次。"

她犹豫了几秒钟之后，爽快地对我说："还是每个人吃小半碗吧，我明天可以吃雪糕。"

我用手指刮了一下她的小鼻子："真是个好孩子！"

这件看起来很不起眼的小事，为女儿后来处事待人真诚而有气度，大方而不失分寸打下了良好基础，也很有益于她后来在同学和朋友中赢得友情与信任，获得支持与合作。

若要孩子孝　自己先行孝

孩子有无孝敬父母的心，取决于父母有无孝敬自己长辈的行为。如果父母不能以自己的言行为榜样，对孩子的教育多是空谈。

我从小跟姥姥长大，姥姥不仅对我有养育之恩，给了我难以言尽的爱与温暖，更用言行教我做人，给了我人生最为宝贵的财富——勤劳与善良。自大学毕业工作之后，我一直坚持给姥姥寄钱。每逢夏季，我给姥姥买些丝绸衣服；冬天来临之前，我为老人家买些毛衣、毛裤等。有次周末我带女儿去海边玩，顺道去邮局给姥姥寄衣服。当女儿看到我从包里取出两盒巧克力，放到邮寄衣服的箱子里时，便问我："太姥姥也喜欢吃巧克力吗？"

我笑着告诉她说："太姥姥不吃这个，这是送给我舅舅的两个孩子的，这两个孩子也是太姥姥的孙子。"

女儿听我描述的家庭成员关系和称呼，感觉有点绕口，不明白我说的"舅舅"和"那两个孩子"与我有什么关系。于是，我便向她解释我们家庭成员之间的关系及每个称呼的区别，并告诉她当我住在我姥姥家时，我的小舅舅也很爱我。他比我大十岁，那时还在上中学，经常带我一起玩。现在我有能力了，也想为他做点什么，借此表达对他过去待我的感激之情。

女儿听完我的话，似乎一下子明白了什么，一字一句地对我说："妈妈，我长大挣钱，也给你和爸爸买新衣服。"那认真的表情，充满童真的眼神，至今回想起来，仍心里感到暖洋洋的。

有一次，我妈妈在我家意外摔伤，女儿下午放学后就坐在姥姥身边，一边给姥姥放我们从中国带来的经典电影歌曲 VCD 盘，一边写作业，还扶姥姥去卫生间。那时女儿正上高中，功课已非常紧张，外公不想影响她学习，让她回自己房间写作业，可她安慰外公说：“没关系，我可以同时做几件事。”

女儿为家人对她的付出，常心怀感恩之情。无论谁做的饭，她都说好吃。在她看来，如果老人劳心费力做好了饭，你不心怀感激，反而抱怨，那是对老人很不尊重的行为。

每逢我和我先生的生日、父亲节、母亲节，女儿从不忘记，而且只要她那个时候在家，总会为我们做点什么，比如做一顿西餐，烤一个蛋糕等。有次我生病时，她正巧在家，连续几周开车带我去看医生，见到医生后向他详细描述我一周的状况，并向他咨询有关问题等。而后又去药店买药，回家做饭，还时常安慰和鼓励我，十分周到。

女儿为我做了什么并不重要，重要的是她心地善良，对得到的常怀感恩之心，遇到事情愿意主动承担责任。女儿爱的情怀，不仅能给她周围的人带去温暖，也使她自己心灵富足，阳光快乐。

心中有厚道　做人才有道

“势利”是我们当今社会的常见病，许多人见了自己的上司、有钱有势或将来可能“用得着”的人，逢迎拍马、奴颜卑膝、投其所好，甚至不惜尊严与人格，而对待比自己社会地位低，将来“用不着”的人则横眉冷目，甚至缺乏应有的尊重和怜悯之心。

当我们在努力追求物质生活质量的提高，着力投资孩子的未来时，是否想起也要用心培养孩子做人的厚道呢？

女儿上幼儿园后，我们便辞了保姆，只雇一个钟点工定期来家里打扫卫生。有个周六的早晨，我正在睡房收拾物品，女儿跑来对我说：“妈妈，清洁工来了。”

我当时什么也没有说，起身与进门搞清洁的刘嫂打了声招呼，便牵着女儿的手再次回到睡房。我先将她抱起放在床边坐下，然后一条腿半跪在地板上，看着她的眼睛轻声问：“宝贝，你刚才对妈妈说的什么，还记得吗？”

我们和女儿之间的关系，一直尽力保持着信任、平等和尊重的关系，即使有的事情她做的不妥或不对，我们也是先肯定她的付出和做对的部分，然后再纠正、引导和鼓励，从不用刻薄的话伤害她的自尊心。如果我们做错了或者误会了女儿，我们会真诚地向她道歉。如果女儿问的问题，我们一时回答不了或者不会，我们也会诚实地告诉她，我们暂时回答不了她的问题，等我们想一想或去图书馆看看书，查找一下有关资料再告诉她。我们以诚实的态度对待她，她也以诚实回报我们。

当我问女儿这一问题时，我想她从我的眼神里、语气中已经意识到她可能有什么事情做错了，但她仍毫无拘谨地坦诚回答我说：“我告诉你清洁工来了。”

我用手轻轻抚摸了一下她的头发，微笑着问：“宝贝，阿姨为什么做清洁工呢？”

女儿犹豫了一下，用她在童话故事里学到的知识，但又不十分肯定的语气对我说：“可能是她小时候家里穷，没有钱上学、读书吧？”

我笑了笑，没有回答她的问题，而是接着问：“那阿姨现在用双手，靠劳动挣钱养家、养孩子，有错吗？”

女儿摇摇头。

于是，我带着几分严肃认真的语气对她说：“任何一个人靠劳动挣钱，只要他尽力，并将工作做好，对得起他得到的那份收入，无论做什么工作，挣多少钱，都应受到同样的尊重。工作是维持生活的一个工具，它可以多种多样，就像妈妈用于做不同饭菜的锅，有的用来炒菜，有的用来蒸米饭，有的用来煲汤，没有高低贵贱之分。你说对吗，宝贝？”

女儿看着我，认真地点点头。

我拿起她的一只手亲了一下，低声问：“那你刚才叫阿姨清洁工，是不是没有礼貌？”

女儿有点不好意思地点点头。

我接着又问：“你刚才说清洁工来了，而且声音很大，阿姨听到没有？”

女儿抬眼看看我，不安地问答：“她可能听到了。”

我将双手放在她的腿上，与她四目相对，真诚地问：“那阿姨听到你这么叫她，她心里会舒服吗？”

女儿歉疚地摇摇头。

我将双手从她腿上挪开，轻轻握住她的双臂，用鼓励的眼神轻声问：“那妈妈陪你，给阿姨道个歉，向阿姨说声对不起，好吗？”

女儿爽快地回答：“好！”

我先从地板上站起来，将她从床上抱下，然后拉着她的手一同走到刘嫂面前，对她说：“刘嫂，刚才你进门时，我正在收拾房间，曼曼一时着急，忘了怎样称呼你，现在想给你道个歉，请你别介意。”

刘嫂听后很是吃惊，马上笑着连声说：“不碍事，不碍事，我早就忘了。”

我将脸转过去面对女儿，再次用眼神鼓励她，并对她说：“宝贝，你看阿姨多大度，一点也没生你的气。如果你现在能将你刚才想对阿姨说的话说出来，阿姨今天肯定会很高兴。”

女儿走近我，将身体倚在我的腿上，大方地对刘嫂说：“阿姨，对不起，我刚才不是故意的。”

这件事过去后不久恰巧是女儿六岁的生日。刘嫂再次来做清洁时，我正在为小朋友们切蛋糕。见刘嫂进来，女儿轻声问我：“妈妈，你给刘阿姨也切一块好吗？”

我高兴地回答：“当然可以！”同时切了一块蛋糕放在小盘子里递给她。

女儿将这块蛋糕送到刘嫂面前，笑着说：“阿姨，今天是我六岁生日，请你吃蛋糕。”

刘嫂高兴地接过蛋糕，连声夸她懂事。

等客人散尽，我表扬女儿：“宝贝，你今天表现不错，特别是对刘阿姨，很有礼貌。”

我先生在一旁说：“我们中国古代的孟母，虽看起来也是一位普通女人，但却有着不凡的智慧，将儿子孟子培养成为一位思想家和教育家。刘嫂为改善家庭状况进城打工，在别人眼里，她只是个钟点工，可回到家里，也许她像孟母，是一位智慧的妈妈。现在的华人首富李嘉诚，当年因父亲早逝，为了帮助母亲养育三个弟妹，十四岁便辍学做学徒工。美国最出色的总统之一里根，起初也只是个在电影公司跑龙套、打杂的小演员。做人一定要厚道，不能看不起或小瞧任何人。如果一个人待人势利，缺乏诚信，很难得到周围人的认可和帮助，更难获得一步步迈向成功的阶梯。”

女儿当时年纪尚小，未必能完全听懂爸爸的话，但她牢牢记住了要厚道做人，不能看不起或小瞧任何人，并将此付诸于以后的行动中。

心中有厚道，做人才有道。孔子在《周易》中教诲后人：“天行健，君子以自强不息；地势坤，君子以厚德载物。”厚道的人往往有胸怀，能以德取人心、得信任，赢得更多的支持与合作，从而距离实现自己的人生抱负更近一步。

幼儿培养善良　长大回报社会

自女儿幼儿时，我们就开始的对她关于品德的教育，尤其是对她诚实和善良品格的培养，对她后来的成长帮助很大。女儿平时乐于助人，对弱者具有同情怜悯之心，而且随着年龄的增长，阅历的加深和对社会的了解，女儿对那些生活在落后国家和地区、没有机会接受教育的孩子，对加拿大生活在贫困线以下家庭的孩子，患有癌症或白血病等不治之症的孩子产生了巨大的同情心。在读初中的三年里，她多次发起和组织不同形式的慈善募捐、义卖等活动，并将所得的收入和物品捐给相应的慈善机构。

由女儿发起和组织的慈善活动中，其中有一个给我留下了难忘的印象。有一天早上，当她从新闻中获知，儿童患心脏病后给孩子本人和家庭带来的痛苦时，便决定给多伦多一家研究儿童心脏病的机构发起一个募捐活动。

她自己动手设计了一顶红色的太阳帽，计划在学校举行的一场球赛前和她的同学一起组织一场义卖活动。她们当时没有本钱制做这顶太阳帽，可几个小姑娘竟说服了一家制做帽子的公司为她们先制做，等她们将帽子卖了，再付钱给公司。那次义卖，她们搭配了许多同学从家里带来的矿泉水、各种饮料、还有妈妈们在家里精心制作的各式点心、蛋糕等。

义卖的长条桌两侧，放了两块大纸板，女儿在上面写了心脏病给儿童身心带来的伤害、给家庭带来的痛苦、给社会带来的负担等并配有插图，请大家奉献爱心，共同关注儿童心脏病的研究和预防。那次募捐很成功，还掉为她们制作帽子的那家公司的本钱后，还为多伦多研究儿童心脏病的机构募得 400 多加元。我至今仍保存着女儿当年设计并用于募捐的一顶帽子，那是女儿爱心成长的一个小小见证。

这些义卖活动多是在早上上课前、晚上音乐会或下午球赛开始之前举行，以吸引更多的同学和家长参与，募得更多的款项和物品。每次组织这些慈善活动，女儿总是预先设计一个类似广告一样带有插图的单张，上面写上募捐的目的、时间、地点、方式等，并在早上到校长办公室，通过学校广播给同学们做一个简短的说明，然后再将单张放在学校的广告栏里，供同学老师参考。

义卖那一天，女儿更是提前到学校进行准备和布置，并因此与校长、老师、同学建立了良好的合作关系。她的中学生活过得充实而快乐，并给她留下了许多美好回忆，同时她的组织协调能力也得以拓展和提高。在很多时候，帮助别人就是帮助自己！

通过参与这些活动，孩子们能够强烈感受到来自社区人们的爱与支持，意识到自己也是社会中的一份子，将来长大后有责任服务和奉献社会。

在初中毕业典礼上，学校向女儿颁发了“学校和社区贡献奖”，以表彰她在初中期间对学校和社区做出的爱的奉献。

品德关乎未来

我国近代著名教育家、思想家蔡元培先生，相继担任过中华民国教育总长、北京大学校长、中央研究院院长等要职。他当时德高望重，名满天下，富贵于他，近在咫尺，可蔡先生却清廉如水，毕其一生，奉献民族教育事业，被后人称为“学界泰斗，人世楷模。”他的收入虽高，可多用于购买中外图书典籍，捐助社会公益，接济有困难的亲友和学生，一生没有置备资产，无车无房，但他“囊括大典，网罗众家，思想自由，兼容并包”的思想则泽被后世。

司马光因反对王安石变法，自知难以被皇帝重用，便上疏请求外任。他在洛阳过着淡泊简约的生活，致力于学术研究，潜心主持编撰了史学巨著《资治通鉴》。

他们分别做到了“达则兼济天下，穷则独善其身。”

女儿从小学到高中毕业，一直成绩优秀。当我写上述文字时，她已在哥伦比亚大学完成本科学业，正在哈佛大学法学院继续深造。在哥伦比亚大学这样世界一流的高等学府，她是比例不多的全 A 生。但让我感到欣慰的，不是她骄人的成绩，而是她内心有爱，待人的真诚大度，以及做人的眼光与胸怀。我不在乎她将来是否拥有耀眼的光环，但我在乎她是否拥有高贵的品德，能够尊重他人，也能受到他人的尊重。

我们生活在一个和平美好的时代，但同时这个时代也充满着挑战和诱惑，以至许多人将对财富和权力的追逐凌驾于人伦道德之上。品德关乎未来，我们做为父母，更有责任在孩子幼小无暇的心灵及时播下善良和诚实的种子，使孩子内心充满爱，文明之花处处开放。

第3节

感恩敬业的音乐老师

法国作家福楼拜说："音乐使一个民族的气质更高贵。"

音乐教育在加拿大的中小学教育中被广泛重视，约翰中学对学生的音乐教育更是在多伦多地区的中学中享有盛名。

在约翰中学，音乐是必修课，学校要求每个学生至少能演奏一种乐器。学校有不同的乐队，如荣誉管弦乐队，室内弦乐队和舞台乐队，并有多种形式的合唱团等，它们在多伦多地区的中学里拥有很好的声誉。

老师敬业　学生奋进

女儿的音乐老师奥利弗是一位非常可敬可爱的老师，在女儿众多的初中老师中，他留给我的印象最为深刻。奥利弗那时已人到中年，白白胖胖的，无论什么时候见到他，他都主动先打招呼，并且面带微笑，谦和友好。他具有丰富的音乐教学经验，对学生充满耐心、智慧和爱，上课时言语风趣幽默，课堂气氛活跃，不仅使孩子们在宽松自由的氛围中能够感受到音乐的美，受到艺术的熏陶，同时激励孩子们用心学习音乐知识和改进自己的演奏技巧。女儿常说："在我们学校，每个人都喜欢奥利弗。"

女儿上初中后，选择学习吹奏长笛。由于奥利弗的鼓励和富有智慧的教学方式，使她很快喜欢上音乐课和长笛演奏，并逐渐忘却了因学习钢琴曾有过的伤痛。除了正常的音乐课外，女儿放学后经常参加不同乐队和合唱团的排练，回到家后也自觉练习吹奏长笛。真是老师敬业，学生奋进。女儿到初中二年级时，她已是学校一名出色的长笛演奏员，成为荣誉管弦乐队和爵士合唱团的一名主力队员。这两个团队在学校享有很好的声誉，竞争激烈，只有很少数学生才能够被选进。转入美国高中后，她成为学校两个主力乐队，交响乐团和交响管乐团的首席长笛演奏员。

约翰中学学生使用的乐器几乎是学校免费提供，学生一学期仅需向学校交纳几个加元的租金，便可将乐器带在身边自由使用。这些乐器有的来自政府资助，有的来自社区捐赠，也有的是由学生演奏会的部分售票收入所购置。女儿在约翰中学就读时，学校一年举办好多次音乐会。音乐会的票大都卖给学生家长，有的家长一次买许多张，送给邻居和住在附近的亲朋好友。每次学校举行音乐会，几乎都座无虚席。透过这些音乐会，可以看到社区人们对孩子们的爱。而且，在排练和准备这些音乐会的过程中，也培养了孩子们的团队合作精神。

敬业乐业被人敬

女儿在完成初二后的暑假，参加了由学校组织的、为期一周的音乐夏令营。夏令营的营地坐落在多伦多郊外一个碧绿、空旷的山坡上，孩子们白天在一起练习演奏、玩耍、嘻戏，晚上有时看专业演出，有时欣赏自己学校不同乐队的演奏。这一周的音乐夏令营，不仅提高了孩子们的演奏技巧和音乐修养，也很有助于提高他们的独立生活能力。

约翰中学那些富有爱心和敬业精神的音乐教师，不仅为学校培养了高质量的演奏乐队和合唱团，也使许多具有音乐天赋的孩子脱颖而出，从约翰毕业后考入音乐高中，然后又考入音乐学院。

奥利弗是位平凡的音乐教师，但他以自己的敬业精神和对学生真诚的爱影响了众多孩子的心灵，在学校和社区受到广泛的尊敬。这个看似平凡的人却无声地做着不平凡的事，将爱与踏实做人的品格播撒进孩子们的内心深处，影响着孩子们的行事做人和未来人生。

“从工作里爱生命，就是通彻了生命最深的秘密。”在我们这个社会，绝大多数都是平凡人。如果我们每个人都能敬业乐业，尽力将自己的工作做好，并拥有爱心和常怀感恩之心，同样可以得到人们的尊敬。这样，我们的社会将会变得更加美好，我们的孩子就能在一个平和、充满爱的环境中健康成长。

第七章

用心经营 和睦家庭

第1节

经营自己　滋养家庭

教育涉及家庭、学校和社会3部分。家庭教育对一个人的成长、发展和未来的生活质量作用远远大于学校。如何经营自己，为孩子的健康成长共建一个和睦的家庭，是摆在每一对夫妻面前首先要考虑的问题。

什么是家？谁是你最亲近的人？

在每天的工作和生活中，有多少人和你擦肩而过，但为什么你只和他能够走到一起？中国有句老话，“百年修得同船渡，千年修得共枕眠。”一对青年男女，从相遇到相知，再到决定组成家庭，一同走过人生的风风雨雨，真的是很大的缘分，大家一定要格外珍惜。

当两个人组成新的家庭，两人便成为一个整体。其实这个道理很容易明白，大家看一看，我们每个人的后背是不是都是平的？当两个人背靠背站在一起才是一个整体，所以丈夫应该爱妻子，因为她是你的另一半，妻子也应该爱丈夫，因为他和你是一体的。作为夫妻，爱对方就等于爱自己。

在两个人组成家庭之前，每个人都各自走过了一段不同的人生道路，都各自拥有自己的父母、亲人。当两个人结合在一起之后，无论是在小家庭中，还是在包括双方父母、兄弟姐妹的大家庭范围内，你最重要和最亲近的人是你的另一半，其次才是你的孩子和你的父母。只有你们两个人关系和谐，家庭才能正常运转，孩子才能幸福成长；只有你们的小家庭和睦，才能不让父母牵挂，父母才能安享晚年，这也是对父母最大的孝和最大的敬。重视自己的另一半，用心爱他、体谅他、关心他，在他需要的时候帮助他、鼓励他、支持他，彼此相爱扶持，这个家庭就有了牢固的基石，家庭才能稳定，充满阳光，孩子才能在家里快乐、幸福成长。幸福的家庭是培养孩子的最佳土壤，父母的爱是培养孩子的最佳养料。当双方父母看到你们将家庭经营得井然有序，每个人脸上都洋溢着幸福的笑容，他们该有多高兴啊！

要拥有稳定和幸福的家庭，作为一个女人，应该如何经营自己，如何在岁月的消磨、家务的琐碎、职场的挑战、日渐平淡的夫妻关系中保持淡定，并拥有自己的独立与个性，不仅保值，而且增值呢？

女人如何经营自己？

首先，女人要不断地学习、充实和提高自己。虽然我有不少喜欢做的事，如旅游、时尚、美食、聚会等，但是我最大的爱好还是读书。

我们那一代人由于历史原因造成读书的时间和机会很少。记得我上初中的时候，我的小舅舅不知从哪里弄来一本巴金的《爱情三部曲》。当时书已经发黄，很多页的页角都烂了，有些字也看不清楚。可我当时真是如获至宝，虽然不能完全读懂，但感觉它就像一股清风扑面而来，跟以前读的红色小说截然不同。

后来我上高中的时候，尽管学习很紧张，功课压力也很大，我还是去图书馆借了巴金的不少作品去读，如《家》《春》《秋》《寒夜》等。我对他的作品爱不释手，就跟妈妈讲我想将这些书买回来，以便时常翻阅。我记得特别清楚，巴金的那一套书要十几块钱。那个时候的十几块钱，对我们家可是一笔不小的开支，但妈妈毫不犹豫，慷慨地给了我钱。我高兴地骑上单车，到书店将巴金的书买回家，现在回想起来真的是很温馨，非常感谢我的妈妈。

上大学之后，我开始拼命读书，主要是小说，如《红楼梦》《飘》《日瓦戈医生》《战争与和平》《安娜·卡列尼娜》《约翰·克利斯朵夫》等。

工作之后开始读一些历史和人物传记，如《曾国藩》《胡雪岩》等。那个时候我也很喜欢看话剧的剧本，如老舍先生的《茶馆》，曹禺的《雷雨》和《日出》等。

去年，我发现能在网上观看北京人民艺术剧院的话剧《茶馆》，电影《雷雨》和《日出》，很是高兴。这些经得起时间冲刷的经典之作，每次看都能够得到不少新的启发和收获。

到了国外之后，我就意识到自己不仅是一个文盲，还是一个聋子、瞎子和哑巴。我知道自己的当务之急是尽快将英语提高上去，所以将生活安顿好之后，我就去上英语的学习班，后来又读财务。那个时候学习、生活非常忙碌和辛苦，现在回想起来，我都不敢相信自己竟然能一路走过来。尽管压力很大，我最担心的还是自己会被社会和时代抛在后面。当时我英语不好，根本看不懂英文电视节目，包括新闻，所以不论自己多忙，我每天晚上睡觉前，都要到中文网页浏览一下新闻，哪怕只看一个标题。此外，我还在网上找了一些鲁迅的文章打印出来，晚上睡觉前或在学校课间休息时读一读，以使自己的思维处于一种活跃的状态。

这些年生活已经比较安定了，随着年龄的增长，我对有关历史、政治、经济、文化、宗教等读物产生了浓厚的兴趣，开始阅读一些经典，如《道德经》《论语》，北美学者写的《世界历史》等。当中国提出“一带一路”时，我又开始了解沿途国家的历史、宗教、文化、政治和经济等。《白鹿原》《曾国藩》《红楼梦》，韩愈的《马说》《师说》，范仲淹的《岳阳楼记》等，我都重读一遍。这些书和文章在中年之后再读，会有不同的感受和收获。《红楼梦》算起来，我总共读过 4 遍。尽管我对《红楼梦》里林黛玉的性格有所保留，但我很喜欢她的诗，如，“偷来梨蕊三分白，借得梅花一缕魂。”“一畦春韭绿，十里稻花香。”真的都是千古绝唱。

我也很喜欢唐诗和宋词，尤其喜欢杜甫的诗，这些诗词生动地展现了那个时代的史实，让我真实地体会了动乱年代老百姓生活的困苦，提醒我们和平的珍贵。

我之所以喜欢唐诗宋词，一则很享受；二则诗人或词人们的人生经历会给我许多启迪，如刘禹锡和柳宗元，他们两个人的遭遇非常相似，但由于他们的性格不同，看待同一件事情的心态不同，一个乐观，一个悲观，所以他们的命运和最后的结局也就完全不同；三则背诵这些诗词可以锻炼记忆力，防止记忆力衰退。

真诚地奉劝大家养成爱读书的好习惯。汲取知识的乳汁后，你会发现自己在不觉中改变了。你在孩子、丈夫面前的行为，你的气质、修养、谈吐，你看问题的角度、深度、高度都会上一个台阶，而这些都会为你带来价值，赢得尊敬。

第二，女人要爱自己，善待自己。我们常说要“爱人如己”，可“爱人如己”的前提就是你要爱你自己，将自己照顾好，才有能力爱别人、照顾别人。同时要明白，自己也是一个和别人一样平等、应该尊重的生命，所以要善待和珍惜自己的生命。忽略自己，不善待自己，不珍惜自己的生命，也是一种失职和不孝！难道不是这样吗？如果你

身体出了问题，会给你的丈夫、孩子、父母增添很多烦恼。如果你的生命出现意外，会让孩子失去母亲，丈夫失去妻子，父母失去女儿，这不是失职和不孝又是什么呢？

有一次，我看到一位身患癌症的年轻妈妈写的一篇文章，她说她节假日忙着探望父母，平时忙着工作、照顾孩子和丈夫，回想自己短暂的一生，她感到最对不起的就是她自己。其实她那样做，何止是对不起自己？

女人还要养成锻炼身体的好习惯，拥有充沛的精力，才能做好自己的工作，照顾好自己的家庭和父母，同时也能保持良好的体形。

第三，作为母亲、妻子和女儿，我们最好能做几个拿手的好菜，让孩子的记忆里有妈妈的味道，丈夫的味蕾里有太太的味道，父母身边时常有女儿的味道。俗话说："要想留住男人的心，先要留住男人的胃。"其实这句话的意思并不是要求你天天做饭，而是要让丈夫的记忆里、味蕾里有太太的味道，感受到太太对他的爱和体贴。即便这个家不需要你凡事亲力亲为，但你要让丈夫和孩子感到这个家有你精心的经营和付出，让孩子和丈夫真切地感受到有你才有家。

第四，女人要有自己的情调和品位。有一次和朋友聊天，她说"穿衣"和"着装"是两个不同概念，当时乍一听很新奇，可转念一想的确如此。"穿衣"是身体的需要，而"着装"则是一个人情调、品味和修养的外在表现。其实衣服并不一定要名牌，但要有自己的风格。比如，我本人就不太适合穿很时尚的衣服，所以我的着装风格一向都很简洁。除着装之外，你的情调和品味还可以延伸到你对家的布置，使自己的家温馨、可爱、优雅，让丈夫和孩子想起来心里就暖暖的。

第五，女人不一定要在职场上叱咤风云，但一定要有很好的平衡能力，因为你同时肩负着做母亲、妻子、女儿、儿媳和员工的角色。

在这五个角色中，你怎样平衡自己，怎样做好自己的工作，如何经营好自己的家庭，教育好孩子，照顾好双方父母？这真的需要智慧，需要管理时间的能力和技巧。在这里，真诚地建议大家工作时要尽力将工作做好；下班后要合理分配时间，保证每天都有陪伴孩子、与丈夫交流的时间；在周末能和父母有些走动，以便和父母有适当的感情沟通和联络。而且妈妈管理时间的技巧、把握事情轻重缓急的能力还可以影响孩子。女儿管理时间的能力很强，我们在她上学后从未督促、过问过她的作业，其中主要原因在于我们对她在幼儿时管理时间能力的培养，但父母的影响也不容忽视。

第六，作为一个女人，你可以不工作，但一定要有独立生存的能力。当家庭遭遇危难时，你可以很快将眼泪擦干，支撑起这个家。

女人一定要乐观。在孩子成长的过程中，夫妻共同生活的几十年里，很难事事如意，一帆风顺，大多数家庭都会经历一些大小不同的挫折和挑战。在家里，妈妈的情绪非常重要，英文有一句话说："如果妈妈不高兴，家里没人高兴得起来。"作为一位母亲和妻子，在任何时候都要尽力保持从容淡定、积极乐观的心态，这对孩子的身心健康，丈夫获得力量的源泉大有帮助，千万不要遇到困难就抱怨、沮丧、悲观和失望，使雾霾在家的上空飘荡。

第七，女人要有独立思考能力和决断能力，千万不要人云亦云。有一次我在一个微信群看到一位年轻妈妈很痛苦地咨询大家，她说她的孩子已经满月了，她的丈夫和婆婆给孩子取了一个很好听的名字。可由于孩子名字中的一个字与她父亲的叔叔名字中的一个字重合，致使这位叔爷爷很不高兴。他命令她将孩子的名字改了。她听后为难地对叔爷爷说，这个名字是她丈夫和婆婆共同决定的，如果改就很可能会造成家庭纷争。这位叔爷爷听后非但不理解，还大发雷霆，让她和丈夫离婚，可悲的是她父亲也参与进来，给她施加压力。坦率地讲，我当时听了她的述说，真的感到这位妈妈很缺乏主见。且不说她的爸爸糊涂，就单单这位叔爷爷让孩子失去完整的家，让她离开自己所爱的人，就足以证明他的自私。对这样的无理要求有必要犹豫、并拿到群里来讨论吗?

第八，女人要有自己的兴趣和爱好，我的爱好是读书、听书、做讲座、写文章。当你有自己的兴趣和爱好时，你生活的中心就不单单是工作、孩子和丈夫，你的精神会更加丰盈和充实，你的生活会更加多姿多彩，你会变得更加阳光、自信、快乐，也会给你的家人、朋友、同事带去快乐。

另外，我也喜欢在院子里种花种菜，自己动手做些传统小菜。

第九，女人要有自己的朋友和社交圈，特别是要交一些比你强的朋友，这样你才能成长。当然不是说这个人所有的方面都要比你强，只要在某一点比你强就足够了。

在现实生活中，和谁在一起真的很重要，你的朋友可能会影响你的世界观、人生观和价值观，甚至在某个特定时刻改变你的人生轨迹，决定你未来事业的成败。“孟母三迁”的故事生动展示了和谁经常在一起的重要性。“人是唯一能接受暗示的动物”，这一点早已被科学家所证实。朋友积极行为和积极语言的暗示，会激发你向上的动力，帮助你成为一个积极进取、不断超越自己的人。

第十，不论男人还是女人都要善于自我反思，及时更新观念和提高思想认识，这一点对一个人的成长极其重要，没有反省和更新意识的生命不是完整和有价值的生命。

第十一，女人要拥有良好的沟通能力和技巧：不仅是丈夫的妻子，也是他的红颜知己；不单是孩子的母亲，也是他的良师益友。

一个真正有魅力的女人，她不会像《飘》里的郝思嘉，她的出现让许多男人蜂拥而至，而应该像电影里的英格丽·褒曼，她的出现让肤浅的男人望而却步，让成熟的男人油然而生敬意。随着岁月的沉淀，她的内涵、底蕴、气质、自修与自悟，做人的气度，善良、悲天悯人的情怀，对他人的关爱，都会终使她成为一道独特而美丽的风景。

如何发挥丈夫在家庭中的重要作用？

在家庭关系中，婆媳矛盾似乎是困扰中国家庭的一个永远的结。婆媳真的就是天敌吗？爱着同一个男人的两个女人就不能和睦相处吗？女人一定要为难女人吗？其实造成这一问题的根源并不完全在婆媳本身，很多时候是缘于丈夫在家庭中没有扮演好自己的角色，起到应有的沟通与疏导作用。结果不仅婆媳结怨，家庭战火连连，有时自己也受“夹板气”，甚至还会导致夫妻离散，孩子失去完整的家庭。那么，在家庭生活中，丈夫如何起到应有的重要作用呢？

首先，要序位分明，将妻子放在第一位，其次才是孩子和父母。

第二，要有独立思考的能力，“敬”与“顺”泾渭分明。我的朋友建明于国内名牌大学毕业，工作后爱上了一位只有高中学历的文员丹。在八十年代末，电话尚未普及，他便在领结婚证之前写信将自己的决定告诉父母。当时他的父亲是一位国有企业的高管，得知儿子爱上了一位没有受过高等教育的女孩，并要和她结婚的消息之后，十分生气，写信命令儿子和女朋友断交。收到父亲的来信之后，建明从容地回复了父亲。为避免信中的语气伤害父母，他在发出那封信之前，特意让我先看看。在那个年代，看到他那样坦诚、大胆地向父母阐明自己的观点，震惊之余，我的敬佩之情也油然而生。

他在信中告知父母：“只有我自己最了解自己，知道自己需要什么样的伴侣。如果你们不接受她，我可以不领她回家，当然你们也就不能到我这里与我同住。因为你们不喜欢她，不接受她，大家在一起生活就不会愉快，这样对谁都不好。我可以用其他方式孝敬你们，但不能以伤害她为代价，因为只有她让我感到幸福，只有她可以陪伴我度过以后的几十年岁月。如果一个男人不能保护自己所爱的人，没有能力让自己所爱的人幸福，他就不配做男人，更不配结婚。这一点，我想父亲更有体会。”后来他和丹结了婚，在丹怀孕时他的妈妈来看望他们。那时恰逢中秋，他邀请我们全家到他家一起过中秋，让老人感到热闹些。

在我们吃完晚饭、一起吃月饼时，他的妈妈带着几分担忧地说：“这次来，看到建明工作紧张，下班后又忙着买菜做饭，很担心他的健康。”建明一下子就明白了妈妈的心意，爽朗地笑着说：“妈妈不用担心，我知道健康最重要。以前在我们家，什么都是爸爸说了算，绝大部分家务都是您一人承担，我知道您心里的委屈。从我懂事之后，我就告诫自己，将来自己结婚了，一定要好好保护我的太太，让她幸福。

其实您和爸爸不也是希望妹妹将来能找到一位好丈夫，接替你们爱她、保护她吗？”因为丈夫对自己的爱，丹也用心爱着建明的父母和家人。后来建明的弟弟大学毕业后和他同在一个写字楼工作，在哥哥家住了近一年。丹告诉我，他们相处之所以很愉快，都是建明做得好。建明爱她，尊重她，他的弟弟自然也很尊敬她。同时，建明会要求弟弟保持自己房间的整洁，晚饭前后帮助哥嫂分担一些家务等。丹说弟弟离开时，懂事了许多，她竟有几分不舍。

孝贵在“敬”，而不在“顺”。建明以对妻子的爱、对父母的敬实现了他对父母的孝。同时，他也为弟弟提供了力所能及的帮助，并引导他成长。

“顺”与“能听进父母或长者有价值的建议”是两个不同的概念。“顺”是盲从，“能听进父母或长者有价值的建议”是智者，而“不能听进父母或长者有价值的建议”是固执，是缺乏分辨是非和独立思考的能力。

有许多年轻人曾向我倾诉他们婚姻的不幸，究其原因，其中不少人在婚前没有听进父母的规劝。父母以其丰富的人生阅历和经验，曾告诫孩子对方性格或人格等方面的缺陷，这些缺陷可能会给他未来的婚姻和人生带来一定危机。可惜由于亲子关系、沟通方式、孩子本人所处的环境和情感历程等不同原因，孩子当时听不进父母有价值的意见和忠告，以致后来悔之晚矣，不得不独自品尝和承担婚姻失败的苦果。

第三，尊重妻子，不管是在父母面前还是不在父母面前。我的朋友佳慧大学毕业后到一家高科技企业工作，而后和同事浩相爱结婚。两人结婚后一起回家探望父母，临行前他们约定，为了让双方父母放心，无论到谁的父母家，都装作一方惧怕另一方。比如，到佳慧的父母家，浩就装作惧怕佳慧，任凭佳慧训斥，决不还口；反之，亦然。

他们第一站到了佳慧在武汉的父母家，佳慧的父母都是军人，非常通情达理，第一次见到女婿，格外疼爱。每次见到佳慧训斥浩或者对浩大声说话，就批评女儿，告诫女儿夫妻要互敬互爱。佳慧和浩看到他们的表演达到了预期效果，很是兴奋，决定到浩父母家之后继续玩这一把戏。

浩的父母家在成都，父亲是一家国有企业干部，母亲做财务工作。到浩家的第一天，他们过得很平静。到了第二天，当浩当着全家人的面因为一点小事故意训斥佳慧时，佳慧就从浩妈妈的眼神里看出了她对自己的轻视。第三天，浩的妈妈做饭，让佳慧打下手，佳慧因不会做饭，自然笨手笨脚，浩的妈妈很不满。晚上睡觉前，佳慧对浩说出了自己的顾虑，告诉他这个游戏不能再玩了，因为双方父母的态度截然不同。但浩却不同意，他说再过几天就离开了，就不要改变了。佳慧说他虚荣，他说佳慧太上纲上线，两个人都不太高兴，一夜无话。第四天吃晚饭时，佳慧摆碗筷，婆婆一脸不高兴，责怪她说：“你怎么能将汤盆放在桌角上，万一碰洒了，不是烫伤人了吗？你妈妈在家就没教你一点规矩吗？”佳慧正要解释她还没来得及调整，听到婆婆最后一句话，心里很窝火。正在这时，浩的嫂子冷笑着说了一句：“以后我们浩可要吃大亏了！”佳慧顿时脸色变得铁青，可浩似乎没有察觉，不但不为佳慧解围，反而火上浇油地数落佳慧：“到我们老陈家，就要守我们老陈家的规矩，以后可要认真学！”佳慧这时忍无可忍，顺手拿起一盘凉菜向浩的脸上浇去，转身回房将门反锁上，边哭边收拾衣物准备离开。这下浩可慌了，再也顾不得在父母哥嫂面前的虚荣，又敲门又求饶。过了一会儿，佳慧平静地从房间走出来，坚定地对浩说：“请你走开！”浩正要上前拦阻，他的母亲轻轻地咳嗽了一声，浩就赶紧退了回去。那一刻，佳慧的心彻底凉了。她已拿定主意，下一步该怎么做。佳慧先找了一家酒店住下，而后改机票回家。过了几天，浩也回来了，迎接他的是佳慧草拟的离婚协议书。尽管浩一再认错，请求佳慧的原谅，但这位从小在部队大院长大，理性极强的姑娘郑重告诉他："在你家的那几天，我看到了你的家人和你真实的一面。尤其是你的虚荣和愚孝，长痛不如短痛！"浩虽然极不情愿地去法院和佳慧办理了离婚手续，但对佳慧仍百般体贴，工作时替她分忧，做什么好吃的还会给佳慧带到办公室，期望佳慧冷静一段时间之后能够原谅他。但公司很快来了一位从美国留学回来的博士，他对佳慧一见钟情，对佳慧展开了猛烈的攻势。正当佳慧在感情上极度矛盾和挣扎之时，中午午饭时，佳慧路过浩的办公桌，看到浩的桌子底下有一封信，就帮他捡起来放到桌上。当她看到信是从成都寄来的，出于好奇，她就将信打开。信是浩的妈妈写的，其中言语着实不登大雅之堂，这让佳慧的心永远对浩关上了大门。

夫妻双方要有独立处理生活中不同问题和矛盾的能力，保护自己

家庭生活的隐私，不要事事都和父母讲。父母多是更爱自己的孩子，看到的多是自己孩子的优点，难以以中立、理性的立场看待问题。

这个游戏从一开始就是错的，因为浩和佳慧都忘记了，在家庭关系中夫妻是平等的这一原则。

在这个游戏里，当佳慧在自己父母家训斥丈夫时，佳慧的父母看到的是女儿的任性，女婿的宽容，因而对女婿格外疼爱。而当浩在自己父母家训斥佳慧时，浩的父母看到的是儿子的强大和对儿媳的不满。既然你都对自己的太太不满意，不尊重，你还能指望和太太没有血缘关系的其他家庭成员尊重、疼爱自己的太太吗？

而且在这个游戏里，浩概念不清，界限不明。他和佳慧达成的协议是游戏只限于他们夫妻两人之间，而当其他人参与到其中之后，他没有做相应的改变和调整，尤其是当佳慧受到委屈，让他终止这场游戏时，他出于虚荣无动于衷。而当他妈妈指责佳慧，嫂子讥讽佳慧时，他又出于愚孝加虚荣，不但不制止妈妈和嫂子，反而对佳慧变本加厉，终致矛盾激化，一发而不可收。到最后佳慧要离开时，他又顺从母命，不做任何补救，让佳慧孤零零一人在一个陌生的城市独自寻找安身之处。佳慧之所以不愿原谅浩，不是这件事情本身有多严重，而是她在这件事情的背后，看到了浩的虚荣、愚孝和不担当。

佳慧的第二次婚姻很幸福，不仅丈夫爱她，公公婆婆疼她，她和丈夫的姐姐也成了密友。她的公公婆婆曾经当过外交官，非常开明，很高兴儿子能找到佳慧这样一位聪慧、美丽的太太。后来佳慧的丈夫被提升为公司的总工，浩也就黯然离开。

几年前我回国，在餐厅和朋友用餐时遇到浩，我们虽已人到中年，但还是彼此都认出了对方。我们相互交换了电话号码，但他并没有给我打电话，只是发了一条短信："你见到佳慧了吗？她还好吗？她是我心头永远的结、永远的痛、永远美丽的风景。"看到他的短信，我不禁想问他：“如果你没有失去她，你还会这样珍惜她吗？”

第四，爱妻子才是一个顶天立地的男人。我的朋友一林每次谈到她的弟媳都赞不绝口，她说是弟媳的贤良才让她安心在美国工作，让她弟弟放手在国内创业，而今颇有成绩。两年前，她弟媳带女儿来美国旅游，我有机会见到她，并和她聊了一会儿。

我说：“常听一林谈起你，夸奖你，是你对家庭的付出和贡献，让她这个做女儿的不需要时常牵挂父母，安心在美国工作。”

她笑着说：“不是我多么好，是我们家老爷子规矩立得好。”

接着，她向我讲了几个发生在她家里的故事。她说：“我和我先生谈恋爱时，有个周末我们一起去他家。他妈妈给他买了一件夹克衫，他不太喜欢，从他妈妈手里接过来就放到了一边。可他妈妈非让他穿上试试，让她看看，于是他就不耐烦地对妈妈吼了两句。没想到他爸爸立刻对他声色俱厉地说：‘我不允许任何人对我的女人这样说话！’我们俩听到这话都愣在那里了。但他爸爸马上又用平和与坚定的语气对儿子说：‘你如今也是快成家的人了，要学会爱自己的女人。爱自己的女人，让她跟着你心里踏实，才算是一个真正的男人！’我公公虽然只是一位普通的工人，可在那一刻他在我面前变得高大起来，敬重之情油然而生。我也就在那一刻决定嫁给他，我在心里对自己说，有这样的爸爸，儿子一定不会错！”

她说着，自己也笑了，幸福之情溢于言表。望着天边灿烂的晚霞，她继续说：“有一次我先生去香港出差，回来给婆婆买了一个自动绞肉机。因为婆婆是北方人，很喜欢包饺子、包包子。但我先生给送过去，他爸爸硬是不收，并告诉我先生：‘你媳妇送过来，我才能收。’我先生听了觉得很好笑，就对爸爸说：‘您也太小题大做了吧？她知道这是我给您买的。’但我公公却认真地对他说：‘我知道儿媳妇通情达理，我这样做是让你学会和媳妇建立一种诚信关系。很多家庭出现问题都是由信任危机造成的。你作为男人，在外面挣了多少钱，花了多少钱，都要告诉媳妇，这样她心里才踏实，一心一意跟你过日子。还有，你给我们买东西，也不要忘记逢年过节孝敬你的岳父岳母，人家养女儿也不容易。’我先生回家后，告诉了我他爸爸对他说的话，从那以后，我就将他爸妈当成自己的爸妈。我先生对我爸妈也很好，我妈妈生病住院，他忙前忙后，十分周到。他对我父母这么好，公公婆婆又那么通情达理，我有什么理由对老人家不好呢？”

听了她的叙述，我不由得感叹，真是“家和万事兴”啊！她的公公不仅善良、明事理，教育儿子对妻子诚实，爱妻子的父母如同爱自己的父母，也用巧妙的方式将做好人的机会留给儿媳，为婆媳建立亲密、和谐的关系打下了良好的基础。

第五，作为丈夫，还要为妻子与自己的家庭成员之间架起相互沟通、彼此信任的桥梁。对你太太来讲，你的每一个家庭成员最初都是陌生的，只有你是她最亲近的人。在她没有和他们建立起相互信任的关系时，可能会有本能的防御心理，对某些家庭成员的言行有些敏感。这时作为丈夫千万不要责怪太太多疑、小心眼、没有气度等，这样会更增加她的不安全感，让她与你的家人越走越远。

第六，作为丈夫，同样要拥有沟通的技巧，当自己的母亲抱怨太太时，你要一边安抚母亲，一边帮助母亲理解太太，让她看到太太的优点、对家庭的付出等。当太太感到在母亲那里受到委屈时，你也要尽力调和，让太太看到母亲言行背后的爱，母亲额外的付出和牺牲等。千万不要一方抱怨另一方时，自己也跟着抱怨，或者去质问另一方，尤其不要当着母亲的面批评、指责太太。这样不仅不能解决问题，还会使婆媳矛盾激化，进而影响夫妻关系，家庭和睦，甚至可能致使家庭破碎，孩子身心受到伤害。

第七，作为男人，千万不要当着父母和孩子的面与妻子争吵。在这个世界上，没有几个父母不希望自己的孩子有一个幸福和睦的家庭，孩子更希望父母相亲相爱。如果你当着他们的面与太太争吵，父母可能会认为是他们的存在给你们增添了负担，影响了你们的夫妻感情。也有的父母会误认为是儿媳不想赡养他们，从而加重婆媳之间的隔阂。而孩子也会因父母争吵，内心的安全感大大降低，进而影响孩子未来的心理健康。

如果遇到不明事理的父母加入儿子的阵营，一起指责儿媳，与儿媳争吵，就会更加使矛盾升级。原本夫妻之间的小问题，就会演变成家庭大战。

第八，男人，无论在工作还是在生活中，同样要有自我反省、更新和提高的意识，建立分享、交流、互勉、共同成长的家庭文化。

第九，男人要不断地学习、充实和提高自己，除读书之外，要关注时事、经济和社会动态，行事做人要有长远的眼光，这些都会给孩子积极、正面的影响。

第十，男人要有自己的兴趣和爱好，比如运动、旅游、摄影、探险等，这些都可以成为与孩子建立良好亲子关系的纽带，可有效培养孩子刚毅、果断，遇事临危不乱、从容不迫等健康品格。

第十一，一个负责任的男人，要远离诱惑，慎交朋友，做到近朱者能赤，近墨者不黑，做事不要孤注一掷、不留退路。因为你身后不只是你个人的成败得失，还有你要承担的家庭的责任和义务。

记得有一天傍晚，我散步路过孩子们玩的操场，看到姐弟俩，姐姐大概五六岁，弟弟三四岁的样子。姐姐不小心摔倒了，弟弟赶紧帮助姐姐站起来，还关心地问：“Are you OK?”（你还好吧？）

姐姐说：“I am fine.”（我没事儿。）

弟弟似乎不放心，又问：“Are you sure?”（你确定？）

姐姐回答说：“Yeah.”（是的。）

这让我想起我刚到加拿大时看到的一个电视剧里的场景。爸爸要出差了，对家里最小的儿子说:“我要出差了，我不在家的时候，你是家里唯一的男人，请你照顾好妈妈和姐姐。”

在那一瞬间，我一下子明白了为什么西方男人大都愿意承担家庭责任而又对女性很尊重。

我们国家现在有一年一度的“双十一”网上购物日，我们也可以将每个月的11号定为“夫妻交流共勉日”。在这一天，夫妻在一起分享、总结这一个月的家庭生活、子女教育、职场挑战等，相互勉励，总结经验，继往开来。坚持半年，夫妻关系和亲子关系就会有明显改善；如果我们能坚持十年、二十年，我们家长的素质和家庭教育的质量将会大幅度提高，我们的社会将会变得更加文明和美好！

在哈佛大学持续75年的关于幸福的研究报告中，哈佛学者们给出的幸福密码是:“幸福源自良好的人际关系，和家人拥有良好的关系是人生幸福的最重要来源。”而丈夫在家庭关系中起着极为重要的作用，是家庭成员拥有良好关系的枢纽。

相遇是缘，牵手是心灵的相通，相守是用心的经营。尽力经营自己，用爱与智慧滋养家庭，为孩子提供一个快乐幸福的成长环境，让父母安享晚年、尽享天伦之乐，使自己平凡的生命在繁琐中透出光芒，温暖家人，照亮自己，并一步步实现自己的人生价值和发展目标。

第 2 节

用心经营家庭　避免夫妻分离

两人因相爱而走到一起，但如何经营这份爱，保持各自对对方的吸引力，使这份爱在繁琐的生活中仍然能够历久弥新，在平凡的岁月中仍时常能感受到生活的美？如何在彼此的交流互动中让两人共同成长，更加从容、淡定地应对来自工作和生活的压力和挑战？如何吸取他人的智慧，并根据自己对人生的体会和感悟，齐心协力，共同培养出健康、阳光向上的孩子呢？爱与因爱而组成的家庭需要用心经营。

首先，婚姻是对对方的责任和承诺，其中也包括帮助对方成长、提高的责任。

大多数人结婚的时候都还很年轻，对人生和社会的认知不足，事业也多是刚刚起步，也不知如何经营家庭，因此相互帮助，一起成长，是两人共同的责任，这一点我体会非常深刻。坦率地讲，在我结婚之前和结婚之后完全是两个人，是我先生教我逐渐成长，这一点我特别感激他。

男人往往比较果敢、刚毅、沉着，女人则温柔、忍耐、坚持，两者有效地结合与互补，才能携手走过人生的风风雨雨。不少人结婚之后，仍然像恋爱时那样，一方纵容和娇惯另一方，无原则地让步，这样终归不能长久，因为人的忍耐力是有一定限度的。当你不能再忍耐时，你内心积聚已久的委屈和不满可能会像火山一样爆发，到那时对方如何承受呢？这一点，做丈夫的尤其要警醒。

夫妻之爱要基于相互平等和尊重，纵容和娇惯是将对方当作弱者或宠物，不是真正意义上的平等和尊重。

在这个世界上，除了父母的爱，其他所有的爱都是要有来有往的。两人结婚之后不要只想着对方爱你，就理所应当地应该让你、疼你、迁就你。只有你用心爱对方时，才能得到对方的爱。两人相处时，如果双方都感到得到的和付出的相平衡，婚姻关系才能稳定。如果两个人都感到得到的多于付出的，婚姻关系就变得牢固了。如果能让对方把你当作知己，在喜悦时愿意和你分享，困惑时愿意与你讨论，烦恼时愿意向你倾诉，你们两个就成为一体了。

第二，夫妻是平等的，要相互尊重。

这种平等不是各管各的收入，家庭开支AA制，也不是对家务分工的平等，我干这个你就必须干那个，或者对各自父母、家人关照的平等等，而更多是人格上的平等和尊重，是对对方的体贴，对对方价值的认同，对对方付出的感恩之情。我先生这一点做得比较好，无论我为他做什么事情，他都会很真诚地对我说声谢谢。我现在不上班，他经常会对我说，把家管好就是全职工作。周末时，他会起来为我做早餐，虽然只是煮两杯咖啡，煎两个鸡蛋，烤几片面包，准备几块水果，我心里还是感到暖暖的。我们周末经常一起看电视，每当我说自己饿了，他都会给我做一包爆米花或者拿点零食。他对我体贴和尊重，我自然也会尽力经营我们共同的家，精心照顾每一位成员的健康和饮食起居。夫妻是平等的，付出是相互的，懂得感恩才能长久。

第三，要给对方时间和空间，耐心帮助他成长。

记得我们刚结婚的时候，我不会做饭，但我先生从来不说我做得不好吃，而是说这个菜再加一点盐就好吃了，再加一点酱油颜色就更好看了等。我稍有改进，他就说这个菜做得真好。我因此做得特别来劲，厨艺当然也一步步提高了。他对我宽容，我也从不抱怨他，遇到问题时我们总是一起讨论、想办法。

我先生对待我的方式，也为我后来教育女儿提供了一些灵感。我想他这样对我，我就高高兴兴地主动改进自己的厨艺，我要是以同样的方法对待女儿，孩子不一样也有了学习的动力了吗？所以，家庭文化很重要，养育孩子的方式与家庭文化紧密相连，而家庭文化的主导者和奠基者往往是丈夫。

第四，双方来自不同的家庭，结婚前都有各自的生活习惯，加上个性和思维方式的差异，矛盾和冲突在所难免。

虽然经过一段时间的恋爱，彼此有一定程度的了解，但毕竟没有在一起生活过，没有共同经历过来自生活方方面面的挑战。这些都需要时间的磨合，需要彼此宽容、理解和接纳。

很多时候，接纳比改变更明智。我这个人有点洁癖，新买来的衣服，如果是贴身穿的，我一定会先把标签剪掉，洗过之后才穿；回到家里要换上在家穿的衣服，不能穿外出的衣服坐到沙发上。因为我就是这样被养大的，所以我也这样要求我的家人。另外，我对动物的毛发感到很不舒服，如果朋友家养猫、养狗，我从朋友家回来后，马上会将衣服换掉放到洗衣机里，而且进门之前会将袜子脱掉，进门后用消毒纸巾擦鞋子。我知道这是毛病，但我先生很理解，从不表示反感。他对我宽容，我对他自然也很宽容。有爱的家是温暖、体贴和包容的，它能接纳和欣赏每一个人的不完美。就像断臂的维纳斯，残缺也是一种美。

第五，对待婚姻要严肃认真，不要轻言放弃。

没有爱情的婚姻是不道德的婚姻，但轻易放弃也是对自己不负责任。我在加拿大时一起读财务的一位同学，课间休息时非常苦恼地跟我说，她想跟她丈夫离婚。

我问她："为什么？"

她说："他在国内是学电气工程专业的，来加拿大后找不到工作，现在在学软件。但他的英语水平、人际交往能力、表达能力等都不是太好，恐怕学出来也找不到工作，将来难有前途。"

我听后很吃惊，接着问她："你从认识他到现在几年了？"

她回答说："从认识他到现在已经有六七年了，我们结婚也快三年了。"她当时也接近30岁了。

我又问他："你当初为什么和他结婚？"

她回答说："他做事很踏实，人品很好，更是真心对我好。"

我换了一个话题问她："如果你和他离婚，再找一个像他这样人品好、又爱你的人需要多长时间？"

她茫然地回答："不知道。"

我笑着对她说："你这个人这么聪明，怎么连一个简单的加减法都算不清楚。你想找一个人品好、爱你、包容你的人不知要花多长时间，而他现在学软件，很快就学出来了，况且面试技巧的改进也不过就是几个月的功夫，而且你可以帮助他。你用一个未知的去换一个指日可待的幸福和保障，不是糊涂吗？"

她听后愕然。

我又接着说："假如你和他离婚了，以后再找男朋友，如果人家知道你和前夫离婚的原因是因为他暂时找不到工作，人家马上会想你这个人只能同甘不能共苦。那么，人家还敢和你好吗？"

她听后恍然大悟。

几年之后，我和她重逢时，她女儿已经 1 岁多了，她悄悄告诉我说："真感谢你，要不是你当初一语道破，我那时可能就干傻事了。"

每个人都有选择的自由，但要为自己的选择负责。关于女孩子择偶，现在好像有一种价值取向："宁可坐在宝马车里哭，也不要坐在自行车上笑。"问题是你身体的健康指数能支撑你在宝马车里哭多久，现实的生活的压力能让你在自行车上笑多久。做人做事都不要走极端，婚姻是要用心经营的。

门当户对很有道理，但我想它强调的不完全是双方家庭经济和社会地位的对等，更多的是婚姻双方的价值观、修养、品位和知识的底蕴等精神层面的对等。

第六，夫妻双方要注意维护自己家庭生活的隐私，具有独立解决问题和冲突的能力。

尤其是太太，不要一生气就回娘家。家事很难有对错之分，有时只是站在不同的角度看问题罢了。本来一件简单的事情，一大家人你一言，我一语，反而会将事情复杂化。

第七，要主动表达自己的观点和需求。

夫妻之间不要为了避免争执或暂时求得对方满意而一味顺从、压抑委屈自己；也不要理所当然地认为，我不表达，对方也应该知道我的所思所想。大家都是普通人，没有超越凡人的能力，并且都有自我意识，很难在精神上长期供养一位公主或王子。当双方都能自由表达自己的感受和意愿时，才会感到自己被对方尊重和认同，体会到婚姻的幸福，珍惜两人来之不易的缘分。

第八，在恰当的时候，短暂回避自己在家庭中的角色。

在现代社会，许多人要时常面对来自生活和职场的不同挑战，而大多数女人又要年复一年、日复一日承担繁琐的家务，负责家庭的正常运作，即使身体可以承受，也难免有时会产生心理疲劳。做一个合理的计划，给自己放一天或几天假，享受两人世界，也可以约朋友小聚，让自己回复到结婚之前的状态。身心得以完全放松，才能获取更多的能量，持续扮演好自己的角色。

第九，要善于发现生活中的美，感恩生活。

草坪刚剪完之后青草的芳香，春天盛开的玫瑰，夏季每天变化的丝瓜，生机盎然的朝天椒，邻居家可爱的小女孩，因做家庭公益讲座有缘认识许多出色的年轻人等，都让我感恩生活，感激生命中的每一次相遇。感恩的心态不仅使自己生活充实，心境愉悦，感染每一位家庭成员，并能给孩子提供一个阳光快乐的成长环境。

第十，要相互关注对方的身体健康，共同拥有健康的生活。

养成健康的饮食习惯，有规律地锻炼身体。健康的身体是家庭平安的基础，是孩子幸福成长的保障。

第十一，学会克制自己的情绪，以柔克刚，常赞美对方。

老子的《道德经》多次谈到水，其中第七十八章这样说：“天下莫柔弱于水，而攻坚强者莫之能胜，以其无以易之。弱之胜强，柔之胜刚，天下莫不知，莫能行。”当家里遇到烦心的事或将要发生冲突时，先对自己在心里说三个不，让自己冷静下来。非原则的事情，大事化小，小事化了，凡事糊涂一点，宽容一点，退一步海阔天空。

“夫妻不要有隔夜的仇”，这是我结婚之前我母亲送我的一句话，我为此非常感激，也格外珍惜。夫妻之间若有什么矛盾和误解，一定要及时沟通化解，不然这个结就像滚雪球，时间越久，结就越大，越难解开。

作为女人，年轻时你的聪慧、美丽、灵气，以及青春的朝气可以让对方为之倾倒，爱你爱的发狂。可随着岁月的流逝，红颜的褪去，让对方仍能一如既往爱你的力量是品格，尤其是你的善良、修养、智慧、知识的底蕴，你的平衡能力，以及和谐的家庭关系。

同样，作为男人，事业的成功最多为你的人生挣50分，如果你缺乏对家庭的责任和担当，人生仍然是不及格。用心爱你的妻子和培育自己的孩子吧，在你付出的同时，也会得到精彩的回报。

避免夫妻分离　维护家庭完整

两人因相爱而走到一起，本是很大的缘分。可不幸的是，在现实生活中，夫妻反目、家庭离散，孩子心灵受到巨大创伤的事情时有发生，我们要如何避免呢?

首先，要远离家庭暴力和冷暴力。

家庭暴力不仅使受害者的身体和心灵受到巨大伤害，容易导致婚姻破裂，使孩子内心的安全感大大流失，同时，在经常发生暴力的家庭中成长的孩子，由于耳濡目染施暴者的行为，受施暴者潜移默化的影响，他们长大后也容易用暴力的方式解决问题，从而加大了他们具有暴力倾向的可能性，并造成对社会的潜在危害。

从家长对我的咨询中，与家庭暴力相比，目前家庭冷暴力更多一些，尤其是在夫妻双方都受过高等教育的家庭。家庭冷暴力是指夫妻双方产生矛盾时，一方态度冷漠，漠不关心对方，将语言交流降到最低限度，停止或敷衍夫妻之间的正常沟通、合作和生活。家庭冷暴力实际上是一种精神虐待，对人精神上的摧残往往比对肉体的伤害要可怕得多，容易使受害者陷入一种焦躁、恐惧、不安、孤独等情绪之中难以自拔，甚至导致精神疾病。家庭冷暴力也会给孩子造成很大的心灵伤害，使有些孩子产生自卑、自闭、上课注意力不集中等诸多问题。

为了家庭的和睦，孩子的健康成长，也为了老人能够安享晚年，大家要不断提高个人修养，远离家庭暴力和冷暴力。

第二，避免信任危机。

夫妻双方都要诚实地告诉对方自己的收入和大概支出，共同计划家庭投资。一方不能控制欲过强，限制对方的开支，追问对方每一项支出的具体细节。因为这样做不仅会让对方反感，有时对方会为了避免冲突而不说实话。可事实是包不住的，久而久之夫妻之间便会出现信任危机。夫妻之间的相互信任是维持婚姻稳定的一个重要基石，如果基石坍塌，婚姻这所大厦能不倾斜吗？

人都具有社会属性，需要正常的社会交往，尤其是在现代信息社会，正常的社交活动有益于个人的机遇和发展。如果一方对另一方过于苛刻，限制对方正常的支出，不仅让对方在亲朋好友面前感到尴尬、难堪，也会使他对婚姻产生不满和厌倦，最终渴望逃离婚姻这座围城。

第三，不要成为一个“醋坛子”。

婚姻中的一方看到对方和异性交往就猜疑、吃醋，有的更是趁对方不注意时，检查他（她）的通话记录或短信，其实这是一种缺乏自信的表现。婚姻是靠爱情维系的，爱情是相互依赖，同时又让双方都感到自由，能自觉规范和约束自己的言行，爱情不是捆绑对方手脚，监督、限制对方行动的绳索。如是绳索，谁不渴望挣脱呢？

第四，不要当着别人的面不给对方面子，将恋爱时的优越感带到婚姻中。

在我的社交圈中曾经有这样一位女士，她父亲是一位厅级干部，她本人资质平平，长相一般，他丈夫身材高大，仪表堂堂，但来自北方农村。尽管后来她丈夫成为一家大型国企的高管，但在她眼里仍是一个婚前对她不断献殷勤、出身寒微的人。记得有一次大家一起吃饭，大家请他丈夫点菜，她丈夫刚点了两个菜，她就在旁边挖苦道：“就脱不了乡巴佬的本性，点菜也不上档次。”

他们最终分手的原因虽比较复杂，但这位太太将恋爱时的优越感带到婚姻中的做法，无疑助推和加速了他们的分离。

人都有自尊和自爱，没有几个人愿意长久地承受招之即来、挥之即去的羞辱，除非他对你另有所图。生活如此，婚姻也如此。

此外，我也提醒女性朋友，不要期望对方在热恋中为你做的所有事情，结婚后还会一直坚持为你做下去。结婚前他渴望得到你成为他终生的伴侣，结婚后他期望你能够履行做伴侣的职责。在他心目中，你的角色在婚前和婚后是不同的。

第五，避免双方收入出现差距后，夫妻关系不再平等。

夫妻是一体的，你中有我，我中有你，一方的成就有另一方的支持、奉献和付出。夫妻在家庭里只有分工不同，没有高低之分。

我的一对邻居夫妇，由于太太的公关和语言能力较强，在公司得到了很好的发展和提升，丈夫是一名软件开发工程师，收入虽不及太太，但扣过税之后，两人实际收入相差并不大。由于太太时常出差，操持家务、照顾孩子的任务就由丈夫承担。丈夫里外兼顾，难免有时身心疲惫，说话言不由衷，可太太却不够理解，讽刺丈夫收入不及她，就应该理所应当承担更多家务。两人为此经常发生冲突，最后走向了分手。分手后太太惊讶地发现自己连吸尘器都不会用，反思自己，后悔莫及，有心复合，可对方已心灰意冷。

一个人的成功由个人能力、专业发展空间、发展机遇等多种因素促成，不能因收入的高低评判一个人的价值。土木工程、电子、通信、材料科学等领域，这些年在国内发展迅速，机会也较多，而像数学、物理、生物免疫、历史、考古等基础科学，尽管它们对人类未来的发展非常重要，但在这些领域工作的人们收入并不高。做人要厚道，夫妻相处更要常有欣赏、感恩之心。

另外，我还想提醒大家，当你感到疲倦时，感到干家务是一件单调乏味的苦差事时，就暂时将它们放到一边。不然你的心情会很容易变差，并可能将这份坏心情转化成攻击对方的定时炸弹。

第六，不要在对方成长时，自己还原地踏步。

尽管夫妻在结婚的那一霎那，是对对方的责任和承诺，而且这份责任还包括每一方都有帮助对方成长、改进和提高的义务。但人要有自觉充实和提高自己的意愿，不能总依赖配偶的推动。因为人的耐心总是有限的，当耐心消磨完之后，就会开始消磨爱情。

社会在变化中前进，不断积累提高自己，方能择时而动，顺势而为。可当对方已经爬到半山腰，而你还在山脚下徘徊时，对方也许在上行的路上会遇到一个能和他并肩同行的人。到那时，你该埋怨谁呢？

第七，不要将注意力全部放在孩子身上，忽略对方。

尤其是女性朋友，这一点要更加注意。对夫妻来讲，你最重要和最亲近的人是你的另一半，其次才是你的孩子和父母。对一个家庭来讲，以夫妻关系为中心，丈夫、妻子、孩子三足鼎立，才能使家庭更加稳定，孩子健康成长，并实现对父母的孝道。

第八，不要常常记恨，要学会放下。

怨恨是一把双刃剑，在伤害别人的同时，伤害更多的是自己。家庭气氛不轻松愉悦，家庭文化不包容，不仅不利于夫妻关系，更不利于孩子的成长和未来拥有健康的人格。

第九，不要恶语伤人，更不要轻易说出“离婚”两个字。

一方常将离婚挂在嘴边，就等于给对方一种暗示，使对方在潜意识里做好了随时离婚的准备。一个随时准备离婚的人，怎么会用心经营自己的婚姻呢？

第十，不要将自己的另一半和别人的配偶进行比较，也不要在对方爱你时无限扩张自己的要求和欲望。

第十一，不要忘记定期和自己的另一半沟通，享受两人单独在一起的时光。时常赞美、感恩对方的付出。

“执子之手，与子偕老。”在滚滚红尘中，灯火阑珊处，邂逅是缘。将偶遇的缘经营出生命美丽的乐章，在平凡的生命中注入五彩斑斓，是爱的付出和智慧的经营。衷心祝愿每一对夫妻相亲相爱，共建和睦幸福的家庭，牵手迎来绚丽的朝霞、拥抱美丽的彩虹，“静看花开花落，笑看云卷云舍。”

第3节

坦然接受离异　从容养育孩子

婚姻问题是一个复杂的社会问题，涉及个人修养、能力、品德、伦理、心理和生理等复杂因素，我不是婚姻问题专家，但根据自己对周围人的观察和对人生的感悟，造成这一问题的原因虽然很多，可应对这一问题的能力多取决于一个人的自信心、独立性和心理承受能力等综合素质。

坦然接受离异　开始新的人生

婚姻是对对方的责任和承诺，可当对方明确告诉你，他不再爱你，不想再继续承担这份责任和承诺时，你该如何应对呢？

安之和丈夫宇宏是大学同学，毕业后两人一起来北美深造，获得了同一所大学，同一专业的博士学位。毕业后安之先找到工作，丈夫在一所大学做博士后。一年后，宇宏经安之介绍，也进入同一家公司工作，两人有了一个可爱的儿子。两人在公司发展得都很好，儿子上高二时，安之已经是公司研发中心的负责人，宇宏被派往上海分公司做总经理。

在宇宏到上海任职不到一年，安之收到了宇宏写来的一封长信。信中宇宏告诉她："我爱上了一位模特儿，想和你尽快离婚。为了补偿你和孩子，我净身出户，在美国所有的存款和房产都归你，但不予支付儿子以后上大学的费用。"语气之决绝，言语之冷漠，让外人看了都寒心。

这封信犹如晴天霹雳，安之怎么也想不到一个令人羡慕的幸福家庭就这样即将解体。她强忍悲痛，打电话问宇宏她能否去上海和他好好谈谈，但是宇宏坚决拒绝。

离婚后安之无法面对以前两人共同生活和工作的环境，从东岸搬到了中部，并重新找到了一份不错的工作。经朋友介绍，她认识了一位大学教授马修，马修虽是美国人，但曾经在新加坡工作过多年，对东方文化有很深的情结。他和太太离婚后，独自抚养女儿。他认识安之后，被她的聪明和出色的工作能力所倾倒，深深地爱上了安之。他对安之的儿子视如已出，他的女儿和安之的儿子也相处很好。正当安之的朋友都为她再次找到幸福开心时，意外发生了。

宇宏借回美国开会之机来看望儿子，再次和安之相聚。晚饭后，儿子回房做作业，安之问他：“你过得好吗？”

宇宏犹豫了一下，有点言不由衷地说：“还可以吧，她不像你，很会花钱，平时她最关心的也不是我，而是她的体重和身材。”

宇宏走后，安之意识到她内心深爱的仍然是宇宏，她和马修交往，不过是想借此逃避现实和治愈心灵的创伤。

安之决定和马修分手，并在周末将自己的决定告诉了儿子，但儿子的反应大大超出了她的预料。儿子恳切地对她说：“妈妈，你好糊涂！与爸爸相比，马修才是一位真正的绅士。他爱的是你的才华，你的内心，而爸爸注重的只是外表。你如果失去他，以后可能再也遇不到真正爱你和欣赏你的人了！”

儿子的成熟让她惊讶，也让她倍感欣慰。

安之想了一夜，最终还是找机会将自己内心真实的想法告诉了马修。尽管马修很痛苦和失望，但还是平静地离开了。

儿子上大学后，安之将所有的精力都放到了工作上，胃疼一年多也没有放到心上，直到有一天她在办公室晕倒被送到医院。检查结果是胃癌，并且已经到了晚期。去世前儿子急匆匆赶到时，她已陷入昏迷状态说不出话来。

与安之相比，梦凡对家庭的付出更多。她先来美国攻读博士，毕业后在一家高科技公司工作，待生活安定后，丈夫进凯辞掉了在国内的工作，来美国和她团聚。她供进凯拿到了硕士学位，可进凯毕业后一直没有找到工作，于是便和当地华人和国内朋友合伙做些小生意。进凯的生意连续做了十多年，也没有多少起色，仍然要靠梦凡承担起养家的重任。

时间在不知不觉中流逝，转眼儿子要考大学，比儿子小两岁的女儿也上高中了，进凯的生意近几年也发展顺利，并在国内有了自己的分公司。梦凡多年的付出和辛劳终于有了回报，亲人和朋友都为她高兴，她自己也沉浸在幸福之中。可好景不长，圣诞节孩子们放假时，进凯也从国内回来了。本以为一家人可以欢欢喜喜过个圣诞节，但没想到当天晚上进凯就支支吾吾地告诉她，他经不起诱惑，和国内的助理好上了，并且他们已经有了孩子，孩子很快就要出生。

听了进凯的话，梦凡顿时感到浑身冰凉。她看着眼前这个靠自己供养、支持多年，却背叛、欺骗他的男人，怒不可遏。她冲上前去，一把揪起进凯的衣领，她本想扇他两个耳光，但刹那间她猛然意识到这样做太有失风度，于是举起的手又缓慢落下，对他坚定地说："到客房去，我现在不想看到你！"

望着丈夫离去的背影，梦凡将房门紧锁。她呆坐在沙发上，想起这些年为了在竞争激烈的职场站稳脚跟，自己的奋斗和走过的心路历程，为养育儿女，支持丈夫，付出的辛劳和汗水，不禁泪如雨下。她想大声地哭出来，哭出自己的委屈和伤痛，可又怕惊扰了一对儿女，于是她冲进地下室。一进地下室，她就关上门，趴在地板上号啕大哭。不知哭了多久，也许是哭累了，也许是眼泪哭干了，也许是地下室没有装修的水泥地板太凉了，她止住了她内心的疼痛。她慢慢从地板上坐起来，思考自己下一步该走的路。她回到厨房，喝了一杯果汁，然后回到卧室冲了一个热水澡。她看着镜子里的自己对自己说："我不能倒下，我还有一对儿女，他们还没有自立，他们还需要我的养育和支持。我还是我，没有少一根毛发，没有少一点智商，我不能因此被打垮，我要和以前一样从容快乐地生活！"

她将眼泪擦干，披上外衣，半躺在床上。过了一会儿，她渐渐冷静下来，便打开电脑。她先看了一下家庭投资，大概估算了一下家庭财务状况，然后草拟了一份离婚协议书，并打印出来，放到丈夫休息的客房门下面。

她看看时间，已经是凌晨，便和衣躺下，但她如何能睡得着呢？以前生活的画面像电影一样一幕幕在她脑海里闪过，每次都如利刃在她心里划下一道滴血的伤痕。她清醒地意识到，自己不能再任由情绪摆布，她必须要想办法控制住自己，让自己走出来。于是她起身，准备到厨房为孩子们准备一顿丰盛的早餐。

早饭后，梦凡平静地告诉孩子们：“爸爸在中国爱上了另外一个女人，他们已经有了孩子，我不得不和他分手。”

女儿听后哭着质问父亲：“您怎么能这样做呢？”儿子带着轻蔑的语气对父亲说：“你撒谎、你欺骗。”在西方的价值观里，撒谎和欺骗是严重的道德问题。

梦凡先平静地制止了孩子，然后用平和的语气对他们说：“尽管我和爸爸的缘分已尽，但我们都会和过去一样爱你们。”然后她走上前去，用双臂紧紧抱住兄妹俩：“妈妈有你们俩就足够了！以前也几乎是妈妈一个人养家，和过去相比，现在家里还少了一个人，妈妈的负担反而减轻了。你们俩要好好学习，我们要像过去一样好好生活！”

她亲吻着女儿和儿子的额头，尽管泪水无声地流下，但她再次用坚定的语气告诉儿女：“我们要像过去一样快乐地生活！”

现在梦凡的儿子在读医学院，女儿也即将大学毕业。在儿子的帮助下，她也找到了自己的另一半，一位来自台湾的工程师。他儿子不仅在网上为妈妈登广告，还通过电话、Skype等面试条件合格的应征者。

相比梦凡，安之是事业上的佼佼者，但面对离异，两人接受的态度和迎接新生活的方式却迥然不同：一个被动，一个主动；一个不愿放手，一个勇敢面对和接受；一个抑郁寡欢，一个痛定思痛，积极调整自己，适应新的生活。

作为一位负责任的男人要远离诱惑。因为当诱惑来临时，很多人是难以抗拒的，“坐怀不乱”是一种很难达到的境界。

淡定接受现实　从容养育孩子

离异是人生之大挫折，丧偶是人生之大不幸，当一个人面临双重打击时，该如何应对呢？

刚认识楚姐时，是在我女儿出生后不久。那时她刚刚三十出头，身材匀称，皮肤白皙，五官精致，加上近一米七的身高，真是一个典型的美人胚子。她待人温和，总是面带微笑，我当时想她一定家庭幸福，生活美满、富足。可当我和她熟悉之后才知道，她的现实生活和我的想象实在是相距甚远。

她告诉我她原本有一个幸福的家庭，女儿聪明可爱，丈夫也很出色。丈夫身材高大，相貌英俊，待人得体，工作能力也很强。可两年前丈夫单位一位颇有背景的年轻女孩爱上了他，他对楚姐说，如果他拒绝将会影响他的前途，如果他接受则会在未来得到许多发展契机。楚姐立即明白了他的意思。她没有和他争辩，平静地和他办理了离婚手续。现在女儿即将上小学，丈夫时常忘记给孩子抚养费。出于自尊，她也不愿开口向他索要，宁愿一人独自抚养孩子。

我知道楚姐所在的公司是事业单位，收入并不高。她也仿佛看出了我内心的担忧，微笑着对我说："正好我爸爸妈妈都退休了，我的同事帮助他们又各自找到了一份工作。我妈妈在一家公司的食堂帮忙，我爸爸退休前是电工，现在也在一家公司做维修工作。三代同堂，一家人生活在一起，共享天伦之乐，也是难得的幸福，我很高兴和知足。"

后来楚姐遇到了一位来自上海的工程师夏，他太太患癌症去世，留给他一个年幼的女儿。楚姐和夏两人结婚后夫妻恩爱，对各自的孩子都视同己出，那近十年的时光也是楚姐最幸福和快乐的日子。

2004 年夏天，我回国再次见到楚姐。她告诉我，她现在又是一个人生活了。我吃惊地问："为什么呢？"

她苦笑了一下说："我先生两年前患癌症去世，从发现到走才半年多一点。"

我的心猛地抽了一下，不知用什么言语安慰她。看着我担忧的面容，她淡淡地笑了一下说："都过去了，我当时最担心的是小女儿。我一再告诉她，只要我在，我就永远是她妈妈，我会将她抚养成人，并且比她爸爸在时更加爱她。后来孩子的祖父母和叔叔来接孩子回上海抚养，可孩子坚持和我、和姐姐生活在一起。她们姐妹俩每年放暑假都去上海探亲，陪伴和安慰失去儿子的祖父母。"楚姐说着，心情渐渐地快乐和轻松起来。她突然想起了什么，脸上露出幸福和喜悦的笑容，高兴地对我说："我女儿去年考上上海复旦大学，小女儿学习成绩也很好，再过两年，她也要考大学了，相信她也能考一所不错的大学。"

时光荏苒，当我十年后再次见到楚姐时，她已经退休，我们在一起聊了两个多小时。她高兴地告诉我："大女儿在复旦大学完成了博士学位，现在上海一所大学任教，并有了一个可爱的儿子和幸福的家庭。小女儿在广州中山大学毕业后，由叔叔资助到英国深造，取得了硕士学位，回国后也找到了一份不错的工作。小女儿去年结婚，为了照顾我，特地买了离我家很近的房子。我现在和朋友一起做些公益，学习书法。两个女儿都很懂事，赞助我每年旅游度假两次，我也时常去上海看看小外孙，陪陪婆婆，生活得很快乐和充实。"

她略停了一下，然后笑着对我说："两个孩子担心我孤独，多次劝我再找个老伴，我说随缘吧。半年前小女儿给我介绍了她一个香港同事的父亲，是一位中学老师。现在深圳和香港来往很方便，我们正在相互了解中。"

丈夫为了个人利益，舍妻弃女，楚姐没有哭闹，而是选择了尊严与担当；面对相亲相爱却患癌症去世的第二任丈夫，她很快将眼泪擦干，挑起养育两个女儿的重担。她以宽广的母爱，坚韧、从容、乐观的品格，将女儿培养成才。

与楚姐相比，芸姐结婚前是父母的娇娇女，结婚后丈夫对她疼爱有加。婆婆年轻时寡居，仅有一子，儿子结婚后就和儿媳一起生活，老人通情达理，和芸姐相处如同母女，加上活泼可爱的孙子，三代同堂，其乐融融，很是让人羡慕。

可这一切都因芸姐儿子的一场病而烟消云散。儿子患脑膜炎被误诊，因病情危急被转到广州中山医学院。两天后儿子脱离危险，芸姐在医院守护儿子，丈夫由司机开车送回家。可不幸的是他们的车途中遭遇车祸，两人当场死亡。

芸姐的丈夫当时已是一家大型国企的副总经理，公司负责人得知这一噩耗，很担心芸姐和婆婆经受不住如此打击，特地通知和安排芸

姐的哥哥姐姐来到深圳。当亲人环绕在芸姐身边，委婉地告诉她丈夫去世的消息后，她仿佛在晴天听到一声惊雷，顿时愣在那里，怎么也不相信自己的耳朵。但当她清醒过来之后，失声恸哭，并大声问众人："妈妈呢，我妈妈在哪里？"

外人无法知道芸姐是怎样自己走过来的。她料理完丈夫的后事，在家休整一段时间后，便开始上班。很多人看到芸姐傍晚一手搀扶婆婆，一手拉着儿子散步。

芸姐的儿子经过一段时间的治疗后康复了，但智力受到了一定程度的损伤，学习成绩远不如患病之前。对此她坦然接受，她相信只要孩子身心健康和勤劳，无论做什么，都能在社会上立足。

婆婆年轻丧夫，老年丧子，老人家的心情可想而知。为了让老人能尽快从伤痛中走出来，她对老人格外周到体贴，并积极鼓励老人振作起来。她多次对老人讲："妈妈，只有您身体好，帮助我将家照顾好，我才能安心工作，将孩子抚养成人，不辜负他爸爸。"

芸姐的坚强、善良感动了周围许多人，包括她一位年轻的同事，这位小伙子将他几年前丧偶的叔叔仲华介绍给了芸姐。起初，芸姐并不接受，但仲华真诚地帮助她接送孩子，照顾婆婆。随着时间的推移，芸姐的婆婆从心底里接受了仲华，仲华也慢慢走进了芸姐和孩子的心里。在和仲华结婚之前，芸姐向仲华提出了要求："如果我们结婚，我们都要爱各自的孩子和亲人，尤其是我的婆婆。现在她是我的婆婆，但我和你结婚之后，她就是我的妈妈。"

面对丈夫意外离世，儿子智力受损的飞来横祸，芸姐以她孱弱的身躯独自挑起赡养婆婆、养育儿子的重任。很多人说芸姐带着婆婆和儿子改嫁，而且嫁了一个真心爱她的好丈夫，是个奇迹。其实这个奇迹是她个人修为的福报！

张蕾是一家商贸公司的会计，在女儿四岁时，她的丈夫有了外遇，两人离婚前连锅碗瓢盆都相互争夺。离婚后女儿璇璇归张蕾抚养，对方不久去了海南，从此再无音信，女儿的抚养费自然也就只剩下法院的一纸判决书。遗憾的是张蕾既没有很好地反思婚姻失败的教训，也没有从婚姻失败的阴影中解脱出来，认真思考自己以后的人生，以及如何让已受伤害、内心安全感大大降低的女儿健康成长。在生活上，她不再信任任何男人，也不再相信爱情，变得玩世不恭，破罐破摔；在与人相处上，她将对婚姻失败和生活的不满时常转嫁到他人身上，动辄使性子，缺乏应有的礼让和谦和。我一个好朋友和她住邻居，时常听到她打骂女儿，从隔壁传来孩子尖厉的哭声。她身边的同事、邻居、朋友本来都很同情她，也想帮助她，可她的言行却让人望而却步。

有一次，我带女儿参加一个朋友孩子的生日聚会，她的女儿璇璇也在其中。当家长切蛋糕，孩子们拍手唱生日歌时，璇璇虽然也随小朋友们拍手，但并不出声，而且眼神是怯怯的，嘴角的笑容是勉强挤出来的，让人看了十分心酸。

聚会快结束时，张蕾打来电话，告诉女主人她正在加班，可能要晚一点才能接孩子回家。女主人有点为难地说："我们家有老人要早点休息，我问问其他孩子的家长，能不能先将璇璇接走，你去那里接她？"

于是，我从女主人手里接过电话对张蕾说："我先将孩子接走，你下班到我家接她吧。"

回到家里，我安排女儿冲凉睡觉，然后坐下来陪伴璇璇等妈妈。我给她倒了一杯果汁，轻声问她："璇璇今天晚上玩得开心吗？"

她点点头，没有说话。

我又问她："今天晚上的蛋糕好吃吗？璇璇喜欢吗？"

孩子又点点头，但眼睛里已噙着泪水。

我将她揽在怀里，抚摸着她的头发和后背问她："璇璇有心事，是吗？如果你相信阿姨是个好人，你就说出来，这样你心里就会好受些。”

没想到孩子“哇”的一声大哭起来，边哭边对我说：“妈妈说爸爸不要我们了，还说我是她的累赘，是一个拖油瓶。”

我将孩子抱起来，轻轻拍打她的后背，让孩子将心里的郁闷和委屈都哭出来。

过了一会儿，孩子渐渐止住了哭，我安慰她说：“妈妈说的不是心里话，她是会计，工作很辛苦，要经常加班，可能是累极了乱说，你不要放在心上。她是最爱你的，爸爸也一样爱你，只是他可能工作忙，一时抽不出时间来看你。”

这已多年，我一直牵挂着这个孩子，每次回国都打听她的情况和下落，朋友告诉我她后来考上了一所不错的大学，但她妈妈张蕾一直一个人生活。衷心祝愿孩子能忘却童年的阴影，从她妈妈的人生中吸取经验教训，拥有一个幸福的家庭和阳光快乐的人生。

如果说楚姐如生命蓬勃的朝阳，芸姐则如山涧小溪，虽涓细柔弱，仍能穿过乱石险滩，最终流入大海宽广的怀抱。

张蕾和我是同龄人，比起楚姐和芸姐，还要年轻五六岁，而且学历比她们两位高，收入也不会在她们俩之下。可面对人生的巨大打击和挫折时，楚姐和芸姐是接纳、适应、改变、突围，并以积极阳光的方式迎接和拥抱新的生活，而张蕾却选择了怨恨和自暴自弃。

婚姻是对自己和对方的责任和承诺，一旦踏入婚姻的殿堂，我们就要用心经营。但当婚姻走到尽头，两人缘分已尽时，也要淡定地接受，使损失降低到最低限度。何况婚姻的解体，并不意味着对孩子责任的减少。而是要用更多的爱和智慧让孩子相信父母虽然分手，但对他的爱不会改变。

没有爱情的婚姻是不人道的婚姻。相比没有爱情而仍捆绑在一起的婚姻，离婚是文明和进步的体现。但离婚后逃避责任或借孩子出气，不仅伤害孩子，也再次向众人证明你的失败和无能！

做人要言而有信，行而有义，何况对待曾将一生托付给你的妻子和与自己血脉相连的孩子？家庭是社会的组成部分，一个对家庭负责任的人，也往往是一个对社会负责任的人。一个对妻子不忠，对孩子不愿尽责的人，会是一个对朋友、上司、公司诚信的人吗？

用心经营自己和家庭，坦然接受分离，从容养育孩子，让爱与善的种子撒向孩子的心灵深处，撒向人间每一个角落！

第 4 节

家庭要和睦　管教要和谐

什么是忠与孝

我们先来看看孔子怎么定义忠的。在《论语·宪问》里，子贡曰：“管仲非仁者与？桓公杀公子纠，不能死，又相之。”

子曰：“管仲相桓公霸诸侯，一匡天下，民到于今受其赐。微管仲，吾其被发左衽矣。岂若匹夫匹妇之为谅也，自经于沟渎而莫之知也。”

他们的对话翻译成白话文如下。

子贡问：“管仲不能算是仁人了吧？桓公杀了公子纠，他不能为公子纠殉死，反而做了齐桓公的宰相。”

孔子说：“管仲辅佐桓公，称霸诸侯，匡正了天下，老百姓到了今天还享受到他的好处。如果没有管仲，恐怕我们要被愚昧人统治，披散着头发，衣襟向左开了。哪能像普通百姓那样恪守小节，自杀在小山沟里，而谁也不知道呀。”

管仲，早年经商，初事齐国公子纠，帮助公子纠和公子小白争夺君位，小白得胜，即位为齐桓公，管仲被囚，经鲍叔牙保举，齐桓公不计前嫌，任管仲为卿。管仲辅佐齐桓公成为春秋时代的第一位霸主。

在这里，孔子对管仲的历史功绩给予了高度评价。因为管仲做了齐桓公的宰相之后，用“不以兵车”，也就是不用武力的政治和外交手段，九合诸侯，尊王攘夷，保持了中华文明的传统，使中原文化没有受到侵害，所以“民到于今受其赐”。管仲的行为，不是不忠不义，而是大忠大德大仁。

“仓廪实而知礼节，衣食足而知荣辱”，这句话就出自管仲之口，它和“经济基础决定上层建筑”一样是千古不变的真理。

我们再来看看孔子是怎么定义孝的。

《孔子家语·六本》中有这么一个故事：孔子的学生曾参是著名的孝子，一天，曾参锄草时，误伤了秧苗，他的父亲就拿棍子打他。曾参没有逃走，站着挨打，结果被打休克了，过一会儿才渐渐苏醒过来。曾参刚醒过来，就问父亲：“您受伤了没有？”鲁国人都为此颂扬曾参是个孝子。

孔子知道了这件事以后，告诉守门的弟子：“曾参来，不要让他进门！”曾参自以为没有做错什么事，就让别人问孔子是什么原因。孔子说：“你难道没有听说过舜的事吗？舜小的时候，父亲用小棒打他，他就站着不动；父亲用大棒打他，他就逃走。父亲要找他干活时，他总在父亲身边；父亲想杀他时，无论如何也找不到他。现在曾参在父亲盛怒的时候，也不逃走，任父亲用大棒打，这就不是王者的人民。使王者的人民被杀害，难道还不是罪过吗？”这些话充分体现了孔子对生命的尊重。

退一步讲，当父亲失去理智，拿着大棒乱打，如果将儿子打死、打伤或者打成残废，他冷静之后肯定会感到十分懊悔，在心灵深处会留下永远无法摆脱的沉重阴影。况且，儿子伤了、残了、死了，将来谁来照顾父亲，对父亲尽孝？

儒家的代表人物孔子已经十分清晰地为我们定义了什么是忠与孝，所以愚忠和愚孝是糟粕，我们应该彻底摒弃。

愚孝对家庭成员的伤害

我非常仰慕鲁迅先生，但在处理婚姻这件事上，他犯了愚孝的错误。

鲁迅在日本东京时，家里接二连三地来信催促他归国，说是他母亲病了。当鲁迅焦灼不安地回到故乡，才知道其实是母亲骗他回乡成亲。虽不情愿，但他还是顺从母亲的安排，与山阴朱安女士结了婚，可结婚之后，他从来没有真正履行过做丈夫的职责。

鲁迅曾多次对友人说:“她是我母亲的太太，不是我的太太。这是母亲送给我的一件礼物，我只负有一种赡养的义务，爱情是我所不知道的。”

我想鲁迅先生也曾考虑过离婚，但在那个年代，被休的女人是备遭人们鄙夷和唾弃的，回到娘家之后，情形大都十分悲惨。所以鲁迅一直到病逝，都没有与朱安解除婚姻关系。

鲁迅默默承担着“孝顺”的苦果，从他的文章里，可以感受到他内心的孤独和痛苦。在他 47 岁时，鲁迅与许广平走到了一起。可朱安却孤独地度过了四十多年漫长的岁月，直到她 69 岁时去世。

我不相信鲁迅的母亲目睹当时鲁迅和朱安的状况不感到心疼、难过、懊悔，除非她是一位极为自私、冷漠的母亲。

鲁迅以他对母亲的“顺”伤害了自己、朱安和母亲，这不是真正的孝，真正的孝贵在敬而不在顺。

有一位年轻的爸爸，半年前给我讲过一个令人哀伤的故事。他的祖父早逝，祖母将父亲和叔叔抚养成人。他的父亲和叔叔都是国内名校毕业，可叔叔结婚之后就去了美国。叔叔虽定期给祖母寄钱，但从未邀请过祖母去美国和他们同住。

他父母结婚之后，父亲仍然将工资交给祖母管理，他母亲需要买什么，要向祖母申请。为此，母亲多次与父亲争吵，可父亲始终不改初衷。更荒唐的是，周末他父亲要和祖母一起睡。而且祖母一看到小两口亲热，就有几分醋意。他的母亲是一位医生，有时值完夜班回家，就想赶快休息，但祖母却故意在家弄出很大动静，让母亲无法入睡。于是母亲就对祖母说：“妈，这些活儿明天再干吧，我上了一夜的班，实在太累了。”

可当他父亲下班后，祖母竟然向儿子哭诉儿媳在家欺负她。他父亲不分青红皂白，就当着祖母的面质问、训斥妻子。任母亲如何解释，父亲为了在祖母面前尽孝，从来不愿面对事情的真相，也不顾及妻子的感受，更不去安慰妻子。他亲眼看见祖母多次撒谎，便向父亲申诉，但得到的却是父亲对他的叱责。等他长大之后，时常和父亲争吵到几乎要动手的地步。在他的成长过程中，祖母是阴险、父亲是强暴的化身。

他的母亲因长年精神抑郁，在他大学毕业后不久，身患癌症去世，他也随之和父亲与祖母断绝了关系。因为在他看来，母亲的早逝，父亲与祖母应负主要责任。

他咨询我是因为他的儿子已经两岁多了，如果孩子问起爷爷，他该如何对孩子解释呢。

他和我谈过之后，他太太也找我谈过。她说她有时很为难，她先生不允许公公看孩子。每次爷爷想看孙子，都得和她联系，她不得不瞒着丈夫，趁丈夫不在家时让爷爷过来看看孙子。

我对那位年轻的父亲讲：“你爸爸没有做好父亲和丈夫的角色，并不等于他不能做一位好爷爷。况且，你不应剥夺孩子来自爷爷的爱。”

他表示赞同，我又接着对他说：“你不要过于记恨你的奶奶，因为主要责任在你父亲。你父亲没有公平合理地对待你母亲，你母亲就很难对奶奶友好。这样，奶奶便会感到在儿子家缺乏安全感，于是她便通过你父亲对你母亲进行报复，借以肯定她在你父亲心目中的位置。

如此周而复始，形成了一个恶性循环。”

在处理家庭关系时，他的父亲犯了以下几个错误：一是边界不清，结婚后仍将工资交给母亲，而不是给妻子；二是愚孝，认为母亲的话就是圣旨，即使他心里知道母亲是错的也不愿面对，一味地责怪妻子，迁就、顺从、纵容母亲；三是缺乏沟通的技巧，在母亲面前训斥妻子，加剧母亲和妻子、夫妻之间的矛盾；四是愚蠢加无能，以愚孝的方式满足母亲变态的需求。

对父母一味迁就、顺从、不计后果，是对父母的大不孝，这一点孔子就曾参的做法已经解释得很清楚。谈及不孝，其他还有几点，但却常常被人忽略，那就是：不学习，不上进，不思考，缺少科学的育儿知识和方法，使孩子的能力和潜力得不到应有的发挥，是一不孝；使孩子身心受到伤害，是二不孝；培养的孩子既无能，又无德，是三不孝；培养的孩子有能无德，是四不孝，也是最大的不孝，因为有能无德的孩子长大后对社会的危害更大。

对父母贵在敬而不在顺，可在日常生活中，如何与父母相处才能让父母安享晚年，尽享天伦之乐呢？

感恩父母　独立生活

上大二的舒宁正在教室上晚自习的时候，妈妈给她打来了电话，她跟妈妈在电话上起了争执。她非常苦恼，就走出教室在校园里徘徊。走着走着她感到饿了，她知道学校门口有一位老奶奶卖馄饨，于是就向老奶奶的馄饨摊走去。那时候已经比较晚了，馄饨摊上只有她一位顾客。她吃得很慢，老奶奶看出她好像有什么心事，就悄悄地又下了十多个馄饨，等她快吃完的时候，将那些馄饨盛到她碗里，并微笑着对她说："吃吧，这是我送给你的，不收钱。"

这个女孩吃了一惊，愣在那里，她没想到老奶奶对她这么好，内心充满了感激，连声道谢。

老奶奶问她："姑娘，你好像有什么心事？"

她烦恼地说："是我妈妈不理解我。"

老奶奶笑着说："姑娘，我刚才不过多给你下了几个馄饨，你就连声道谢。你长这么大，你妈妈给你做了多少馄饨，包了多少饺子，冬天给你买了多少件保暖的衣服，夏天给你买了多少条漂亮的裙子，为你们的家她付出了多少，工作中她承担了多少压力，在外面受了多少委屈，你知道吗？"

老奶奶的一席话，让她羞愧万分，眼泪不禁落了下来。她知道妈妈那样要求她，的确有点强她所难，但她应该耐心地给妈妈一个合理的解释，让妈妈理解她的要求自己实在无法满足，而不是对她发火、使性子。于是，她当着老奶奶的面给妈妈打了电话，向她真诚地道歉，并告诉妈妈自己不能满足她要求的原因。

在生活中，人们总习惯于接受亲人付出的爱，并将此视为常态，当对方有一点做得不周或者没有达到原有的预期时，便将对方以前的好全都忘却了。对父母的付出，子女要常怀感恩之心，这样你的孩子才会感恩你的付出，才能父慈子孝代代传承。

记得有一天中午休息时，我和一位同事一起散步，她颇为烦恼地对我说：“儿子去年大学毕业，由于经济萧条，找工作很难。他还算幸运，毕业后不久就在离家不远的一家公司找到了工作。我们当时只答应他在家住一年，可现在他住了近两年了，还没有搬走的意思。他几乎每天晚上都在家吃饭，我们收他的房租是市场正常价格，于是就让他负责家里的铲雪、剪草、吸尘等。可最近他非常不主动，要我和先生催好几次，他才周末去修剪院子里的草和吸家里的地板。我和先生商量了一下，决定下个月让他搬走。”

听了她的话，我忍不住笑了。在中国，如果孩子工作后和父母一起生活，父母通常是无条件地接纳，且无偿提供一切服务，哪里还会收房租啊！于是我对她说：“他也可以选择不搬，继续留在你那里。”

听了我的话，她认真地说：“他肯定会搬走，我们准备给他涨30%的房租。我和先生都认为，必须让他搬出去独立生活，不然他将来难以承担家庭的重任。”

我这位同事是意大利后裔，平时很喜欢烹饪，经常带一些自己做的美食到办公室让我们分享。况且做西餐，多一个人的饭，工作量并没有明显增加。听了她的话，我不禁感叹西方父母对待孩子的理性和智慧。

中国有句老话“不当家不知柴米贵，不养儿不知父母恩。”孩子不搬出去独立生活，一是自己难以真正走向自立、成熟；二是难以体会生活的不易，感恩父母的付出；三是自己不付出，就难以真正珍惜自己的小家；四是容易产生边界不清等问题，引发婆媳矛盾、家庭争端；五是让父母操劳，影响父母晚年的生活质量，这也是不孝的行为；六是夫妻之间的许多矛盾和冲突，夫妻俩在隐私的空间很容易化解，而在父母面前，有诸多顾虑和不便。

况且，距离产生美。和父母天天生活在一起，你感受到的可能是爸爸的琐碎，妈妈的唠叨。而当你离开父母独立生活后，你想到的可能就是妈妈做的美食，对你无微不至的爱和体贴，爸爸对邻里的热心，在职场的智慧等。那时，父母在你的眼里，就是一道让你思念的风景、一幅温馨的图画。

我们中国人常说“兄弟如手足”，在家庭关系中，如何与兄弟姐妹相处，才能使手足之情陪伴我们一生呢?

如何与兄弟姐妹相处

两年前，子峰在周末给爸爸妈妈打电话时，妈妈问他："咱们这个小城盖了很多新房子，有暖气和电梯，你是否能资助我们买一套房子安度晚年？"

子峰将他妈妈的想法告诉了太太，征求她的意见。他的太太很慷慨，马上将钱寄了回去，并告诉婆婆："请在房产证上写上您或爸爸的名字，就算我们的投资，我们退休后也可以时常回去住住。"

他全资给父母买了一套三居室的精装修高层公寓，春节时全家一起回国，陪老人欢度春节。当他太太搞卫生时，看到了抽屉里的房产证，出于好奇，她打开看了一眼，结果发现房产证上写的是她小姑子的名字。她看后非常吃惊和恼火，就质问婆婆，婆婆支支吾吾，不愿回答。她问公公，公公搪塞说他不知道。本来是一件孝敬老人的好事，可结果是婆媳结怨，姑嫂反目，一家人闹得不欢而散。

尽管这位朋友后来说服妹妹将房产证的名字改了过来，但父母的做法还是深深地伤害了他和他的太太。不知他太太心里的郁结需要多长时间才能慢慢化解。

手足固然情深，但婚后兄弟姐妹是亲戚，是相对独立的一家人。兄弟姐妹相处，要秉承一个基本原则，那就是在力所能及的范围内尽力帮助，但要界限分明，经济独立，救急不救穷。当父母搞平均主义或"劫富济贫"时，还是要保持理性。不然，一方感到委屈，另一方可能将得到的当做理所当然的，这样时间久了，对谁都不利，而且"授人以鱼"，远不如"授之以渔"。

此外，亲戚之间最好适当保持距离，因为亲情中往往少了几分理智多了几分人情，有时还会牵一发而动全身，将小事变成大事。大家保持一点距离，在很多时候反能提高亲情的质量，增加家庭的凝聚力。

家庭要和睦　管教要和谐

夫妻天天生活在一起，有时难免有矛盾和冲突，但要尽量避免当着孩子的面争吵，以免让孩子感到父母不和，对家庭产生不安全感，使孩子幼小的心灵受到伤害。在管教孩子时，夫妻要意见统一，对孩子说出的话要保持一致。实在有分歧，也不要当着孩子的面指责对方，以免让孩子感到无所适从。更不能一方管教孩子时，另一方当场指责对方管教不当，这样不仅不会达到应有的管教效果，还会使孩子对管教方产生抵触情绪，致使将来孩子更难被管教。

在许多家庭，我们都能看到这样的情景。子孙三代共处一堂，当儿子管教孙子时，爷爷心疼，指着儿子说："你这样要求孩子也太过分了，我当初是这样要求你的么？"孙子听到这话，得意地看着自己的父亲，这样的管教还会有效吗？

孝敬父母是我们中国人的传统美德，每个人都有责任将这一美德传承下去，但孝敬不等于顺从。父母在养育孩子的过程中，对孩子的祖父母给予的任何帮助，都应内心充满感激之情，但我们也要用适当的方式让祖父母明白和理解，当我们管教孩子时，祖父母不能干预。同时我们也要取得祖父母的合作，我们给孩子分配的任务，制定的原则，当我们不在家时，祖父母要代理管教和监督的职责，而不能代劳或无视。如祖父母对孩子的教育有不同意见或更好的办法，大家可以一起讨论，取长补短，意见统一后由孩子的父母实施管教，这样对孩子的管教才能够协调一致和取得好的效果。

当然要实现这一目标，可能会遇到许多困难，建议孩子出生后，全家开一个家庭会议，立下一个原则，明确父母是管教孩子的主要责任者和承担者，其他家庭成员是支持者和配合者。父母每天下班后，要留出一定时间，高质量地陪伴孩子，与孩子进行交流，以便及时发现孩子在思想、言行中的问题，提供及时和恰当的引导。

愿每一个人做好自己，爱你的另一半，孝敬父母，手足情深，在和谐中共建和睦大家庭，齐心养育孩子，回报家庭、回报社会。

第八章 营造孩子幸福成长的家庭环境

第 1 节

用心营造幸福家庭

有爱才有家，被爱的人才会身心健康。

幸福的家庭是孩子快乐成长的源泉，快乐对于孩子来讲，犹如花儿需要阳光雨露。

幸福的家庭可以重塑和造就每一位家庭成员，“一个美满的家庭，犹如沙漠中的甘泉，涌出宁谧和安慰，使人洗心涤虑，怡情悦性。”

在幸福家庭长大的孩子大多自信乐观、待人真诚，对家庭和社会更有爱心和责任心，并且性格随和宽容，在工作和生活中易与他人相处与合作。

幸福的家庭是孩子心灵的港湾，在人生遭受挫折和失败时，家是他再次补充能量，重回人生战场的力量源泉。

童年不幸　伤及一生

爱、平等、尊重、理解、包容是筑成幸福家庭的基石。

一位幼儿园老师告诉我，凭借多年的幼教经验，单从孩子的笑，她就能判断出哪一个孩子的家庭是幸福的，哪一个孩子的家庭是不幸的。在幸福家庭中成长的孩子，他们的笑是天真爽朗、发自内心的，而生活在不幸家庭中的孩子，他们的笑是怯怯的、勉强的，笑容是从脸上挤出来的。

她班里有个男孩，父亲是某大公司的副总经理。这孩子个子很高，也很聪明，但总喜欢一个人玩，很少主动参与小朋友们一起玩的游戏，平日少言寡语，常因和其他小朋友之间的一点小小争执而伤心哭泣。有天老师见他进幼儿园时就闷闷不乐，几乎整整一个上午又神情恍惚，注意力不集中，就将他拉到一边，慈爱地询问他原因。孩子忍不住趴在老师怀里哭了，他告诉老师，昨天爸爸妈妈又半夜吵架了，他怕爸爸妈妈离婚，没人要他。

老师问他："爸爸妈妈吵架时，你有没有劝他们？"

孩子哽咽着回答："没有，我不敢，因为那时爸爸的样子很凶，我很害怕。"

老师将孩子的眼泪擦干，并安慰他说："不要担心，无论你爸爸妈妈之间发生什么事，他们总是爱你的。"

幼儿期的孩子，往往具有敏锐的感知力，即使父母竭力掩饰心中的不快，孩子仍能从父母的眼神里，讲话的语气中感受到父母之间的关系，家庭遭遇的危机，以及隐藏在父母内心的某种哀伤成份，更何况父母之间的争吵和暴力？

幸福的童年，可使孩子受益终生，而童年时留下的心灵创伤，却可伤及孩子一生！

童年性格缺陷 毕其一生整合

絮是一位出生在20世纪80年代初的年轻妈妈，自幼在母亲冷漠和尖锐的批评下长大。她既缺乏自信，内心极为敏感，又对自己极为严苛，甚至有时几乎到了自虐的程度。她一直很努力，期望自己能够超越自我，做出不凡的业绩，以满足她母亲对她的期望值。尽管她母亲已经去世多年，而且这个期望值也并非是由母亲为她制定的，而是她根据母亲的“意念”揣摩得来的。

由于缺乏自信，她平日与同事和家人相处也难以从容，时常担心别人不喜欢她、不接纳她、背着她说她坏话等。当她和经理交流时，如果对方不能做到她想要的和颜悦色，并给予一定赞许，如果她丈夫对她说话的声音高了点，她就马上将他们与她母亲联系起来，下意识地断定经理对她的工作不满意，丈夫不够爱她等。于是她内心深处便激起强烈反弹，随之以与经理闹别扭、与丈夫争吵的形式表现出来，但事实上她只是想从经理那里得到她想要的认可，从丈夫那里得到自己被爱的肯定。

后来她找到了多年不见的姨妈和舅舅，在与他们的交流中，她了解到母亲也是在外婆冷漠和严厉的批评中长大，她母亲对她所做的一切，不过是让她重复了母亲的童年。不幸的是母亲和外婆一样，都是英年早逝。

在一个偶然的机会，她接触到心理学，开始了她艰难的个人觉察和心理修复。在这个过程中，她发现她心灵的创伤，像一个深深的黑洞，而那个黑洞是她母亲在她童年时亲手挖掘的。在修复过程中她经历了许多心灵的挣扎，多次一人号啕大哭。但当她真正原谅母亲，在内心深处与母亲和好时，她发现自己原来是那么爱母亲，她以前所做的一切都不过是想得到母亲的肯定和赞扬。

絮的经历让我不由得想起了瑞士心理学家卡尔·荣格说过的一句话："一个人毕其一生的努力就是在整合他自童年时代起就已形成的性格。"

"一位好母亲抵得上一百个教师"，可一位对孩子缺少爱、理解与包容的母亲，她的作用又像什么呢？

爱与陪伴最重要

黛晴和丈夫剑波两人在事业上都颇有成绩，黛晴在国内一家国企做高管，剑波在国内一家上市公司任要职。

二年前黛晴到美国出差，顺道在我家稍作停留。期间谈及儿子，她带着几分沮丧地说："由于我和我先生平日都很忙，儿子主要由外公外婆和保姆照顾。不觉间，儿子已快初中毕业。儿子上小学时，成绩还是中上等，升入初中后，我们给他报了几个补习班，可上学期期末考试成绩却很差，总分竟然落到班里后十名之内，我和我先生都很失望和担忧。"

听了她的话，我便问她："你们是否和儿子谈过，了解他成绩下降的原因是什么？"

她叹了口气，黯然回答："我找儿子谈，儿子保持沉默。爸爸找儿子谈，儿子反问父亲：'我为什么要听你的，你想让我长大以后也像你吗？'"

他爸爸听后吃惊地问："像我不是很好吗？如果你再不努力，你将来长大后，就不会拥有你现在的生活。”

爸爸的话显然是急切中带着几分担忧，并发自肺腑，但儿子掷地有声的回答却让他震惊之余，又心寒彻骨。

儿子一字一句地对他说：“我就是不想像你，更不喜欢我现在的生活！”

看着她连日奔波劳累，略带疲倦的面容，我安慰和鼓励她说：“你暂且不要因儿子对爸爸说的话而烦恼，他的话只表明他对自己目前生活状况的不满，并不代表他不想或不喜欢学习。建议你首先想办法多挤点时间陪陪他，让孩子切实感受到妈妈的爱与关心。孩子已经上初中了，你可以和他分享一些你的奋斗历程，你少年时的梦想，你在工作中的压力，你为此做出的努力等，这样孩子就能慢慢理解你，并改善你们母子之间的关系。他小学学习成绩不错，说明他智力正常，如果你能设法取得他的信任，让他对你说出心里话，然后你再对症下药，问题就能迎刃而解了。”

半年后，黛晴给我打来了电话，谈及儿子，她心情轻松了许多。她说她听从我的建议，对她的日程安排做了些调整，至少每周两个晚上按时下班回家，与儿子和家人一同共进晚餐。有天晚上她自己动手给儿子烧了两个菜，儿子高兴地说：“我的生活快像妹妹了。”

儿子说的妹妹是他姑姑的女儿。

她听后很是吃惊，忙问儿子：“像妹妹就好吗？”

儿子开心地回答：“当然好啦，妹妹天天都能见到爸爸妈妈，吃到爸爸妈妈给她做的饭，特别是姑父做的饭，可好吃了。妹妹说她爸爸妈妈都脾气很好，没见到他们吵过架，所以妹妹才总是那么高兴，整天像只快乐的小鸟。”

儿子的话让她的心猛地往下一沉。儿子的姑姑和姑夫都是普通工程师，房子远没有自己家大，他们也很少像自己常给儿子买许多贵重、时尚的玩具和学习用品。他们女儿的许多东西都是儿子玩过、用过不要的，但儿子却羡慕妹妹，让她心里很不是滋味。

为了进一步改善与儿子之间的关系，在儿子周末上完补习班后，她便带儿子去超市，和儿子一起采购他喜欢吃的食物，回家后亲手做给他吃，并在晚饭后带他一同散步，询问他一周的生活和学习，也与他分享她在职场遇到的挑战，她的奋斗历程，以及对生活的感受等。

随着时间的推移，她和儿子的关系逐步改善，儿子渐渐能感受到妈妈这些年奋斗的艰辛，理解了妈妈的不易。他慢慢变得开心快乐了，有时偶而也向她撒撒娇，学习成绩有所改善，并向她说出了心里话。

他告诉妈妈，由于爸妈平日忙于工作和社交，早出晚归，除非周末，他很少有机会见到爸妈。可周末一大早，就被妈妈从床上拽起来，开车送到补习班。好不容易等到了晚上，有机会和爸妈在一起呆一会儿，可他们要么迫不急待地检查他的功课，要么为他不明白的事相互争吵，要么不停地打电话。久而久之，他心里便对自己家的生活和运作方式感到厌烦，对父母的奋斗和价值观产生了怀疑和抵触情绪，同时也对父母的说教产生了逆反心理，对现在的学习、以后的成功失去了兴趣。

针对儿子的反馈，黛晴和丈夫做了一次长谈。他们约定每人至少每周两次按时回家，和儿子家人一起共进晚餐。和儿子在一起时，他们尽量克制自己，不再争吵，除非有重要的电话非接不可，也不再打电话，要高质量地陪伴儿子。

家庭的可贵之处不在于是否富有，而在于是否能够时常相守。对孩子来讲，他们最需要的不是住大房子、坐名车、有许多贵重和时尚的玩具和学习用品，而是和睦的家庭，常与父母共享的幸福时光，来自父母的关爱和理解。

家庭暴力的负面作用

生活在暴力家庭的孩子，年少时性格常常较为内向敏感、自卑孤僻，成年后可能性情暴躁，具有暴力倾向。当家庭产生矛盾或遇到问题时，往往用同样暴力的方式对待他的家庭成员，尽管其中有的人已接受过很好的教育，拥有一定的学术成就，并具有相当的社会地位。

我在加拿大时的一家中国邻居，丈夫先从国内名校毕业，后到美国获得博士学位，看上去温文尔雅，虽待人有几分拘谨，却也不失儒雅风度。太太也是国内名校毕业，无论是身材还是长相，在当时重点理工大学里，都是众多男生心中向往、竭力追求的对象。她父亲是位老干部，上面还有两个哥哥，父母视之为掌上明珠，哥哥对她疼爱有加，是家里的娇娇女。

有天晚上已近十一点，太太来敲我家的门，向我哭诉她在家里所受丈夫的委屈，并掀起衣服、卷起袖子让我看她丈夫打她的伤痕。我当时真是十分震惊，怎么也想不到那一道道血痕是出自一位受过高等教育、东西方文明熏陶的人之手。她伤心地告诉我，这种家庭暴力从她结婚后不久就开始了。她曾多次有过离婚的念头，但出国前迫于社会压力，而后女儿的出生，出国后奋斗的艰辛，使她一次次将这一念头压在心底。她总希望他有一天会改变，可希望一次次落空。而今父亲年迈，母亲去世，女儿一天天长大，她不知应该如何面对这漫长、缺少爱、并时有暴力的苦涩人生。

望着她在痛苦与绝望中挣扎的眼神，我试探着问她："在他冷静时，你有没有找他谈过，让他知道你因他不停地对你施暴，你身心受到的伤害是多么巨大？"

她难过地说："谈过许多次，甚至求过他，都没有用。起初我也不明白为什么，以为他工作压力大或在外面受了什么大的委屈，使他回到家后脾气暴躁，喜怒无常。直到有一天和他一起回公婆家过春节，才一下子明白了原因所在。我婆婆当时已经六十多岁，可公公仍是动辄当着两个儿子、儿媳的面对她大打出手。我吃惊地问我先生为什么不阻止他爸爸，他耸耸肩，平静地说从他记事时开始，他们就一直这样。”

针对丈夫的暴力，她回应的方式是不做饭，不洗衣服，不做清洁，一句话，不侍候你。“末流之竭，当穷其源；枝叶之枯，必在根本。”听完她的叙述，我一下子明白了为什么她丈夫有暴力倾向，为什么她五岁的女儿总爱哭，性格不够随和，和邻居家的孩子常因一点小小的争执，就撕打在一起。

也有许多生活在不幸家庭的孩子，他们心地善良，性格坚强，在成长过程中不断有意识地更新和完善自己的人格，尽力向人们展示他生命中积极和阳光的一面。但在他的心灵深处，在外人无法触及的角落，却有一个深深的阴影。这个阴影，有时在关键时刻会跳出来，对他个人的成长发展，甚至对他未来配偶的选择有着外人无法知晓，甚至连他本人当时也可能意识不到的强大作用，而且这个作用还是负面的！

学校教育重在知识的传承和技能的培养，而对孩子健康人格和良好品德的塑造，则重在家庭，并且其作用贯穿一个生命体的始终。

母爱似海　父爱如山

母亲的爱如绵长的水，养育孩子，支持丈夫，繁琐辛劳，日复一日，年复一年。而父亲的爱则似伟岸的山，给孩子理性、刚强的品格和安全的依托。同时，父爱也是一种力量的象征。一个优秀的男人，应该是父母的拐杖，妻子的臂膀，孩子心目中的榜样。

有次和国内一位在教育界颇有名望的人士谈及家庭教育，她忧心忡忡地说：“我们家庭教育的最大问题之一，是很多孩子生活在单亲或婚姻内单亲家庭，而这些孩子的父母，其中又有相当一部分来自中国的精英阶层。”

在加拿大，我曾遇到一些带着孩子生活、丈夫仍在国内继续着他们事业的单亲妈妈。她们之中，有的能和丈夫一年团聚几次，有的一年也难得见上一面。由于身在异乡，远离亲人和朋友，对生活和未来没有足够的安全感，她们的情绪便不够稳定。孩子长期与母亲独处，得不到应有的父爱，心理上难免会有缺陷。尤其是男孩子，由于没有机会与父亲朝夕相处，不能目睹、体会和学习父亲性格的刚毅，做事的果断、眼光和胸怀，因而少了些男孩子应有的阳刚之气。

一家人在一起的家才是完整的家。夫妻携手走过人生的风风雨雨，在看似平凡的生活中共度美好时光，尽享天伦之乐，才是家的价值所在。

家庭重于工作

记得胡适先生曾这样说：“你要看一个国家的文明，只消考察三件事：第一看他们怎样待小孩子；第二看他们怎样待女人；第三看他们怎样利用闲暇的时间 。”

西方人通常将与家庭成员在一起的时间称为高质量的时间（Quality Time）。

有一位英国富商，他儿子过生日时，他送给儿子的礼物不是客人猜想的什么贵重物品，而是一张白纸，上面写着：“亲爱的儿子，我要把我每天的一个小时，每周末的两个小时送给你，随你使用。”

在美国和加拿大，大多数中产阶级家庭仍相当传统，“男耕女织”的生活方式也很普遍。男的外出工作，挣钱养家，女的在家养育儿女。周末男的修房子，维护草坪，女的种花，整理房间，或一同带孩子看球赛、电影，一起与孩子做户外活动等。看似平凡普通的生活，却给了孩子健康的滋养，体现了家的价值所在。

我曾经在北美好几家跨国公司工作，接触过不同部门和级别的同事，问过好几个人同一问题：“在你们的世界里，什么是最重要的？”

他们毫不犹豫地告诉我：“当然是我的太太（或丈夫）和孩子最重要。”

许多人说工作忙没有时间陪伴孩子和家人，这其实不过是一个借口。如果将孩子和家人放在首位，他们一定能安排出高质量陪伴孩子与家人的合理时间，除非他们不具备管理时间的能力。

有一次我和我的 CFO 聊天，我问他：“你认为你最成功和最让你感到幸福的是什么？”

他不假思索地回答：“让我最感到成功和幸福的是我每天都能和我的太太和孩子们在一起快乐、幸福地生活，每天下班后能和我的四个孩子一起打球、看电视或做游戏，每年我们一家人一起度一两次假。”

工作诚然重要，它是维持家庭生活质量的工具，但对人生而言，家庭重于工作。拥有一份称心的工作，并尽力将它做好，借以实现自己的人生目标，这是人们应该追求的。但工作不是人生终极目的，当工作与家庭相冲突时，应优先考虑家庭。

孩子在成长过程中需要最多的是来自家庭的爱，愿我们为了孩子的快乐和未来，共同携手营造幸福的家庭，并一如既往，始终如一。

在这个世界上，最强大的力量是爱。爱能改变一切，它可以推动人类文明的进步，也可以让每一个家庭充满阳光，每一个孩子的未来充满希望。

有爱充满的家庭是幸福的家庭，幸福的家庭是培养孩子的最佳土壤！

第 2 节

爸爸是严父　妈妈是慈母

我先生常说“子不教，父之过”，孩子的问题是父母问题的映射，如果孩子出什么问题，父母要首先从自己身上找原因。他始终认为教育女儿是他义不容辞的责任和义务，尤其是女儿进入初中后，他对女儿愈加关注，并对她的成长付出了许多心力。

四两拨千斤的引导

加拿大的中学教育，教科书仅是获取知识的一部分，老师更看重培养孩子的自学能力、独立思考能力、想象力和创造力、团队合作和组织协调能力等综合素质。老师布置的作业，很大一部分需要学生上网搜寻最新信息，去图书馆借读相关书籍，查阅大量有关资料，最后写成图文并茂的报告。尤其是需要几个同学一起做的小组项目（Group Project），很多时候需要在班里上台做演讲（Presentation），用模型、图片、幻灯片、简报（PowerPoint）等不同形式向老师和同学展示自己完成项目的详细内容，阐明自己的观点，并回答老师和同学的提问等。为了很好地完成小组项目，与别的小组竞争，并取得好成绩，小组成员们同心协力，出谋划策，各显其长，各尽其能。

女儿很喜欢做小组项目，由于她具有较强的写作、编辑、美术设计、组织协调能力，每次做小组项目，她都愿意主动承担较多的责任，负责小组工作的协调，最后将每个同学完成的部分汇总、编辑，使之成为一个完整的作业。可每次收到同学完成的部分，她都不十分满意，要花一定时间修改和补充。她不仅在整个项目的内容上力求完整、清晰、具有很好的逻辑性，就连封面设计、插图等也臻求完美。

由于她对同学友好谦和，而且她参与负责的小组项目不仅能高质量、按时完成，并能在班里绝大多数时候获得最高分，因而在班里赢得了老师的赞扬和同学们的喜爱。班里许多同学争着和她一组，有的同学为了能够得到与她合作的机会，提前一个学期和她预约。这无疑增加了女儿的自信，但由于她花很多时间在项目的形式和细节上，使她有时一直要忙到晚上十一点多才能睡觉，而我们要求她最迟晚上十点半一定要上床休息，以保持充沛的精力和健康的身体。

针对这一情况，爸爸语重心长地对她说:“对你来讲，现在重要的是知识的掌握。不要过分苛求形式上的完美，因为这样做，你虽花许多额外的时间，却没有获得更多的知识，而且会影响身体的健康。况且过于追求完美，就会在不觉中提高自己对别人要求的标准，从长远来讲不利于将来与他人的相处与合作。”

随着孩子年龄的增长，父亲的言行在孩子心中的份量越来越重。父亲是孩子心灵安全的依托，人生的榜样。有时父亲一句看似简单的指导、一个认同的眼神、一句轻轻赞扬的话语，便可起到“四两拨千斤”的作用，使孩子在人生道路上少走许多弯路，并受到很大激励，进而更加奋发向上。

爸爸的话使女儿心里顿感放松了许多。她在以后的小组项目准备中做了一些改进，加强了与每位小组成员的沟通和协作，并对作业成绩不再有心理压力，同时对自己和人生也有了一个更高层次的认识。

润物细无声的启发

女儿初中开学后不久的一个周末，秋高气爽，朋友邀我们去她家参加聚会。我和几位太太正在院子里准备烧烤，忽听有人喊我的名字，抬头一看，原来是曾经在一起工作的同事达纳，正坐在斜对面一家的后院和几位女士喝茶聊天。

达纳是一位华裔女士，在公司做出纳，性格温和，心地善良，待人友好，我和她在一起工作时是要好的同事。

我惊喜地招手回应她，她立刻起身朝我快步走来，我也向她走去。她说她就住在不远处的另一个小区，等会儿派对结束后去她家坐坐，我答应了她。

我们在夕阳西下时一起驱车到她家，她家的房子是联排的房子中的一个单元，楼上两间卧室，楼下是客厅、餐厅和厨房。房内整洁干净，家具虽有些陈旧，但款式和做工非常经典精细。

她热情地招呼我们就坐，并给女儿拿点心，为我们准备饮料。

我们先聊了一会儿分别后的状况，然后她拿出几本影集，向我们诉说她的家世。她说她爷爷原是广州的一位富商，解放后先去了香港，而后到了加拿大。到加拿大后，他的生意虽不如以前那样兴盛，但仍然住豪宅有佣人。她指指客厅一个实木雕花茶几和一个带有一对镀金圆环的柜子说，这都是爷爷留下来的家具。

她爸爸是爷爷唯一的儿子，可他只会花钱，不会赚钱。爷爷去世后，家里境况渐渐不如从前，不仅辞了佣人，房子也越搬越小，最后他父亲为了维持生计，供最小的弟弟读大学，不得不到餐厅做服务生。她是爸爸的长女，也是爷爷唯一的孙女，小时候乖巧漂亮，很受爷爷疼爱。虽然家道中落，但她从小在富裕家庭长大，并不善于持家理财。

后来丈夫有了外遇，不顾婆婆再三相劝和她苦苦哀求，执意和她离婚。这些年她独自一人生活，才慢慢学会了许多。

看着照片上童年和少女时代的她，漂亮活泼，衣着光鲜靓丽，住在大宅之内，并有佣人服侍，和她眼前的境况实在是天壤之别。她在公司是一位普通职员，收入不高，我和她一起工作一年多，她多次向我诉说由于要还房贷和接济父母，她经济十分拮据，很多衣服都是在二手店买的。她父母家和她相距仅有四个多小时车程，但她每次回家，都非常担心她那辆老旧的汽车会在中途抛锚。

回到家里，我问女儿："今天过得开心吗？"

女儿高兴地回答："开心。"

我说："达纳阿姨小时候好幸福，她小时候穿的衣服一看就是很讲究、很贵重的衣服。"

女儿笑着说："是啊，她妈妈把她打扮得好漂亮，如果她不说，很难将照片上的那个小女孩和现在的她联系起来。"

我笑着答道："是啊，毕竟阿姨现在已五十多岁了。"

我先生在一旁说："这不重要，重要的是她爷爷没有教育好她爸爸，她妈妈只给她买名牌的衣服，没有教她做'名牌的人'。"

女儿听后，若有所思地点点头。

我先生又语重心长地接着对女儿说："进入初中后，许多女孩子会开始注意自己的形象和穿戴，并拥有名牌、时尚的衣服和物品。不要像有的孩子和人家在物质方面进行攀比，因为这种攀比，不过是父母经济实力的对比，而父母经济实力的强弱与孩子能力的高低并没有直接关系。如果要和同学比，就要比学习成绩和综合能力，这才是今后你们实力较量的基础。要长大后做一个'名牌的人'，而不是仅穿名牌的衣服。"

女儿听了，认真地点点头。

女儿后来告诉我，爸爸润物细无声的启发，使她一直从中受益，并更加坚定了她对自己志向的执著追求。

约翰中学位于多伦多怡陶碧谷区的马丁格罗夫和埃格林顿二条主要干道之间。学校周围是中产阶级居住区，离开学校不远，便是医生、律师、知名建筑师、企业高级主管、商人等居住的富人区，女儿班上有好几个同学住在这个区。区内环境优雅宁静，尤其是夏季，更是鲜花盛开，绿草青青，树木郁郁葱葱。进入小区，宛如走进一个茂密的森林，从树木的缝隙中，隐约可见一幢幢带有不同文化背景的豪宅散落在密林之中，各自拥有其独特的风格。

女儿从小就很爱美，喜欢打扮自己。她上小学前，我们家有一块盖电视的镂空绣花布，她能对着镜子围在头上、身上，变换出十多个款式。女儿长大后，更不是一个只酷爱学习，性格沉闷，中性色彩的女孩，她是一个情感丰富，对色彩、形状、时尚非常敏感、并有创意的女孩子。她不像班里那些家境富裕的同学，拥有许多名牌的衣物，但她从不攀比，并很会利用现有的资源，穿出自己独特的风格和品味，在同学中享有不错的口碑。

针对女儿这一爱美之特点，我们内心非常平安地接受，因为她的学习积极性和学习成绩，不仅丝毫没有因此受到负面影响，反而给她更多的自信，使她更加阳光地面对未来。况且“爱美之心，人皆有之”，这是一个女孩子应有的天性，而且清新、得体、富有品味的衣着，更容易让人透过优雅的外表去发现其内在的修养和潜质。

爸爸有时是严父

我们除了平日注意观察女儿的言行，并给予及时的关心和引导外，也有意识地对她进行一点“心理缺感”教育。有时她所要的东西即使我们有条件马上满足，也在一定程度上属于合理要求，可爸爸在不影响结果的前提下还是故意拖几天或几周，让她不那么容易得到满足。

女儿进入十一年级以后，由于她的校内外活动增加，便要求我们给她换一个不限制收发短信的手机套餐。

爸爸听后问：“你有许多方式可以和同学进行信息交流和沟通，为什么一定要用手机短信？”

女儿回答说：“我们同学都用这种方式，它快捷、方便。”

爸爸听后沉默了几秒钟，然后不紧不慢地对她说：“你现在的手机套餐还不到两年，如果现在取消，就会被罚款，再等等吧。”

女儿听后闷闷不乐地走开了。在接下来的近两周时间里，由此引发了一系列家庭辩论，最后女儿感慨地说：“自己想要的东西，如果能自己挣钱买，是最容易和方便的。我一定要好好学习，将来早日自立！”

爸爸见已经达到预期的效果，便在周末带她一起去通讯公司，换了一个她所需要的手机套餐。

爸爸当时那样做当然引起了女儿的不满，也使她感觉到来自生活的一些压力，但这点压力完全在她能够承受的范围之内，并从另一个方面激发了她学习的能动性和应有的进取精神。

女儿进入初中后的几年，是她思想飞跃、个人品格形成的关键时期。在这一时期，她的自信心、独立性、协调组织能力等综合素质有机会得以全面发展。在她转入美国高中后，尽管经历了一些挫折，但仍能安然度过，并保持原有积极向上的活力。

女儿升入大学后，多次感慨地对我们说："是爸爸在关键时刻的引导和鼓励，使她在一流的大学、一流的学子中仍拥有竞争力，一路自信从容走过。"

欢迎女儿领朋友到家来

女儿上初中后开始广交朋友，有的来自两个天才班，有的来自普通班。由于她待人谦和友善，在同学中有很好的人缘，那时经常有住在附近的孩子放学后和女儿一起到我们家。她们在一起看电视、讨论作业、下棋、玩游戏等。每次女儿的同学到我们家，我都将她们看作是家里的客人，给予热情招待。

在女儿众多的朋友中，我发现其中一个东欧来的女孩露茜，性格温柔内向，可一点儿也不吃中餐，包括中式甜点，也不愿尝试。另一个在本地出生的白人女孩伊丽莎白却好奇心强、性格开朗。她在第一次尝试我做的饭之前，从未吃过中餐。有次她看到我做的炒粉因放了肉丝、炒鸡蛋、香菇、葱丝等五颜六色，食欲大增，要求尝一点。谁知这一尝，她便从此喜欢上了中餐，不仅经常到我家蹭饭，还让她妈妈周末带她去中餐厅吃中餐、喝早茶或下午茶等，一家人都渐渐成了中餐爱好者。

有次孩子们离开后，我问女儿："露茜喜欢吃什么？下次妈妈专门给她准备一点。"

女儿微笑着说："你不用准备，她家离我们家很近，她只喜欢吃她奶奶做的饭，她要是饿了可以很快回家吃。"

听了女儿的回答，我心里不再有顾虑，接着说："那就好，不过伊丽莎白好像越来越喜欢吃中餐了。"

女儿听了我的话笑了："我们班有不少同学喜欢吃中餐，特别是您和姥姥做的饭，我的好多朋友都爱吃。姥姥炸的春卷，包的饺子和包子，您做的炒粉和炒面等，我饭盒一打开，就很快被她们拿的剩不了多少了。"

我故作吃惊地问："那你不是吃不饱，下午要饿着了？"

女儿乐呵呵地回答："不会的，我吃她们的就可以了。"

趁此机会，我对女儿说："这样也挺好，你可以品尝不少同学家的美食，并有助于你了解和体会隐含在其中的文化与历史。"

女儿不挑食，对来自不同地区和拥有不同文化背景的美食都愿意尝试，并且乐在其中。

每次女儿的朋友到家里，我都留心观察每一个孩子的衣着气质和言谈举止，等她们离开后，设法找适当的时机和女儿交流，了解这些孩子的家庭背景、成长环境、性格特点、学习成绩等，和她一起讨论和分析每个孩子的长处和不足，提醒女儿留心学习别人的长处，也注意不要受某些不良习惯或行为的影响，努力做到"近朱者能赤，近墨者不黑。"

此外，女儿领朋友到家里来，不仅增强了她和朋友之间的友谊，还提高了她与人相处的能力。

船过水无痕的沟通

由于钢琴老师没有选好，女儿的钢琴学习没有坚持下来。加拿大的初中要求每个孩子至少要会弹奏一种乐器，女儿进入初中后，选择了长笛。坦然地讲，尽管女儿当时选择放弃学习钢琴，我和先生欣然接受，但在内心深处，我们还是希望她至少能识乐谱，因为她很喜欢唱歌，业余时间可以自娱自乐。如果她在学校能够学会弹奏一种乐器，更是锦上添花。

虽然那时我很关注女儿学习长笛的情况，但还是不想让她感觉到我的关注，以免给她带来心理压力。我既没有像有的父母以审问的语气问孩子：“今天老师都教了什么？”也没有像有的家长问孩子一些大的、非具体的问题：“你今天在学校过得怎样？”等，而是找机会和她聊一些让她感到轻松的具体话题。

记得有次去学校接女儿，正好遇见她的音乐老师奥利弗。等女儿坐到车里，我便对她说：“奥利弗很友好，每次见到他，总是很友好地主动打招呼。”

女儿快乐地回答：“是啊，在我们学校，几乎每个同学都喜欢奥利弗。”

看女儿很开心，我便问道：“在你们班，好多孩子选修不同的乐器，他能教得过来吗？你感觉上他的课有收获吗？”

女儿爽快地回答：“当然可以教得过来了，他教授音乐的方法可棒了，他幽默风趣，能用生动、形象的语言让我们感受到音乐的美。他会弹奏许多不同的乐器，耐心、友好地指导和帮助我们，我现在已经开始喜欢上长笛了。”

听了女儿的回答，我高兴地说：“哇，太好了，以后妈妈可以经常听到你优美的笛声了。”然后又问她：“珍妮在家弹钢琴，在学校还继续学习弹钢琴吗？”

女儿笑着回答：“不，她在学校学习拉小提琴，卡伦学拉大提琴，凯西学吹萨克斯管……。”

女儿如数家珍，我也以最短的时间了解到了她在学校学习长笛的情况。

我听后欣喜地说：“哇，那以后你们班同学可以组成一个交响乐团了！”

一天中的黄金时段

有一天我在一份中文报纸上偶然看到一篇文章《美女CEO，七年磨一剑》，讲的是IT行业一位优秀女性的故事。

于是，我便将这篇文章剪下来，在晚饭后读给父女俩听。这位出色美丽女士的可贵之处是她梦想高远，脚踏实地。她聪明谦和，勤奋执着，具有长远的眼光和洞察力。有次她告诉记者说："我发现当自己不特别聪明伶俐的时候，就会比别人更努力，就像是笨鸟先飞。我从没想过抄什么近路，一向是老老实实地做事，踏踏实实地做人，不怕吃苦流汗，也甘于忍受路上的枯燥寂寞，不怕挫折一步一步地往上走。"

在IT这个工作节奏快、竞争压力大、以男性为主体、高智商集中的群体，她取得了如此傲人的成绩，却又那么坦诚谦虚，是多么难能可贵！

听完她的故事，我先生发自肺腑地对女儿说："这个世界上最不缺的就是聪明人，成功永远属于那些怀揣志向、不懈努力、能行在高山、也能走在低谷的人。要牢牢记住，目光远大，脚踏实地，才是成功之本！"

晚上一家人坐在一起就餐，餐后坐在一起聊一会儿，这看起来似乎是一件很平常的事，但却是一段很有价值的珍贵时光，也是一天中的黄金时段。

就是在餐桌上，我们与女儿分享我们在工作、学习和生活中的经验和体会，使女儿感受到，尽管我们在一个全新的环境中遇到不少困难，但我们仍然保持乐观向上的生活态度。同时女儿也向我们分享她在学校与老师和同学之间的故事，让我们对女儿、西方文化和教育有了更多的了解。我们相互给对方正面积极的影响，在一个全新的环境共同成长。

凡事要提早　慈母要技巧

西方女孩子身体发育和成熟较早，初中生谈恋爱的现象相当普遍。针对这一情况，我对女儿关于青春期恋爱、婚姻理念的教育是从她进入初中后不久，逐步开始的。尤其以孩子认识或知道的人作为例证，效果会更加明显。

在一个周末的晚上，我们一家人正一起看电视，忽听有人敲门。我开门一看，原来是邻居菁。

她面带愁容，一座下来就对我说："我的身体检查结果今天下午出来了，医生告诉我是甲亢。"

我安慰她说："这是慢性病，不要担心，我有朋友得过这个病。休息一段时间，好好调理调理，就会慢慢好的。"

她长叹一声说："医生也是这样建议，可怎么可能呢？我们家那一位又不能养家。"

她有一对在上小学的儿女，丈夫在一家台湾人的公司工作，收入不高。

我宽慰她说："现在工作市场还不算糟，用心找，也许他很快就能找到一份满意的工作。"

她没有回应我的话，而是带着几分怨气地说道："他在国内时在事业单位工作，很轻松。到美国后，好不容易完成硕士学位，找到一份收入不错的工作，可他却不习惯公司的节奏，回家后总抱怨，说太累受不了。后来到这家台湾公司工作，可收入很低。"

听了她的话，我建议她说：“还是身体要紧，国内开支并不大，而且有亲人相伴，有益于你身体的恢复，不妨考虑暂时回国修养一段时间，等身体恢复后，再回来工作。”

她听后顿时潸然泪下，哽咽着说：“我和他是高中谈恋爱，父母当时就极力反对，特别是我爸爸，说他懒，将来难以承担养家的重任。我想他那时在我们重点学校全年级排前十名，后来又考上重点大学，怎么会懒呢？就不顾父母阻拦，执意和他结婚。他现在这个样子，我也因工作生活双重压力，身体出现了问题，回去父母问起，我怎么说呢？而且父母以后还会担忧牵挂，让我如何忍心？”

菁走后，女儿同情地说：“阿姨真可怜。”

我无奈地说：“高中谈恋爱，由于生活阅历有限，很难看准人。加上她不听父母规劝，才酿成现在的苦果。”

女儿听后问我：“妈妈，您高中同学有没有谈恋爱的？”

我以实相告：“当然有，不过大多没有成。有两对后来虽然结婚了，但结局并不幸福。其中一对十几年前就闹离婚，而且有两个原本出色的同学还因此影响了学业和前途。”

见女儿陷入沉思，我接着说：“爱情是美好、令人向往的，也是人人都该拥有的。可在初中或高中谈恋爱，由于人生经验极其不足，世界观、人生观和价值观尚在形成之中，现在对爱情的理解和成熟后对爱情与婚姻的理解会有很大不同，因而青春期恋爱多是短期效应，难以结成正果。即使像这位阿姨修成正果结了婚，可由于当时年纪太小，对对方了解有限，后来也很难幸福。为这份没有结果或将来不幸福的爱情而耽误了学业，影响了前途，失去将来想要的生活质量，你说值吗，宝贝？再说，现在不将主要精力用于学业，将来没有实力，怎么能获得一个优秀并负责任的人的爱情？你说是吗，宝贝？”

女儿看着我，认真地点点头。

对孩子进行有关爱情、婚姻理念的教育，一定要选择适当的时机，用恰当的语言，在轻松和愉快的气氛中进行，就像和一个知心朋友分享你的人生经验。父母简单的说教、规定和命令，孩子不仅难以接受，还可能产生逆反心理，偏朝着相反的方向走，以示抗议。而且对孩子这方面的引导不可能一次就能够完成，要循序渐进，逐步深入。

也许父母的话，孩子当时未必能够理解，但若以平等尊重、真诚友好的方式与孩子进行交流，孩子会认识到父母的建议源于他们对人生的深刻体会和经验总结，并切实感受到父母发自内心的爱。这样，孩子便会将父母的话记在心里，慢慢咀嚼、体会、回味和领会。

在很多时候，要给自己和孩子一些时间和空间，操之过急，结果往往会事倍功半。

能够和孩子朝夕相处的时光其实很有限，庆幸的是在与女儿相处的日子里，在养育她的过程中，我们和她得以共同成长，而且成为相互信任的知心朋友。非常感谢女儿，因着对她的爱，我们一直不断更新和提高自己，努力做到与时俱进。衷心祝愿女儿的生活充满阳光，也愿我们和女儿的友情随着时间的推移日久弥新，直到永永远远！

第3节

家中有榜样

榜样，就像一个标杆与楷模，让人看到奋斗目标，激励人们努力进取，向着标杆奔跑。

榜样的力量是无穷的。

在女儿的中小学成长过程中，她的小姨也就是我的小妹便是她学习的榜样。

榜样在心里

在女儿小学三年级结束的暑假，我带她来到芝加哥，见到了她想念已久的小姨。

我们到芝加哥的第二天，小妹下班后就带女儿去商场，为她买回了旱冰鞋、头盔和护膝，开始教她溜旱冰。小区很安静，来往车辆很少，对初学者很安全。刚开始时，女儿不敢动，有点怕摔，小姨就拉着她的双手，与她面对面，让她一点点向前滑，并耐心教她一些相关技巧。每当她有点小小的进步，小姨便及时表扬和鼓励她。当我们一个月后离开芝加哥时，女儿已能一个人滑的很自如了。通过溜旱冰训练，女儿和小姨建立了很亲近的关系。

在芝加哥停了两周后，我们便一起去了奥兰多的迪士尼乐园。我们在那里玩了六天，还在晚上看了两场表演，一场是赛马，一场是讲海盗故事的歌剧。当歌剧演到一半时，导演要从观众里挑几个孩子扮演小海盗。坐在前排的女儿很踊跃，将手举得高高的，结果幸运地被导演选中。于是她走上台去，戴着海盗帽，端着枪在舞台上走了两圈，过了一次做小海盗的瘾。以后的几年里，小姨还带她去看芭蕾、球赛，并参加一些社交活动等，以培养她的审美和生活情趣，开阔她的视野，增长她的见识。

那次在迪士尼度假，女儿白天多和小姨在一起，因许多游戏太惊险，我不敢尝试。晚上她也和小姨挤在一张床上，听小姨讲她当年在美国求学的不易，而今的收获，以及她大学同学、公司同事的故事。小姨还告诉女儿，她工作后为了进一步提高自己的英语水平，增加对西方文化的了解，改善自己的公关、演讲能力，她利用业余时间大量阅读英文版名著，并从图书馆借来自六十年代以来美国的著名电影，包括动画片，在家观看。此外，为了拥有健康的身体和充沛的精力，她每天都去俱乐部健身、跑步和游泳。

在芝加哥停留期间，小妹还带女儿去麦迪逊参观了她完成学业的威斯康辛大学麦迪逊分校和芝加哥著名的西北大学。这两所大学都坐落在湖边，图书馆和教学楼庄严、典雅，校区环境优美。

此后，我们家和小妹每年都在一起度假和过圣诞节。每逢女儿放暑假，我们便开车送她到芝加哥陪小姨过两周。小姨白天送她去夏令营，晚上将她接回家。两人一起做饭、看电影、游泳。在女儿心目中，小姨不仅是爱她的长辈，也是能理解她，让她信任的朋友。

有次因夏令营结束的早了点，她有机会跟小姨在公司一起呆了一个多小时，给小姨当了会儿“秘书”。她说那时看到小姨那么年轻，管理近十个工程师，有的还比她年纪大很多。开会时小姨认真询问每个人的工作进程，与大家一起讨论工作中的问题和解决方案等，心里很是敬佩。于是内心鼓足了干劲，下决心努力学习，希望自己长大后能像小姨。

榜样是力量

在女儿上小学五年级时的春天，我们周末带女儿一同去看望一对在滑铁卢大学读书的朋友。滑铁卢大学被加拿大的华人称为“加拿大的清华”，其理工科，尤其是信息工程专业在北美享有很高的声誉。在滑铁卢大学停留期间，朋友带我们参观了大学校区、图书馆和实验室。女儿默默地跟在我们后面，少了往日的好奇，显得有几分不太情愿。

在晚上我们开车一同回家的路上，女儿仍有点郁郁寡欢。她一言不发，闷闷不乐地坐在车的后排，好像有什么心事似的。我也不急着问她，希望她能自己主动告诉我她心里在想什么。大约过了近半个小时，她实在憋不住了，便带着几分不高兴的语气问我：“妈妈，你们今天带我来参观滑铁卢大学，是想让我以后也上这所大学吗？”

我听后有几分惊讶，于是转过头，面对着她反问道：“这所大学不也是一所很好的大学吗？”

她看看我，一字一句地说：“反正我以后不上加拿大的大学，我要像小姨一样去美国上大学。小姨说我在这里长大，比她当时的条件好，应该考上比她上的大学好才对。我要好好读书，将来考上一所美国常青藤大学。”

在前面开车的爸爸听后忍不住笑了：“没问题，只要你能考上，我一定会供你。”

女儿在她后来的初中、高中学习期间，不仅勤奋努力，成绩出色，并且主动争取不同机会，全方位发展自己。这除了应归功于幼儿教育、父母的言传身教、读书的效果外，小姨榜样的力量也是不能忽视的。

第 4 节

在引导与信任中长大

女儿于 2005 年 6 月在约翰中学顺利完成三年的初中学习后，于同年秋天进入马丁格绿芙高中的天才班就读九年级，一年后随我们搬家到芝加哥，在利伯蒂维尔高中开始上十年级，在那里度过了三年的学习时光，并完成高中学业。

要学会向自己妥协和让步

当我们正忙于打包，准备搬家到芝加哥时，在多伦多发生了一起让海外华人非常痛心疾首的事件。当年某省理科高考状元，清华大学学士、硕士，美国普渡大学和加拿大多伦多大学双料博士，因毕业后没有很快找到工作，不堪前途和生活的双重压力，从多伦多一座高速公路的立交桥上跳下，自杀身亡，留下两个年幼的孩子和无助的妻子。

他的自杀，在加拿大华人社区引起了强烈震撼。许多中文报纸、网站都相继报导了这一令人伤痛的消息，许多华人和华人社团为他的妻儿发起募捐。同时，这一事件也引起了我和我先生的思考，决定在适当的时候和女儿好好谈一谈。

毋庸置疑，他聪明优秀，一度曾是父母和老师的骄傲，同学们心中的榜样。在他的成长过程中，可能一路伴随着父母、亲人和老师的称赞、疼爱和无微不至的呵护。他以骄人的成绩考入清华，在清华完成本科和硕士学位，而后又赴美深造并获得博士学位，一路走来似乎没有太多的荆棘。直到移民加拿大后，才遇到事业和生活的巨大挑战。

我们和女儿一起分享完有关他的信息后，我先生问女儿：“如果原本出色的他高考失利，考试时没有能够正常发挥，不但没有成为那一年某省理科高考状元，就连中国一类大学的录取分数线也没能达到，而不得不在省内一所二类大学完成本科学业，他将会如何呢？我想这样的结果，一定会令他当时感到非常失落和痛苦，但却会让他有机会早点体会挫折和失败，那么他成年后的心理承受能力就会强很多，你说是吗？”

女儿若有所思地点点头。

我先生接着对她说：“一个人事事都顺，不一定全是好事。一个人经历一些坎坷和磨难，也不都是坏事，尤其是年轻的时候，如有机会经历一些他能承受的挫折，是命运对他的特殊眷顾。一个人要学会在必要时向自己妥协和让步，更要适应环境和现实。这样做不是弱者的表现，而是智者的行为，我们中国人常说的‘退一步海阔天空’就是这个道理。退不是止步不前，而是为了让自己更客观地看待自己的能力和不足，总结经验，然后再积蓄力量，等待时机，以便将来能更好地进。”

爸爸的话对女儿犹如及时的甘霖，使她到美国后面对全新的环境、全新的挑战，能淡定从容走过几个低谷，克服许多困难。

初到美国高中所面临的挑战

利伯蒂维尔是一个优雅的小城，位于芝加哥的北郊，美国著名的雅培公司和摩托罗拉公司的总部就设在这个小城附近。芝加哥的北郊，西北大学以北，集中了芝加哥地区的精华，许多伊利诺州著名的高中都在这一区域，例如史蒂文森高中、迪尔菲尔德高中、利伯蒂维尔高中等。

女儿进入利伯蒂维尔高中后遇到的第一个挑战是孤独、失落、没有朋友。在加拿大马丁格绿芙高中，她是年级学生会代表和校报编辑，参与和组织许多学校和社区活动，很多同学从小学开始就是她的同学，在学校有很多朋友。她的学习成绩和综合能力也被同学和老师认同，可转到利伯蒂维尔高中之后，没有人认识她，更没有人了解和认同她。

利伯蒂维尔高中学生的父母，很大一部分来自雅培和摩托罗拉两家公司。这两家公司都是高科技企业，尤其是雅培，由于工作稳定、福利好、机会多，许多人一进去，便不再想离开，一直工作到退休。孩子们在这个小区一起成长，一同上幼儿园、小学、初中，又一同升入高中，形成了他们自己的小团体，而且每个小团体的成员之间关系非常紧密，外人很难进入。更有意思的是，不少孩子对邻国加拿大的了解极为有限，甚至有的孩子问女儿："加拿大的官方语言是什么？"

除社交外，女儿的另一个很大挑战来自功课。加拿大高中和美国高中的课程安排、计分有很大分别。美国高中的课程分三个等级，普通班（Regular Class）、荣誉班（Honer Class）和大学先修课程（Advanced Placement，简称 AP）。学生可根据自己的需求和能力，选择上不同级别的课程。

在美国的高中，大多数成绩优秀，期望将来能够考进一所好大学深造的学生，从九年级开始便全部选上荣誉班级别的课程。尽管加拿大高中天才班课程与普通班课程的深度和广度都有所不同，但利伯蒂维尔高中仍坚持将女儿在加拿大天才班的考试成绩归入普通班级别课程考试成绩，这就使女儿的GPA（Grade Point Average）最高成绩变成了4.0，但荣誉班级别课程的最高成绩则是4.5，中间有相当大的距离。要赶上那些从九年级就开始上荣誉班课程的同学，她有很长的路要走，并且要付出很多额外的努力。

女儿的另一个烦恼是她没有机会参与学校杂志、报纸等刊物的写作、艺术创作和文学编辑等工作。她所喜欢的校办杂志和报纸，大都要求学生先注册与之相关的课程，才能有机会参与。但那时她清楚地知道，她的首要任务是必须先将自己的GPA成绩提高上去，将来才有足够的竞争力进一所好大学。因此，她不得不暂时先将自己喜欢做的事情放在一边，尽力安排和注册能得到较高GPA成绩的AP课程。这样她便无暇去上那些与报纸和杂志有关的课程，也就自然失去了相应的机会。

以信任和等待面对女儿的反应

面对这些不利因素，女儿十年级的第一个学期过得很沉默。她平日除努力学习，参加乐队练习和演奏外，几乎没有其它任何课余活动。庆幸的是她出色的长笛演奏水平很快得到了学校音乐老师的认同和赞赏，并在十二年级时成为学校两个主力乐队，交响乐团和交响管乐团的首席长笛演奏员。

在加拿大时，每当她放学之后，家里的电话铃声总是响个不停，而且十之八九是她的电话。可到了美国后，我们给她配了手机，也很难听到她的电话铃响一声。在加拿大时，她在周末除读书、写作业、游泳、锻炼身体之外，常有同学到我们家玩。她有时也去同学家玩，大家相约一起骑单车、溜冰、看电影等，忙的不亦乐乎。而在美国，她周末除了看书、做作业、锻炼身体外，便无处可去。因家里有些我母亲从国内带来的丝绸面料，她竟在家里自己学习裁剪和缝制裙子。

面对女儿在一个全新环境中的反应，我们选择了信任和等待。我先生私下对我说："她已经十五岁了，应当自己知道怎样走出困境。如果她选择逃避或因为小小的挫折而甘于平庸，我们就应该平静地接受这一事实。做为父母，即使她将来上一所普通大学，只要她身心健康，能够拥有自食其力的能力，我们就应知足感恩。因为适合她的，才是最好的。如果她没有很好的潜力和较强的心理承受能力，单靠你我的推动，即使将她推到高处，也迟早会摔落下来。到那时，我们的损失就难以估量了！"

寻找出路　走出困境

事实上，女儿在沉默的同时，也在观察、等待和寻找时机。到美国半年后，也就是十年级的第二个学期，她开始从沉默中一步步走出来。

首先她在学习上取得了老师和同学的认可。为了提高自己的GPA成绩，她尽可能选择上最难、得分最高的课程。在加拿大，数学是她最擅长，也是她通常能在班里考得最高分的课程之一，但由于加拿大高中与美国高中的数学课程安排方式不同，几何这一在美国九年级必须完成的课程，她在加拿大高中九年级并未学过。在利伯蒂维尔高中，数学课的进程是荣誉班几何→荣誉班代数II→荣誉班高等数学→AP微积分，这些课程是美国大多数好大学都要求在高中必须要完成的课程。

为了争取时间，赶上其他同学的进程，她在九年级结束后的整个暑假，我们搬到芝加哥之后，都白天一个人呆在家里自学几何。那时我先生尚在加拿大，没有人能够辅导她，她全靠自己学习、理解、做练习、消化和吸收。在10年级入学前，利伯蒂维尔高中的数学老师给她做了荣誉班级别的数学考试，她取得了八十多分的好成绩。此后，她不仅数学和其它功课成绩在同年级500多名学生中名列前茅，她出色的写作、语言表达和演讲能力也开始引起老师和同学们的注意。

在与同学的交往上，她调整自己，主动与同学配合，并取得一些进展。在经过一段时间的观察和了解之后，几个成绩出色，和她一样有移民家庭背景的同学，开始主动和她交往。经过一段时间的相互了解，他们赢得了相互信任，并最终成为很好的朋友。而后，由于她出色的学习成绩，待人的谦和，兴趣的广泛，那些在当地出生成长、成绩优秀、并在同学中有较好声誉的同学，向她伸出了橄榄枝，她也给予积极的回应，并逐步赢得了他们的友情。这样，她便从孤独中一步步走出，有了好几个志趣相投的朋友。

为了有机会在利伯蒂维尔高中发挥她的写作、艺术和编辑能力，她主动帮助学校一个文学杂志做编辑工作，这是唯一一个不要求学生注册相关课程，仅靠实力就有机会参与的文学刊物。那时她虽然已经离开了加拿大，但仍继续担任马丁格绿芙高中的校报编辑，直至十年级结束后，学校找到合适的人接替她的工作。在利伯蒂维尔高中，由于她出色的写作和编辑能力，与同学和老师建立的良好合作关系，使她很快成为这一杂志的编辑之一（co-editor）。这项工作，使她有机会将平面设计的技巧运用到杂志的编辑中，为她后来进入哥伦比亚大学后不久，与同学共同创办时装杂志《Hoot》，打下了良好的基础。

由于加拿大有英语和法语两种官方语言，女儿在加拿大从小学便开始学习法语。在利伯蒂维尔高中，她的法语成绩在年级处于领先地位，深得学校法语老师的喜爱。由于这位法语老师负责学校法语俱乐部的运作，女儿得以顺利加入法语俱乐部。随着时间的推移，她出色的组织协调能力逐步得到了老师和同学们的认同，在十二年级成为该俱乐部的主席，负责策划和组织了多个向人们展示法国文化、艺术、饮食等有关的活动，并在毕业时获得了学校颁发的法语奖学金。

积极进取 全面发展 走进哥伦比亚

除以上所述外，以下也是女儿在利伯蒂维尔高中学习和暑假期间所参与的主要活动：

在十年级第二学期结束前，在征得我们同意后，女儿自己申请并通过写作、面试等激烈竞争，获得了在十年级结束后的暑假，去法国南部、为期五周的国际实验生活，并获得 40% 全部成本的最高奖学金。她与来自美国不同州的约 15 个孩子一起，在一位艺术老师的带领下，在法国南部旅游、参观、写生，饱览了法国南部美丽的山川和秀美的风光，并与小镇的一个法国四口之家共同生活了两周，和那一家的两姐妹成了要好的朋友。这次法国之行不仅使她的法语水平得到很大提高，有机会更多地了解法国的文化、艺术和历史，也提高了她的独立生活能力和适应能力。

女儿从十一年级开始被选入学校的模仿联合国小组，与团队成员一起代表学校到美国许多大学做模拟联合国大会的辩论、演讲。演讲题目诸如地球变暖、卢旺达种族灭绝事件、传染病的控制等。在演讲中，孩子们扮演不同国家的外交官，他们作为各国代表，就讨论的议题阐述“自己国家”的立场和观点。这一活动既拓宽了孩子们的视野，让他们共同关心世界，用长远发展的眼光来思考和讨论一些国际问题，也使孩子们的演讲、公关、合作能力等得以发展和提高。

在征得我们同意后，女儿自己联系，在十一年级结束后的暑假期间，去斯坦福大学参加了一个为期三周、介绍有关不同法律专业知识的学习班。在那里，她和来自世界各地约 30 个孩子共同生活和学习，了解不同法律专业的区别，以及作为一名职业律师应必备的素质、所要面对的种种挑战等。学校请专业律师来班里分享他们的经验，同学们一同讨论和思考自己是否真正适合当律师，是否有能力将来成为一名合格的律师等。通过这次学习，女儿更加坚定了将来要成为一名律师的志向。

此外，在高中期间，女儿还经常在周末或下午放学后，到社区医院和老年护理中心做义工，为患者和年迈体弱者提供帮助，奉献爱心，并因此获得远超出学校要求的社区服务学分。

高中四年是女儿逐步走向成熟的四年。在这四年里，她为实现自己的梦想而不懈努力，虽有低谷，也有些坎坷，但因为她的自信乐观、勤奋努力、坚韧执着而从容走过。在她的性格里，少了几分钢性，多了几分韧性。在不懈追求自己目标的同时，多了几分忍耐和等待，在困境中能够看到希望和自己应该努力的方向，并于 2009 年春天，以 SAT 满分（2 400 分）的成绩被哥伦比亚大学录取。

第九章

大学平台——开拓未来的成长环境

第1节

做女儿知心的朋友

知心的朋友是在你伤心时最想见，苦恼时第一个想要对其倾诉，苦难时为你挺身而出，失意时让你看到机会和希望，失败时给你安慰、鼓励和支持，打扰时不用说对不起，在任何时候都能体谅帮助、信任理解和真心爱你的人。

二十多年来，自女儿出生那天起，我在爱女儿的同时，更尽力理解女儿，努力做女儿知心的朋友。

未入学　先减压

女儿接到哥伦比亚大学的录取通知书后，我和我先生在合适的时候多次提醒她，你在初中和高中时是整个年级的尖子生，可到了哥大这所世界一流的高等学府，你周围的每个同学都是学校的尖子生，他们可能个个都很优秀。你要在心理上有所准备，但不要有任何压力，凡事尽力就可以了。如果你尽力后仍感到学习有压力或跟不上，我们可以回到州立大学。人生至少是一场马拉松比赛，而不是百米冲刺。上一所好大学仅仅意味着人生有一个好的开始，但好的开始并不等于好的终结。人生贵在努力和坚持，与人建立良好的沟通与合作关系，分清事情的轻重缓急，并能及时把握一定时机。

我们了解到，许多孩子、尤其是亚裔孩子在大学选很多课，毕业时有的获得了双学位，有的获得了三个学位。针对这一情况，我们对女儿一再强调，身体的健康永远是第一位，不同专业的知识无疑会开阔人的视野，拓宽人的思路，可无论你在大学时学几个专业，你毕业后只能在一个领域内工作，我们只要求你毕业时有一个专业的学位就够了。如果你有空余的时间，就去锻炼身体，并适当参与一些学校和社区活动，以便使自己的组织协调能力得到进一步拓展和提高。

2009 年 8 月底，我们一家开车先到华盛顿，在那里停留了三天后，便驱车一同到纽约。在参加完女儿的开学典礼，并帮助她安顿好生活之后，我们在周日的清晨与女儿在哥伦比亚大学校园告别。

我永远不能忘记与女儿在哥大校园分别时的那一幕。当女儿分别与爸爸和我拥抱后转身离开我们的那一霎那，我的泪水夺眶而出。那一刻，我多想冲过去再拥抱她一下，多想永远照顾她，不让她经历任何风雨，不让她受任何委屈，将她永远保护在我的双臂下！但我知道我没有这个能力，也没有资格挡住女儿追求自己美好未来的权利。望着女儿远去的背影，我知道女儿已经长大，她要学会自己单飞，要有能力面对这个纷繁复杂的世界，用自己的双手挣得自己想要的生活和属于自己的一片天地。

用心灵倾听女儿

多年来，由于我和女儿之间一直保持着亲密、理解和信任的关系，只要女儿开口叫妈妈，从女儿的音调和语气中，我便能很快判断出女儿是想与我分享她的成绩和喜悦，听听我的意见和建议，还是想向我倾诉她的压力、烦恼和不安。

女儿去哥大后不久的一个下午，我接到她给我打来的电话，电话那头的她全然没有了往日的轻松和欢快。她充满忧虑和惶恐地告诉我，她发现她周围的同学个个都很出色，她担心她可能会在这个优秀的群体里被淹没，成为一名差等生。

女儿说着，声音里竟开始带有几分呜咽，这是她以前从未有过的，我的心便忍不住有几分不安。我尽量使自己保持镇定，让她将心里的烦恼和忧虑都说出来。

女儿接着说："现在还没有经过一次考试，我心里一点底都没有，万一考砸了，我下一步该怎么办？"

听了女儿的诉说，我平静地对她说："你想一想，宝贝。从你上小学到高中毕业，我们从未督促过你的学习，从未让你参加过任何辅导班，也从未给你布置过任何额外的家庭作业，只是在你有困难请教爸爸时，爸爸才给你做一些分析，帮助你理解和解答问题，而且这样的情况也非常有限。你无论在小学、初中、高中，成绩都很优秀，你靠的是你自身的能力和自然爆发力，以及在此基础之上的勤奋和努力，而不是任何外力的推动。"

我稍停了一下，让她忐忑不安的心能够暂时得到几分缓解，然后用轻松的语气笑着对她说："宝贝，首先你要对自己有充分的自信，不要有任何心理压力，压力只会给你带来负面影响，使你的能力和潜力不能得到正常发挥。其次，如果你努力后仍跟不上或感到在那里压力太大，咱就回来上州立大学，但这并不说明你不行，只是哥大不适合你。妈妈要的是一个健康、快乐、自信的女儿，而不是一位身心不健康、不快乐的医生或律师。只要你能拥有一个健康幸福、内心充满阳光的人生，就是一个成功的人生。这样，即便你将来做一名幼儿园老师，妈妈也很知足和感恩。"

女儿听完我的话，仿佛如释重负，带有几分不好意思地对我说："可能是我太紧张了，妈妈。"

我宽慰她说："没关系，宝贝，这很正常。你上大学前，一直在年级名列前茅，现在你周围全是和你一样优秀的同学，有压力是一种正常的反应，不必认真。但你有压力时，千万不要憋在心里，不然压力就会在你心里积聚膨胀，使你在心理上处于一种紧张状态，这样对你的健康不利。当你有压力时就说出来，让它释放，这样你就会感到轻松，使你的精神能够一直保持在健康状态。心情轻松愉快，身体就会好，学习才更有效率。"

接着，我用带着几分认真的语气对女儿说："无论什么时候，妈妈都是你忠实的朋友和听众，很高兴与你一起分享你的快乐和烦恼，这样妈妈也可以和你共同成长。如果你有事瞒着妈妈，则是对妈妈最大的不信任，这样可会伤了妈妈的心啊！"

女儿这时已恢复了她原有的乐观和自信，笑着对我说："我知道，妈妈。您不用担心，我会好的。"

我先生下班后，我向他讲述了和女儿通话的内容。他听后笑了，从容地对我说："从她上学到现在，我们从没有助她跑或让她'偷跑'过，她有今天的成绩，完全是在她自身的能力和潜力的基础上取得的。你不用担心，等这一个学期过完，她就能找到感觉了。"

在接下来的日子里，女儿也曾在电话中向我诉说她在面对的不同压力和挑战等。每到这时，我都内心保持平静，并用暗示的语言鼓励她将想要说的话说出来，使心里的压力和烦恼得以释放，然后在此基础上再表示适当的共情，并给予相应的鼓励和指导。

事实上，女儿那时刚到一个全新的环境，尚没有在学习上找到感觉和自信，身边也没有值得信任的朋友，她最需要的是一个她信赖的倾诉对象。这时，父母耐心的倾听、真诚的理解、对她价值的肯定、及时的鼓励和恰当的引导，就显得尤为重要。千万不要孩子急时你也跟着急，对孩子说一些风凉话，或给孩子施加额外的压力等。

果不出我先生所料，女儿在期中考试取得不错的成绩后，她的自信心开始回归。在后来的几个大作业和期末考试取得好成绩后，她心理上便不再有功课的压力，并重新成为一个快乐自信、阳光向上的幸福女孩。

珍惜和女儿亲近的每一个细小机会

在女儿上高中之前，我工作时间并不长，加之我父母又时常来探访我们，女儿放学时，晚餐多已准备好，因而她在家很少有机会学做中餐。尽管女儿不会做中餐，但她在学校上烹饪课，学会了做西餐。关于这一点，是我当妈妈的一个失职之处。

女儿上大学离开家后，很怀念妈妈的味道，庆幸的是在她大学二年级的学生宿舍，有了一个八个学生合用的厨房，于是女儿开始学做中餐。

为了帮助女儿尽快学会做中餐，我先在网上找好图片，然后再配上她能看得懂的中英文混合说明，编辑好之后发给她。等她开始做时，我又通过电话给予她更详细的解释和具体的指导，这样她便很快学会了西红柿炒鸡蛋，红烧茄子，红烧鸡块，炒米饭和炒面等简单、营养丰富而又可口的中餐。

对于能和女儿亲近的每一个细小机会，我都万分珍惜。通过生活上这些看似平常琐碎的事情，我和女儿有了更多的联系和沟通，使我们之间的感情日益加深，关系更加亲密，同时也使她从中更加体会到父母在她成长过程中对她的付出和爱。

人生重在选择　父母贵在引导

2012年元旦过后，女儿便动身前往法国，她要在那里完成一个学期的海外学习生活。女儿将在法国的生活稍加安顿后，即着手联系夏季的实习生工作。三月中，她得到了来自美国、新加坡和中国上海的三个工作机会，只是来自新加坡的信件跑到了她电子邮箱的垃圾邮件文件夹里，等她发现时，为时已晚。

女儿以最快的速度高兴地告诉我们，她同时得到了来自美国雅培和上海一家英文杂志编辑部的两个工作机会。不同的是，上海仅提供单程机票和住宿，没有工资，雅培则是一份有薪暑期工作。女儿和我们约定，一周后通过空中电话（Skype），开一个视频家庭电话会议，帮助她做最后的决定。

对女儿来讲，她下一件最重要的事情是准备LSAT考试。如果她能够准备充分，相信她会取得理想的LSAT考试成绩，而她在哥大的GPA成绩一直很好，这样她便能顺利考入一所不错的法学院深造。

LSAT是一个具有相当难度的美国法学院统一入学考试，没有一定的时间做充分准备，很难取得好成绩。2012年暑假的六、七、八三个月对女儿非常重要，是她准备LSAT考试的关键时期。九月份开学后，她就很难再有足够的时间花在LSAT考试的准备上。一旦错过暑假这三个月的最佳时期，她就不容易取得理想的考试成绩，甚至可能不得不将考试推迟到下一年。如LSAT考试成绩不理想或将LSAT考试推迟到下一年，她便无法在2012年底或2013年初申请2013年秋季开学的法学院，也就不能在毕业后很快得到继续深造的机会。而她本科学的专业是历史和法语，由于就业机会有限，她将很难在美国找到工作。

雅培离家仅有二十多分钟的车程，如她暑假在雅培工作，可以吃住都在家里，会节省她很多时间和精力，为她准备 LSAT 考试带来诸多方便。女儿在北美长大，如果她去上海，国内的环境和食品安全将对她是很大挑战。女儿很喜欢中国和中国文化，她到上海后，一定会借此机会仔细咀嚼、品味上海这个东方现代化大都市独特的美，游览华东地区的风景名胜，尤其是带有独特文化风情的江南小镇。这样既减少了她准备 LSAT 考试的有效时间，又增加了她饮食不安全的几率。健康的身体是她准备 LSAT 考试的基本保障，万一她在上海的健康受到影响，其后果可想而知。

我们很了解女儿，知道她的首选肯定是上海。

我和我先生做了两次长谈后，达成一致意见，决定尽力劝她回美国，并由我先生负责与她交流和沟通。

我们是在一个周末的下午一起上网，通过 Skype 开了一个电话视频家庭讨论会。我们彼此问好后，爸爸就关心地询问她近日在巴黎的学习和生活情况，气氛颇为融洽。

而后，爸爸以幽默的语气对女儿说："不错嘛，曼曼。现在经济形势这么不景气，你竟然能得到两个暑期工作机会。"

女儿开心地笑了。

爸爸问："你是想去上海还是想回美国工作？"

女儿一脸阳光，不假思索地回答："上海。"

爸爸笑了笑，平和地问："能说一说你选择上海的理由是什么吗？"

女儿快乐地回答："上海这份工作很适合我，我很喜欢。这个杂志的主要内容是向外国人介绍上海的历史、文化和美食，为外国人到上海工作和旅游提供一定的信息和帮助。我的一部分工作就是去不同餐厅品尝不同风味的美食，了解餐厅的文化，体会餐厅的服务质量等，然后写一篇相应的评论文章。"

女儿说完，高兴地朝我们做了一个鬼脸，接着又补充一句："当然，所有费用都是公司承担。”

爸爸听后微笑着点点头，然后对她说：“听起来的确不错。除了工作，你在上海还有什么别的计划？”

女儿脸上洋溢着向往之情，笑着说：“当然想再去上海周边的小镇，还有杭州、扬州、苏州、南京等地玩一下，上次和妈妈一起去时我还小，可我好喜欢那里的文化、美食，还有刺绣、剪纸、蜡染等民间艺术，这次我要借此机会好好体会一下。”

爸爸点点头表示赞同，而后又问：“雅培的暑期工作不也是有很多人竞争，很难得到的一个工作机会吗？”

女儿从容地回答：“是的，雅培为大学生提供的暑期实习生工作机会，在美国享有不错的声誉，对很多大学生都有很强的吸引力，可我去年暑假已经在那里工作过一次，这次想做一个新的尝试。”

爸爸接着说：“这一点我很能理解，不过，你能谈谈你暑假将如何准备 LSAT 考试吗？”

女儿爽快地回答：“我白天上班，晚上和周末学习。我会在网上订几本如何准备 LSAT 考试的书籍和历年 LSAT 考试试题，等我到家时，书也就到了，我将它们带到上海学习。”

爸爸又说：“如果你在美国工作，你可以住在家里，你妈妈就能照顾你的日常生活，这样你就有更多的时间和精力准备 LSAT 考试，对你取得你想要的成绩会有很大的帮助，不是吗？”

女儿胸有成竹地说：“没关系，我在上海能自己照顾好自己。你看，我现在在法国不是把自己照顾的很好吗？我也很会分配和管理自己的时间，准备好 LSAT 考试。”

爸爸沉吟了片刻，认真地对她说：“LSAT 很难考，很多人都花半年以上的时间准备，而你仅有三个月的时间。你长期在北美生活，如果你去上海，对那里的生活环境和饮食未必能够一下子适应。万一病了，我们在那里又没有亲戚，后果就很难在我们的控制之中。你上次回国，两个月病了三次，多亏你妈妈在你身边，悉心照顾你，才使病情及时得到控制，没有真正病起来。”

女儿自信地回答：“我现在长大了，抵抗力也比以前强多了，不会再像上次那样感冒、发烧、闹肚子。”

女儿的回答早在我们的预料之中。于是，爸爸不得不拿出最后一张底牌。

他微微抬一下头，轻轻做了一个深呼吸。我知道他深深地爱着女儿，女儿是他的心肝宝贝，他这样做是给自己加把力，让自己有勇气将下面的话说出来。

他将自己的身体稍稍向前挪动了一下，用舒缓的语气对女儿说：“曼曼，你已是成人了，应该为家里分担一些负担了。你若去上海，你将没有收入，你的机票、生活费、旅游费用加起来至少要 3 000 美元。如果你去雅培工作，你暑假可以挣 7~8 千美元。这样一算，差别就近一万美元。我们家并不富裕，一万美元对我们可不是小数。”

女儿先是愣了一下，随后眼睛里立刻充满了泪水，这是一个自尊心极强的孩子。

爸爸看着泪珠在眼睛里打转的女儿，依然保持着应有的理性，平和地对她说：“决定仍然是你自己做。如果你真的很想去上海，认为错过这次机会，你会遗憾终生，我们就支持你去。但如果因此影响了你准备 LSAT 考试，没能考到你理想的分数，不能进入你一直都很想去的法学院，你可不要后悔。还有一点你是知道的，如果明年你得不到继续深造的机会，由于你专业的限制，你将很难毕业后在美国找到工作，这样你便有一年在家闲居的日子。到那时，你不要看着那些已经找到工作或继续深造的同学而羡慕、后悔和懊恼。”

女儿若有所思地点点头。

两天后，我先生和我联名给她发了一个电子邮件，再次强调我们很爱她，无论她做怎样的决定，我们都会支持她。

五天后，女儿给我们回了信，信中说："很感谢爸爸妈妈为我所做的一切。你们已经为我做了很多，支持我在欧洲玩了许多国家，我应该回美国工作，并全力准备 LSAT 考试。"

女儿那时虽然已是成人，并且也很独立，但她对人生的领悟和机会的把握，并不及我们体会的深刻。做为负责任的父母，在关键时刻，用适当的方法，恰当的语言，给予孩子合适的引导仍很必要，但孩子仍是最后的决定者和责任的承担者。

帮助女儿考前减压

2012 年 10 月 4 日晚上，女儿给我打来了电话。女儿开口叫的那声妈妈，声音中带有几分颤抖，这使我心头猛地一紧。我知道她 LSAT 考试临近，于是便马上不安地意识到，女儿可能是考试前紧张，但瞬间又将这一念头抹去，因为在我的记忆中，女儿向来对考试非常从容。她当年参加 SAT 考试时，我正在中国出差，当时本想将出差时间调整一下，可女儿坦然地对我说："妈妈只管去，没关系。"可这一次却出乎我的意外，还没有等我来得及反应，却听到电话那头女儿低声哭泣的声音，便不免有几分吃惊。

女儿一向是个快乐自信的孩子，从小到大，很少哭泣。于是我赶紧梳理自己的情绪，让自己尽快镇定下来，然后柔声问她："怎么了，宝贝？"

女儿仍在抽泣，低声说："后天 LSAT 考试，我怕考不好。"

我故作轻松地安慰她说："怎么会呢？你一向能在考试中正常发挥。"

女儿哽咽着说："我总认为阅读理解部分是我的强项，虽然我买了书，但由于时间紧，我从来没有真正读过这本书。当我在家做往年的考题时，我这部分一般只丢1~3分，可当我回到学校，开始做最近一两年的考题时，才意外地发现它的难度增大了，每次做都丢3~5分。现在想改进，已经来不及了，因为阅读能力是最难一下子提高上去的。"

听了女儿的话，我反倒很快冷静了下来。坦然地讲，以女儿自己的标准，她在暑假三个月期间，白天上班，晚上和周末学习，是相当用功的。但与我当年高考复习和准备CPA考试相比，其用功程度仍有一定差距。她虽在晚上和周末学习，但只用了一半时间，另一半时间是娱乐和社交。当然，适当的放松是必要的，但她当初显然还是有些"轻敌"了。想到她在学业上一直很顺，有点挫折未必全是坏事，于是我的心也就平静了下来。况且考试近在眼前，做为父母，能为孩子做的，就是为孩子减压，帮助孩子放松，使孩子在考试时能够正常发挥，而不是苛求结果。

于是，我轻松地对女儿说："没关系，宝贝，不就是3~5分吗？你其他几个部分能做的差不多，就行了。"

女儿听了，仍在电话那头忧心忡忡地说："如果我考不到170分以上，就很难进入前十名的法学院。"

听了女儿的话，我愈加感到要设法帮助她甩掉精神包袱，以轻松的心情应对即将到来的考试，便笑着对她说："考不上前十名的法学院，咱们就上后十名的法学院。"

可大大出乎我的意料，我的活非但没有使女儿得到预期的安慰，反而触动了她内心最为敏感的部位。她听了我的话，竟伤心地大哭起来。

她边哭边对我说："自进哥大，我就将自己的下一个目标锁定在前五名的法学院。为了能够实现这一目标，我一直很努力，使自己的学习成绩保持在全A的水平。同时为了证明自己的综合能力，我与朋友合办时装杂志，担任学校一个很负盛名的学术杂志的高级编辑，积极组织和参与一些学校和俱乐部活动等。如果这次考试我不能取得好成绩，这些年的努力岂不全都白费了吗？”

一直到那一刻，我才真正意识到女儿心中的压力和心理负担。我深吸了一口气，努力让自己的头脑保持冷静和清晰，不被女儿的情绪所感染，同时快速地寻找对策和措辞。

我用平和、但却坚定的语气对女儿说：“宝贝，人生的每一个经历、每一次付出都不会白费，它们都终将为你的人生积累宝贵的经验和财富。人生是一场长跑，不要在乎一时一事的成败得失，坚韧执着才是一个人成功的关键。几乎每个人在人生中都会经历大小不同的挫折和失败，重要的是要总结经验教训，这样他第二次起飞的高度将会高于第一次，而且脚步更扎实，成功的概率更大，我们中国人常说的‘失败是成功之母’就是这个意思。”

我稍停了几秒钟，使她的心绪能够慢慢平静下来，然后接着说：“你当年申请大学时，虽然你的 GPA 成绩很好，SAT 考试成绩是满分，可当许多比你学习差的同学陆续收到不同大学的录取通知书时，你收到的要么是拒绝信，要么像哈佛将你放在等候名单上。你在失望和伤心之后，却表现的异常沉着冷静。你以最快的速度申请了多伦多大学米西索加分校，那是当时唯一一所申请日期尚未截止的学校。说实话，那时我和你爸爸都很难过，感到命运有几分捉弄我们，但你却安慰我们说，你一年后会考进多大主校园，毕业后再考美国的研究生。”

我轻轻喝了一口水，继续刚才的内容：“当然后来你收到了哥伦比亚大学的录取通知书，我们都感到很欣慰和喜悦。事后你爸爸对我说，如果你没有收到哥大的录取通知书，不得不回多大读书，这无疑对你是一个很大的人生挫折和打击。但从你当初的反应看，相信你会从此变得更加坚强，即使以后再经历大的人生风暴，你都能坦然面对和从容走过。任何事情都有它的两面性，关键是你怎样看待它。”

女儿听完我的话，情绪稍微稳定了些，但马上又不安地说：“当时的情况和现在还是不一样，我当时虽然很失望，但仍有退路。我现在所学的专业是历史和法语，如果不能继续深造，就很难在美国找到工作。”

我真诚地对女儿说：“没关系，宝贝。如果你这次 LSAT 考的不好，你不想上差一点的法学院，我和你爸爸都会支持你明年复习后再考。你没有工作不要紧，人生难得有一段自由的时光。妈妈送你回中国旅游，你可以一边走访中国的名山大川，一边学习中文，一举两得。中国正在高速发展并走向世界，你若能掌握中英文这两种世界上最大的语言，对你将来的发展更有利。”

女儿听了我的活，心情开始有所放松。

正巧，小妹在我身边，便将电话拿了过去，开始与女儿谈一些与考试无关的轻松话题，借以分散她的注意力。

对女儿来讲，小姨是她很好的朋友，在文化上和自己没有太多的障碍，加之小姨尽力用美国孩子的思维方式理解她，用英文和她沟通，她们的谈话很顺畅。

从她们的对话里，我感到女儿在心理上逐步放松，考试的压力暂时得到了缓解。大概快到十一点钟时，女儿对我们说：“我有点困了，我要去睡觉了。”

第二天，尽管我内心十分忐忑不安，但我还是竭力控制自己，不去打扰她。

到了傍晚约 5 点钟左右，女儿打来了电话，告诉我她已到考场附近的酒店，过一会儿便到楼下的餐厅用餐。

那天整整一个晚上，我眼睛虽盯着电视屏幕，心却系在女儿身上，时间过的很慢很慢。

到了十点钟，女儿再次打来电话，告诉我她已一切准备就绪，会很快上床休息，明天一早去参加考试。

第三天是周六，我没有像往常一样睡个懒觉，而是一早起来烤蛋糕，到院子里清理落在草地上的树叶，借此分散内心的不安。

中午过去不久，女儿就打来了电话，她那时已完全恢复了原有的平静，笑着对我说："考题都做完了，就是不知道做的怎么样。"

我笑着对她说："考完了，就将它忘掉，不要再去想它。今天是周末，赶紧找个朋友一起玩去。"

女儿欢快地回答："是的，妈妈！"

再强健的身体，也有疲倦的时候；再刚强的心，也有软弱的时候，何况一个尚未真正走向社会、还没有来得及经过人生强劲洗礼的孩子？做为一位称职的妈妈，当孩子站在山脚下，你要帮助孩子看到大山的巍峨，而不只是山路的崎岖；当孩子面对大海，你要帮助孩子看到大海的浩瀚，而不只是波涛的汹涌；当孩子身在沙漠，你要帮助孩子看到不远处就有绿洲，而不只是漫天的黄沙；当孩子行走在密林之中，你要帮助孩子看到生命的勃勃生机，而不只是林中的猛兽；当孩子在考前有心理压力时，你要帮助孩子减压，勉励孩子认识到，即使失败，仍可从头再来！

失败是成功之母

大约三周后的一个下午，我接到女儿打来的电话。她没有像往常那样，开口第一句叫妈妈，而是长叹一声说："考试成绩出来了，我没有考好，还没有我第一次做 LSAT 试题的成绩好。这是我自准备 LSAT 考试以来，做的最差的一次。"

我心里先是咯噔了一下，然后默默地等待女儿暴风骤雨的来临。

我等了几秒钟后，不见女儿那边有任何动静，便急忙安慰她说："没关系宝贝，明年复习再考。当然，如果你不介意，这个分数也够上一所二十名以内的法学院。"

大大出乎我的预料，女儿非常平静。

我话音一落，女儿就坚定地对我说："我已在网上报了名，下个月重考。我分析了一下我上次考试成绩不理想的原因，总共有三个。一是考试前压力太大，精神过于紧张，考试前两个晚上都没有睡好；二是我早上为了提神，吃了咖啡糖。可能是我平时不喝咖啡的缘故，结果致使我心跳加快，进考场后好大一会儿注意力都无法集中，以至我的第一部分几乎丢了一半分。其它几个部分我都做的不错，我的总分是被第一部分给拉下来的；三是考试条件太差，影响了我的考试情绪。我考试时用的桌子，是连在椅子把手上的一个小小折叠桌，尺寸还没有考卷的一半大。"

女儿略停一下后，又接着说："我总结了一下，第一和第二个原因，我可以控制，第三个原因虽然我个人无法控制，但我想我不会每次运气都那么不好，下次还分到一个同样差的座位。即使那样，我也不会再烦躁不安，而是平静地接受。"

听了女儿的话，我的心倍感安慰，不禁由衷地感叹女儿还是长大了、成熟了、坚强了，但同时又因时间的紧迫，而为她有几分担忧。

女儿在电话那头似乎读出了我内心的忧虑，她自信地对我说："现在距下次 LSAT 考试时间只剩几周了，而且我还要准备我的期末考试，但我会将重点放在期末考试的复习上，因为我的 GPA 成绩对我仍然很重要。我不打算在 LSAT 考试的准备上再花很多时间，只计划再做 2~3 套试题，使我的大脑思维在这方面处于活跃状态就可以了。只要我能正常发挥，就有把握考 170 分以上。"

我先生下班回到家后，我告诉了他女儿的考试成绩，女儿对考试成绩不理想原因的分析，以及女儿的决定。

我先生听后，很快给女儿打去电话，他用轻缓的语气对女儿说："我相信你的分析，支持你下个月再考。但有两点，你要记住。一是无论在任何时候，做任何事情，都不要有压力，因为压力只会妨碍你正常能力的发挥。要慢慢学会遇到困难时保持镇定从容、有条不紊。当然，这不是一下子就能做到的，要逐步积累人生经验。你在知道自己的考试成绩后没有懊恼，而是冷静分析原因，并重新找回自信，你做得很好，十分难得。二是千万不要在不平常的时候，改变自己原有的日常生活习惯。你平时不喝咖啡，考试前吃咖啡糖，不但没有起到提神的作用，反而使你心跳加快，这一点要吸取教训。"

女儿于 2012 年 12 月 1 日第二次参加了 LSAT 考试。

2013 年元旦刚过的一个傍晚，我正在厨房准备晚餐，女儿从楼上噔噔噔跑下来，然后冲到我面前，一下子将我抱住，对我高兴地大声说："妈妈，我的 LSAT 考试成绩出来了，我考了 170 分以上。"

做孩子知心的朋友

在女儿大学毕业后的暑假，当我们全家坐在一起回想起这段经历时，我先生谆谆告诫女儿："从准备 LSAT 考试和申请法学院的过程中，你还要吸取两个教训。一是无论在任何情况下，做任何事情，都要尽力做到'知己知彼'。要做到这一点，你首先要设法掌握最新和最可靠的信息，然后在此基础上再做充分的准备，才是取胜的关键。如果你在准备 LSAT 考试时能花一些时间在阅读部分，了解到阅读部分的考题已经增加难度，你就会针对性地下些功夫，这样你就不会在考前紧张了。其次，无论做任何事情，最好给自己留条退路，除非在万不得已、别无选择的情况下，不得不背水一战。如果你本科学的专业实用些，能够在美国找到工作，你考试前的压力也就没有那么大了。”

女儿听后，带着感激地对爸爸说：“谢谢你，爸爸，我也自己总结了这次考试的经验，我们俩想到一块儿了，我以后一定不会再犯同样或类似的错误。”

有的时候，当孩子做事欠妥或犯错误时，父母不一定要马上给孩子指出来，并督促孩子立刻改正。要给孩子留些时间和空间，让孩子自己思考反省，总结经验教训，然后再在恰当的时候，提醒孩子，并给与适当的补充。这样孩子会更容易理解、接受、并吸取父母的人生经验和智慧。

当孩子在外遭遇困难、挫折、失败等不如意的事情时，内心充满爱、理解包容、支持他的父母，是孩子知心的朋友。温暖幸福的家，是孩子心灵的港湾，是给他力量、智慧和信心的源泉。

南宋爱国词人辛弃疾在《贺新郎》一词中说“我看青山多妩媚，料青山见我应如是。”若父母以爱、平和、淡泊之心养育孩子，理解孩子，努力成为孩子信任的良师益友，那么孩子回报给我们的也同样是爱、真诚和奋发向上，并成为我们知心的朋友。

愿天下父母都能成为孩子知心的朋友！

第 2 节

目光远大 脚踏实地

想，要壮志凌云；干，要脚踏实地。

女儿进入哥伦比亚大学后，便将在美国排前五名的法学院，定为自己的下一个奋斗目标，并为这一目标不懈地努力。

美国的大学绝不是轻而易举获取高等教育之地。在美国，即使是一般的大学，对学生也是施行“宽进严出”的政策，像哈佛、耶鲁、斯坦福、普林斯顿、哥伦比亚等这些世界著名的高等学府，每所大学每年招收的本科学生大多不超过两千名，而且是面对全世界招生，更是“严进严出”。

在哥伦比亚大学，老师会适时给你一些有价值的建议和指导，但决不会拉着你的手带着你走。在这里你必须要学会独立，客观地认识自我，发现自我，找到适合自己的学习方法和自己未来的发展方向。在哥伦比亚大学，每一个人都很忙，要面对来自学业和生活的不同挑战。你周围的同学，每个人都非常优秀，他们不仅拥有广泛的知识面和不同特长，具有独立思考和创新能力，而且富有活力，对未来雄心勃勃，对未知世界充满向往和探索精神。他们如同一种无形的力量，这种力量可以推你向前，也可以将你湮没。你能否在这种充满挑战、生机和活力的环境中找到自己的平衡点和原有的自信，并充分利用现有的条件和资源，使自己得到进一步的发展，不仅取决于你个人的实力，更取决于你的自信心、独立性、适应能力和心理承受能力等综合素质。

凡事尽力，不放过细节

人生很短，一个人的梦想既要有切实可行的计划，更要有脚踏实地的行动才能得以实现。为毕业后能考取一所好的法学院，女儿始终一步一个脚印，将自己每一门功课的考试成绩保持在全 A 的水平，因为四年本科的 GPA 成绩，是法学院录取考生的一个重要硬性指标。

老子说："图难于其易，为大于其细；天下难事，必作于易；天下大事，必作于细。是以圣人终不为大，故能成其大。"

为了确保每门功课都能得到理想的成绩，女儿在学业上总是尽自己最大的努力，不放过任何细节，力求准确、完整。哥伦比亚大学的不少课程，尤其是文科，大多没有教科书，但老师要求学生阅读的相关书籍和资料却很多。在一年级的第二个学期，她有一门课是美国政治。教授上课时天马行空，有时很难在课上领会她讲课的要点，以及她要阐述的论点到底是什么，笔记也很乱，临近考试时不知如何下手复习。为此，在考试一周前，女儿与同学特蕾西一起找到了助教，请求他的帮助和指导。出乎她们的意料，助教不仅条理清晰，对她们也很友好，耐心地告诉她们这门课需要学习和掌握的主要内容，要理解的要点等。女儿和特蕾西听后如获至宝，两人一起跑到图书馆，整理了一个庞大的复习纲要。第二天她们又在一起花了整整一天的时间，相互问答，以增强彼此的记忆。有付出就有回报，最后两人这门课都取得了好成绩。

分享合作 高效快乐

对每一个学生来讲，四年的大学生活，获取丰富的知识和扎实的专业技能无疑是首要的，但在学习中与同学建立和发展友情，培养相互信任的良好合作关系，也同样重要，且与知识学习相辅相成。

女儿与同学的合作在大学一年级和四年级时非常多。例如一年级时，有一门课程是人文文学，这门课为期一年，所有哥伦比亚学院的学生都要必修，且考试内容对每个专业的学生都一样。女儿至今都清楚地记得当时她和同一楼层的同学们一起复习的情景。他们将复习要点和需要记忆的内容整理成幻灯片，大家相互问答、纠错、补充。虽然那时复习时间紧张，但也饶有趣味，楼道里不时传出他们的欢声笑语，给她留下了许多美好和有趣的回忆。

为准备考试，女儿常与同学分工合作。她常常在考试前把选修同一门课的几个同学组织起来，将这门课的学习内容分为几个部分，让每个同学负责准备一部分的复习纲要，然后再将每个同学负责的部分收集、整理、汇总成一个完整的复习纲要。这不仅使女儿在紧张的期中和期末考试复习期间节省了时间，提高了效率，而且增进了和同学之间的相互了解，为日后建立彼此信任的合作关系打下了一定基础。

女儿的朋友倩倩，是女儿大学一年级时的室友。她来自香港，大学二年级时，她和女儿选择了同一专业，所以许多课两个人是在一起上的。当考试临近时，她总希望能和女儿在一起复习。女儿也有其他朋友喜欢和她一起复习，每次大家一起复习时，女儿总叫上倩倩。

女儿的朋友都知道她很善于把握教授讲课的要点，课后整理的笔记清晰、明了，考试前准备的复习纲要和内容也很有参考价值，因此许多同学都向她索求。无论谁向她要，她都乐于与人分享，尤其是倩倩，女儿对她格外关照。在女儿的心目中，倩倩是她很好的朋友，当倩倩在学习上需要帮助时，如果她袖手旁观，就不是真正的朋友。毕业前倩倩真诚地告诉女儿，如果没有她的帮助，她有好几门课都很难取得那么好的成绩。

女儿从哥伦比亚大学毕业那年的暑假，她与我谈起这些往事，女儿坦然地对我说，既然她花了很多时间和精力准备这些复习要点，为什么不让它变得更有价值，帮助更多的人呢？况且在准备这些资料的过程中，她阅读了许多书籍，加以思考和分析，做了相应的笔记，已从中收获很多。但女儿也告诉我，并非每个人都愿意这样做。她有一个同学，从不愿意与他人分享自己的任何笔记和复习要点。在她看来，如果别人用她准备的复习资料且得了高分，就等于别人既分享了她的劳动成果，又可能成为她的竞争对手，这对她很不公平。对此，女儿虽表示理解，但并不赞同，因为她深知一个人的实力不只体现在你所上的大学和考试成绩上。

女儿对同学的真诚与帮助得到了丰厚的回报。大学二年级的春假，一位家在佛罗里达的同学，曾邀请她和另外几个女孩一起到她家度假。佛罗里达美丽的海滩留下了她们年轻的倩影和欢快的笑声。大学四年级的春假，她一个同学的姨妈为庆祝外甥女即将大学毕业，在一个度假点订了两间房，让八个女孩在那里度过了一周愉快的时光，女儿也在其中。四年的大学生活，每逢像感恩节这样重要的节日，女儿总被家在纽约附近的同学邀请，到同学家过节。上文中提到的倩倩对女儿也非常真诚和友好，她对人的品性具有很强的洞察力，后来她在一件很重要的事情上，给了女儿一个颇有价值的建议。

在很多时候，帮助别人就是帮助自己，正如孔子所说：“夫仁者，己欲立而立人，己欲达而达人。”

在四年的大学生活中，女儿深深体会到合作的重要性以及合作带给她的诸多收获，特别是时装杂志《Hoot》的创立，更是每一个创办者发挥各自的优势和智慧，彼此团结一致，共同合作，克服许多困难而取得的成果。

合理安排时间　高质量完成作业

在哥伦比亚大学这一充满竞争和挑战的高等学府，掌握合理安排时间的技巧，对学生的身心健康和未来发展都非常重要。

自女儿上幼儿园开始，我们就告诉她，健康永远是第一位的，学习是第二位的，其他都是第三位的，并开始培养她良好的学习和生活习惯，逐步帮助、训练她合理安排时间的技能。自她上学后，我们从未督促、过问过她的作业，她总是能提前安排好自己的学习时间，按时、高质量地完成作业。上大学后，她更加能把握好事情的轻重缓急，合理安排好睡眠、体育锻炼、学习、娱乐、社会活动等的先后次序和时间。

为保证自己能够拥有健康的身体和充沛的精力，她总是尽力确保自己每天有七个小时的睡眠时间。当功课与其他活动在时间上有冲突时，她都将功课放在首位。同时她也明白，合理安排一定时间进行娱乐和放松，对体力的恢复和学习效率的提高也很有帮助。学校地处繁华的纽约，又靠近百老汇，有很多值得参观的博物馆、值得游览的景点和值得观看的演出，学校也有许多社团组织的各种有趣的活动和晚会。女儿知道她不可能参加每一个活动，她会挑自己特别喜欢或感兴趣的参加。每逢有这样的活动，她都会提前安排好阅读和写作业的时间，以使自己的作业能按时完成。在四年的大学生活期间，女儿从未熬过通宵，从未在作业截止日期的前一天晚上才开始动笔写论文。她至少提前一天完成作业，以使自己有一定的时间反复推敲，做一些必要的修改、补充、完善。这一点在大学里非常难得，她有同学在截止日期的前一晚才开始动笔写作长达十五页的论文，在第二天最后一刻才交作业，也有的同学经常用各种理由，向老师请求延后交作业。

读书要技巧　文章见功夫

北美的中小学教育非常重视对孩子阅读能力，尤其是快速阅读和精读、语言表达和概括总结能力的培养。女儿在大学时学的是历史专业，每天都有大量的阅读作业要完成。由于女儿在中小学受到的严格的阅读训练，她具有很好的读书技巧。当拿到一本书后，她能很快分辨出哪一部分需要精读，哪一部分仅需泛读，而哪一部分内容可以跳过去不读。

当女儿毕业，与我谈起她在大学四年紧张的学习生活时，深有感触地说，写文章不能走捷径，要内容充分，逻辑清晰，语言精简，用词准确、生动和丰富，但读书有捷径，书要越读越薄。将老师要求的每一本书都通篇读完，在某种程度上是浪费时间，她宁愿将省下的时间和朋友一起逛街、看演出、参观博物馆等，使自己的大脑和身体得到完全的放松。

目标明确　取舍有度

进入哥伦比亚大学之后，女儿逐渐认识到人的精力是有限的，如果同时去做很多事情，就很难将每一件事情都做好。许多人说，在北美一流的大学，在学业、社会活动、充足的睡眠这三者之中，一个人只能选择其中之二。女儿说她很幸运，三者她都拥有。但这并不意味着女儿比别人优秀，只是她心里有明确的目标，知道什么要取和什么要舍。

她没有像有的同学那样，每学期注册七八门课，毕业时取得双学位，甚至三学位。女儿每学期最多选五门课，她毕业时虽得到历史和法语两个专业的双学位，但这两个专业有许多重叠的课程。她也没有像有的同学，为了毕业后能很快找到一份理想的工作，使自己的简历看上去更具有吸引力，业余在公司兼职做实习生，同时还负责社团的工作等。她虽然在学校也曾创办时装杂志，而后担任哥伦比亚大学学术刊物《东亚评论》的高级编辑，也组织和参与过其他一些社会活动，但她每学期只做一件较消耗时间的工作，因而她有一定的自由时间可支配，可以和同学一起逛纽约，在感恩节前做大餐，在万圣节时刻南瓜灯等。

当女儿的朋友在学校毕业典礼的目录上，看到她的名字前有三颗星星时，感到十分惊讶，走过来对她调侃地说："没想到你这样一个有生活情趣又爱玩的人，竟然有这么好的学习成绩，难道你是超女不成？"

大学四年获得的主要奖项

在四年的大学学习即将结束时，女儿的一篇论文给她的教授留下了深刻印象，也使她感到非常骄傲。女儿说在哥伦比亚大学，人文教育不仅向她展示了人类文明的发展和进步，更重要的是让她学会了用不同角度思考人类文明的进程，分析和质疑现有某些权威的看法和观点，使她能够对她所读到的书、许多重大历史事件的发生以及现有的诸多社会问题等，提出自己的看法、观点和解决办法。

在哥伦比亚四年的大学学习期间，女儿获得的主要奖项如下。

2010 人文文学最佳论文奖荣誉提名——人文文学是一门为期一年、所有哥伦比亚学院的学生都要必修的课程，其课程内容包括从古希腊到二十世纪的西方文学和哲学代表作，学生要通过该课程反思这些文学作品和哲学家的思想对当时文化和社会的影响，以及对人类文明的贡献。

系主任的名单——每一个学期，学校都将学习成绩优秀的学生放在系主任的名单上，女儿每学期都获此殊荣。

最高荣誉奖——在学校的毕业典礼目录上，女儿的名字前有三颗星星。能获此殊荣的学生，不仅要求其学习成绩要排在前 5%，而且须由教授推荐，在学业上有突出的分析和解决问题的能力，并具有独到的见解。

优等生荣誉奖——这一荣誉在 1777 年产生，其目的是追求和弘扬“友谊，道德，文学”，它的希腊文意思是“爱的智慧，生活的指南”。今天，这个荣誉称号用于表彰和庆祝人文和艺术科学的发展和进步。2013 年 5 月，哥伦比亚学院约有 95 名本科毕业生被选为优等生成员，占学院毕业生的 10%，女儿是其中之一。优等生的选择非常严格，学生的学习成绩，知识掌握的广度、深度，严谨的学习态度，教授的推荐等都在考量之列。在毕业典礼期间，学院特地为优等生单独举行了一个颁奖典礼，并邀请家长一同参加。

脚踏实地　实现目标

美国的大学对申请法学院的学生，有两个硬性录取指标，那就是法学院入学考试（Law School Admission Test，缩写为 LSAT）成绩以及四年本科的 GPA 成绩（平均绩点）。当然，每所法学院对不同学校的 GPA 成绩（平均绩点）都有自己的考量尺度。进入哥伦比亚大学之后，女儿始终认真、踏实、努力，使自己每门功课的成绩都维持在一个较高的水准。大学毕业时，她总的 GPA 成绩是 3.99，接近满分 4.0，这对一个历史专业的学生着实不易，为她后来考入哈佛大学法学院打下了坚实的基础。

没有经过努力奋斗取得的成功，成功者不仅不知如何珍惜，也很难明白成功的真正价值和意义，更不会意识到成功背后潜藏的危机，到头来，不但可能一脚蹬空，甚至连身心健康都可能会受到很大的伤害。

健康的心理素质、平和的心态使女儿在一个充满挑战的环境中依旧能客观地看待自己，保持自我，为实现自己的奋斗目标，一步步向前，脚踏实地，始终如一。

作为母亲，我永远祝福女儿平安、健康、快乐，做她喜欢做的事情，也愿她永远脚踏实地，在生活和事业上，看准方向，一步一个脚印，走实、走好！

第3节

校园内外都精彩

“生活是一杯酒，散发着迷人的醇香；生活是一本书，书写着隽永的芬芳；生活是一幅画，挥洒着浓情的诗意。”生活是一门艺术，也是一个人能力、修养、品味的体现。

女儿大学四年多彩的校园内外生活，丰富了她对生活的体验，也使她驾驭生活的综合能力有了进一步提高。

魅力纽约

哥伦比亚大学位于纽约的曼哈顿，又临近百老汇。纽约的繁华，加之时常举行的多种丰富多彩的文化和艺术活动，使这个美丽的国际大都市更多了几分别样的风情和魅力。其中最让女儿难忘的是纽约时装周、纽约时尚之夜和纽约的博物馆。

纽约时装周与巴黎、米兰、伦敦时装周并称全球四大时装周，每年举办两次，2月份举办当年秋冬时装周，9月份举办次年的春夏时装周。在此期间，许多全球时尚品牌和知名设计师汇聚于此，各地名流也纷至沓来，慕名而至。在大学二年级开学后不久，女儿与和她一同创办时装杂志《Hoot》的三位同学，有机会一起观看了时装周的一场表演，目睹了许多名模的风采，欣赏了许多著名时装设计师的作品。

纽约时尚之夜也很受当地居民和旅游者的喜爱，其目的是商家借此机会表达对消费者的感谢之情，与消费者建立良好的沟通渠道，增强消费者的信心，并提高时装行业未来的经济效益。这一活动通常在九月初举行，从下午 6 点到晚上 11 点，许多商家竞相参与，为顾客提供免费美食、饮料，并赠送一些小商品等。女儿几乎每年都和同学一起参加这一活动，大家共同感受时尚，品尝美食，增进友谊，并得到许多美的启示。

在纽约有许多著名的博物馆，其中大多数博物馆对哥伦比亚大学的学生免费开放，女儿很喜欢和同学一起到博物馆参观，丰富自己的历史、文化、艺术等知识，收集自己所需要的历史资料。其中纽约大都会艺术博物馆更是女儿的最爱，每次到那里，她都流连忘返，意犹未尽。

纽约大都会艺术博物馆有时会在馆内举行一些有趣的活动。有一次博物馆在展出美国著名视觉艺术家安迪·沃荷的作品时，举办了一个模仿六十年代生活的晚会，并建议来宾都穿上六十年代的服装，戴上六十年代的首饰等。女儿和几个朋友一起出席了这个晚会。那天晚上，她们模仿六十年代电影里时尚女孩的装束，将自己打扮的俨然像一群六十年代的“名媛”，在博物馆度过了一个愉快难忘的晚上。

缤纷的校园活动

哥伦比亚大学历史悠久，校园里时常有学校和不同学院、俱乐部和社团组织的各具特色的活动。这些活动不仅为这所著名的高等学府增添了生机活力，突显了它独特的校园文化，也给学生们留下了缤纷多彩的美好回忆。

返校节是美国很多大学的一项传统活动，一般在每年秋季开学后不久举行，是一个一年一度的校友集会，本校的毕业生校友和在校生都踊跃参加。庆祝活动多样，每所高校都不尽相同，其中最常见的活动是美式足球比赛。哥伦比亚大学一年一度的返校节也是热闹非凡，足球比赛更是吸引了许多同学的参与。女儿在这时很乐意和同学一起作为志愿者，承担维持秩序，为球员助威等义务工作。

哥伦比亚大学每年举行的春季室外音乐会，让校园充满了欢乐和激情。许多歌星应邀登台表演，学生可免费入场。音乐会的目的是为了提高学校精神，增强学校的凝聚力，并使一些学生考试前的压力得以释放。

哥伦比亚大学一年一度别开生面的圣诞树亮灯仪式更是给寒冷的冬日带来缕缕温馨，让女儿回想和难忘。这一仪式始于 1998 年，通常在每年的十二月初举办，是哥伦比亚大学冬季传统的节日之一。在庆祝活动中，同学们在一起演奏音乐，跳舞，并借此机会增进彼此的了解和友谊。

多彩的校内外生活

Delta Gamma（简称 DG）是在美国和加拿大历史最悠久、规模最大的妇女联谊会之一，在美国和加拿大近 150 所大学有分会，有约 230 个校友会分布在美国、加拿大和英国。女儿进入哥伦比亚大学后不久，便加入了该团体在哥大的分会。

女儿在哥大的四年里，积极参与哥大 DG 分会每年在校园组织的多个慈善募捐活动，如时装表演、游泳和篮球比赛、糕点义卖等，并将在这些活动中所筹集的款项捐给不同的慈善机构。2012 年，她获得了 Delta Gamma 颁发的“2012 Greek Scholar”。

哥大 DG 分会也时常在校内外组织不同的晚会和社交活动，由于时间的关系，女儿只选择她有兴趣的参加，例如 DG 在纽约的校友会聚餐，在每学期末举行的晚会等。尤其是学期末的晚会，相当正规，大都在酒店举行，来宾需要穿正式的晚礼服。每逢这时，哥大 DG 分会的女孩子便在繁忙的学习生活中挤出时间，各显奇招、各尽其能，将自己打扮的优雅漂亮、时尚得体，个个乘兴而去，尽兴而归。她们在这些活动中结识新朋友，巩固老朋友，并使自己的社交能力得到相应提高。

女儿进入大学二年级之后，她的零用钱和部分旅游费用便能自己支付。她的收入大部分来自暑假做实习生工作，也有一小部分来自她参与校内外不同的活动。

哥大有些研究机构需要收集一些数据和资料，以便他们做统计、研究和分析之用。如果学生有机会参与和配合这些活动，则会得到一定报酬，例如记录两周的饮食，去研究所量血压、心跳等。有次女儿还得到一个做核磁共振的机会，她不仅能和一位医学院的专家共同观看自己大脑的组成，听他讲解大脑各部分的功能和相互协调作用等，还得到了一点小小的报酬，使她度过了一个愉快的下午。

女儿在哥大的朋友也帮助她得到了一些机会，比如为一位同学在加州做牙医的妈妈设计名片，为一家做首饰的公司在纽约参展布置和设计展厅等。这些报酬虽然微薄，但对她在同学中建立良好的信誉，提高与人沟通的技巧、协调合作能力等有很大帮助。

多姿的毕业庆典

哥伦比亚大学一系列毕业庆典活动从“40s on 40”，一个在毕业生毕业前 40 天举行的一年一度的毕业生庆典活动开始拉开序幕。女儿第一个参加的是由哥大多元文化事务办公室、亚洲哥伦比亚校友会和哥伦比亚校友会等组织的亚洲学生毕业庆典。而后接踵而至的是毕业周各具特色的庆典活动。

毕业晚餐是哥伦比亚工程学院与哥伦比亚学院院长在每年春天，为庆祝该院的本科生和研究生毕业而举行的庆典晚餐，通常在校园内草地上搭起的帐篷里举行。老师和同学一起追忆过去四年在哥大共同度过的时光，分享彼此的经验，庆贺所取得的成绩等。

在一艘豪华游轮上举行的游轮晚宴，使同学们再次相聚在一起共进晚餐，共享欢乐时光。他们在一起追忆往事，展望未来，跳舞并合影留念。

而后，在市内一家酒店举行的晚会将毕业庆典活动推入高潮。在这个晚会上，女孩子需要穿上长长的晚礼服，发型也做的很精致。同学们在一起相互祝福，内心洋溢着喜悦、自信和期待。每个人都尽心将自己最美好的一面展现给同学，期望为同学留下永生难忘的记忆。

我虽没有机会与女儿共同经历哥大一系列的毕业庆典活动，但仅看她所拍摄的照片，就能真真切切地体会和感受到她和她的同学们花样的年华，花样的青春，蓬勃的朝气，以及由内向外而溢出的自信！

多彩的校内外生活，多彩的年华，多彩的梦，愿女儿未来的人生永远像绚丽的朝霞，芬芳的玫瑰，淡雅的兰花，有健康快乐、爱与友情永远相伴相随！

第 4 节

走向成熟　踏入哈佛

大学是求知、获得某种专业技能、谋求未来发展的所在，同时大学生活也是一个人了解自己的优势和缺陷，理解得与失的辩证关系，做出取与舍的正确判断，并在特殊环境中知道如何保护自己，真正走向成熟和独立的过程。

在美国，本科毕业生找工作时，其毕业的学校和学习成绩固然重要，拥有一定的工作经验也很关键。许多学生，进入哥伦比亚大学后不久，便开始在不同公司利用课余和周末时间兼职做实习生，女儿也不例外。

知人者智　自知者明

由于女儿曾和朋友合作创办校内时装杂志《Hoot》，这一经历帮助她在纽约的米索尼时装公司得到了她的第一个实习机会。

米索尼是意大利著名奢侈时装品牌，在美国也属高档时装之列。在店里，女儿既看到许多顾客为一条短裤或围巾一掷千金，同时也看到店员出色的工作技巧。有时顾客要参加晚会却苦于找不到一件满意的礼服或合适的围巾，店员不仅能很快帮助顾客找到她们所需的物品，并且使她们的烦恼在不知不觉中平息。这些店员不仅敬业、乐业，工作勤恳、认真、负责，而且心灵手巧、善解人意、待人周到，她们让女儿对生活和社会有了更多的思考，进一步认识到无论在生活中还是在工作中，勤劳和踏实与知识和智慧一样重要，女儿也从顾客的言行中感悟到幸福是一种感觉，它和金钱有一定的关系，但绝不成正比。

在哥伦比亚大学这样世界一流的高等学府，不付出坚实的努力，就很难保持优良的学习成绩。在米索尼时装公司工作不久，女儿就认识到自己很难平衡学业、工作和休息三者之间的关系。同时，她也发现她周围许多同学为了多在公司兼职，使他们的简历将来看上去更具有吸引力，不得不以牺牲自己的学习成绩为代价。对那些毕业后不打算继续深造，只求一份好工作的同学而言，这当然不失为一个现实的选择。但女儿清楚的知道自己的目标是在大学四年里，尽力取得较高的 GPA 成绩，以便毕业后能顺利进入一所好的法学院继续深造。

在米索尼时装公司实习的那一年，是她自上学以来压力最大的一年。为了保证每门功课都能够得到所期望的成绩，她付出了许多额外的时间和精力，以至头发掉了许多。庆幸的是，在她放弃这份工作并调整了自己的生活状态和作息时间之后，它们又长了回来。在米索尼时装公司的实习工作结束后，她再也没有兼职过。尽管哥伦比亚大学和纽约的其他大学的学生，业余时间在公司兼职很普遍，但她清楚地认识到，那并不适合自己。为了能够得到自己真心想要的东西，有时必须要有所舍弃，否则，两样事情都做不好，正如鱼与熊掌不可兼得。当女儿毕业后回想起这段经历时，深有感触地对我说：“一个人最大的竞争对手其实就是自己。了解自己，知道自己什么事情能做和什么事情不能做才是一个人未来成败的关键。”

听了女儿的述说，我既心疼，又为女儿的理性、果断和心智的成熟感到欣慰。的确，有时选择放弃比选择坚持更需要勇气，了解自己比了解别人更加不易。所以老子说：“知人者智，自知者明。胜人者有力，自胜者强。”

女儿很喜欢艺术，曾有过将来做一名时装设计师的梦想，可在米索尼时装公司实习一段时间之后，她清醒地认识到时装设计并不真正适合自己，但与设计有关的知识产权法却让她很感兴趣。有位作家想写一本书，探讨大学时的第一份实习生工作对大学生未来职业选择的影响。2013年8月，她采访了女儿，女儿对她真诚地说：“知道什么事不适合你做和知道什么事适合你做一样重要。当你知道什么事不适合你做时，也就距离你知道什么事适合你做不远了。”

愉快的暑假实习生工作

女儿在大学二年级和三年级结束后的暑假，都在雅培公司的公共事务部门工作。在当时经济很不景气的情况下，能在离家较近的大公司找到一份带薪暑期实习生工作，实属不易。在那里，虽然她很难将在大学里学到的知识直接应用到工作中，也没有很多机会展示自己在写作上的优势，但随着时间的推移，她还是从中学到了许多在课堂上学不到的东西、在与同学的相处中得不到的经验和技巧。在那里，她认识到许多工作并不需要一个人具有高超的智慧，但需要耐心、合作精神以及与人相处的能力。一定的协调组织能力、待人的友好谦和与不卑不亢、做事的条理性、认真负责的工作态度是在工作中立足的关键。同时她也发现，许多过去她认为是很琐碎的事情，在工作中却要格外留心，否则就可能会造成同事之间的误会，甚至还会影响到工作的进程和质量。

女儿的工作需要和不同部门、不同级别的人打交道。有时为完成一个项目，不得不请求其他部门的合作，向不同部门和不同的人索取不同的资料。有时对方给的资料不完整；有时对方给的资料不准确；有时对方根本不回答；有时过了好几天，对方才告诉她，这不在他的职责范围之内，让她再和另一个部门联系等等。雅培公司是一个很大的跨国公司，其分支遍布世界许多地区，每一个地区都有自己独特的文化，同时由于时差的存在，给部门之间的沟通和合作带来了一定的障碍。加之雅培公司历史悠久，有许多自己独特的“雅培语言”，这对她来讲，都需要时间和耐心才能慢慢明白和牢记，才能与同事沟通时得心应手。

女儿很珍惜每一个机会，尊敬每一位同事，她认真踏实、高效准时、高质量地做好经理米歇尔交给她的每一项工作。同样，米歇尔在工作中也给了她许多支持、帮助和指导，她从米歇尔那里学到了许多与人相处的技巧和管理经验。当她实习生工作结束时，许多同事轮流请她吃饭，她写的一篇文章也获得了公司一位高层主管的赞扬，她的部门经理米歇尔在她申请法学院时，还给她写了推荐信。

快乐的海外学习生活

在美国，许多大学允许学生在海外学习一个学期，甚至一年，以增长学生的见识，开阔学生的视野，提高学生的适应性。因哥伦比亚大学在巴黎有分校，女儿的第二专业又是法语，她决定在大学三年级的第二学期去法国学习一个学期。

2012 年元旦一过，女儿便踏上了去法国的旅途，在那里开始了她为期五个月的学习生活。

和她同去巴黎的同学有十多个。为节省开支和有更多的机会与当地人交流，以更快地了解当地文化和提高自己的语言表达能力，女儿没有住在学校，也没有与同学在校外合租公寓，而是通过校方负责留学生事务的相关部门，到巴黎一个愿意接纳留学生的法国人家里居住，但效果却与原先所希望的相距甚远。

初到巴黎时，房主并没有像先前承诺的那样，让女儿与她的家庭成员住在一起，而是让女儿与她的大女儿一起住在一个两居室的公寓里，她和她的其他三个孩子另住一处。她的大女儿对曼曼很友好，她当时二十四五岁，有自己的生活，平日很少在家，很少有机会和女儿交流。本来房租里是包括早餐的，房主也不能提供，加之公寓离地铁站较远，社区环境也不太好，安全难以保障，于是女儿决定离开。

通过校方有关部门协调，女儿搬到了距学校只有十分钟路程、社区环境也比较好的一个两居室公寓，与一个七十多岁的老太太和她的一只猫同住。老太太表面上很友善，但事实上却十分苛刻。她租房给女儿，只是单纯地为了要得到一份收入，没有任何想和女儿交往的意愿。她不做饭，也不允许女儿做饭。她规定女儿只能在早上 6:00~7:00 或晚上 8:00~9:00 冲凉，晚上 12:00 以后不能冲马桶等。这些条款当然不在合约范围之内，于是女儿找到了校方负责留学生事务的主任和一位负责安排留学生住宿的女士，向他们诉说了房东给她设置的种种不便。当然最终的结果是老太太撤销对女儿设定的种种限制，但从此以后，老太太对女儿连表面的友好也烟消云散了。

女儿对此安然接受。她清楚地知道，学业和安全对她是首要的，老太太的住处为此提供了方便。友情是在平等和尊重的基础上发展而来的，不是乞求来的。既然在家无法与对方沟通，她便走出门去，自己设法主动去了解巴黎和巴黎的文化。她一有空，就约朋友或一个人独自逛巴黎，走遍了巴黎的大街小巷。女儿回想起自己在巴黎的经历时，笑着对我说："当五个月后离开巴黎时，我对巴黎比对纽约还熟悉。将来我一定要带你和爸爸一起游巴黎。不过别担心会累着，因为巴黎比纽约小很多。"

语言流利　学习顺利

女儿在加拿大长大，加拿大有英语和法语两种官方语言，她从小学就开始学习法语，因而法语的读、写能力都很好。加之她高中时曾去法国南部参加过一个为期五周的“国际实验生活”活动，有机会与一个法国家庭共同生活过两周，她法语的听说能力有一定的基础。到巴黎后，她很快适应了那里的学习生活。

女儿那学期共注册了五门课，全部用法语教学。其中，有三门课是在哥伦比亚大学巴黎分校，与来自美国的学生一起上课；另外两门课是在巴黎大学，与法国本地的学生一起上课。巴黎大学虽不像哥伦比亚大学那样在国际上享有很高的声誉，但也是世界上最古老的大学之一。在巴黎大学，她选的两门课是法国艺术史和法国文化与烹饪。其中法国艺术史是在巴黎大学要求近乎苛刻的一门课，她最终得到了A+ 的成绩。她的一篇近二十页的论文《法国的文化和烹饪》，也得到了老师很高的评价。为了准备这篇论文，她联系了好几家研制食品的公司，还采访了一位在烹饪学校任教的主厨。

在法国，女儿深深体会到，多一种语言能力，就多一个生存技能。流利的法语大大方便了她与老师和同学之间的沟通，也给她的学习和生活带来了诸多方便。

体会不同民族的文化

与在美国相比，在法国的功课相对轻松些。周末时，女儿常与同学一起在周围走走看看，体会当地的文化，品尝当地的美食。因欧洲的国家都不大，彼此相连，交通便利，住宿也很便宜，每逢假日，女儿便与同学相邀，去邻近的国家旅游。特别是两周的春假，使她有机会游览了许多欧洲的名山大川、秀美的城市、著名的文化遗址等。特别让她难忘的是，她的 21 岁生日便是在游览希腊群岛的游轮上度过的。岛上美丽的自然风光、日出日落的美景、来自朋友的欢声笑语和美好祝福，给她的生日平添了缕缕斑斓的色彩，让她回想，让她难忘。

在巴黎停留的五个月中，女儿先后去了意大利、西班牙、奥地利、德国等十个国家。其中，她最喜欢的是西班牙的巴塞罗那和意大利的首都罗马。

最难忘的是友情

四年的大学生活给女儿留下的最美好回忆、最让女儿念念不忘的不是课堂上学到的知识，而是与同学之间真挚的友情。这种美好的情感伴随着女儿一步步成长和成熟。女儿说如果没有朋友的理解和关爱，她很难克服来自学业和生活的一个个挑战；如果没有朋友的支持与合作，她很难办好学校的时装杂志、学术刊物，组织好许多校内外活动。她无法忘记，有多少个夜晚，她和同屋一起讨论社会问题直到凌晨，如面对许多不平等社会现象，应如何保持平静的心态和采取积极的行动；对处于社会底层的人们，应给予怎样的保护与支持等。她无法忘记，有多少个夜晚，她和同单元、同楼层的朋友们，在单元的客厅里一起谈论诸如环境、政治、历史、经济、文学、艺术、新上映的电影、新近很受读者和媒体热捧的书籍等她们共同关心和感兴趣的话题。她无法忘记，自己与他们一起参观纽约博物馆，一起到百老汇看演出，一起准备和烹饪感恩节大餐，一起在万圣节刻南瓜灯，一起组织和参加生日派对等快乐时光。她无法忘记她们一起度过的每一个愉快的假期，在美丽的海滩上，她们一同留下的青春的倩影、充满朝气的欢笑声。她无法忘记，他们一起去法国学习，在那里相互帮助，彼此扶持，并一起游览了欧洲十个国家的文化、历史名胜。

大学不仅是知识的殿堂，更重要的是身边有许多优秀的同学，自己可以受到积极和正面的影响，并为以后事业的发展建立一个有效的相互支持和合作的社会网络。与高中相比，女儿更喜欢她的大学生活。她说在哥伦比亚，她可以遇到许多和她志同道合，有抱负和追求，并且乐观、豁达，对家庭和社会有爱心和责任心的朋友。

在毕业典礼结束之后的那天傍晚，我和女儿一同漫步在哥伦比亚大学校园里，她由衷地对我说："我好爱哥伦比亚大学，好喜欢我在哥伦比亚大学的朋友，这里有我许多美好和难忘的记忆。这四年对我人生影响很大，在这里我得到了丰厚的知识并逐步走向成熟。我相信我的许多哥伦比亚大学的朋友在五年或十年之后，会在不同的领域各自做出不同的成绩。每想到这一点，我内心就很兴奋并盼望这一天早日来临。"

大学四年主要组织和参与的活动

在女儿看来，积极组织和参与校内外活动，和同学之间建立互动、真诚的友谊，发展相互支持与合作的信任关系，和学习一样重要，并且使她更加快乐自信、积极向上、胸怀坦荡并勇于承担责任。回想大学四年的学习生活，女儿高兴地对我说："很多人说在一流的大学，一个人很难既有优秀的学习成绩又有快乐的时光，但我可以骄傲地告诉大家，我两者都有！”

以下是女儿在哥伦比亚大学四年主要组织和参与的活动。

1. 于2009年秋，与朋友合作创办时装杂志《Hoot》，并担任设计总监直到2011年底。

在杂志的编辑和出版过程中，女儿不仅与主编密切合作，参与决定杂志的编排和式样，还负责主持定期的编辑出版协调工作会议和设计团队任务的分配。在此期间，女儿还组织和主持了“亚裔美国人在时装业”的小组讨论会，并特邀嘉宾《ELLE》杂志的创意总监等在会上发言并与他们一起讨论。

2. 于2012年秋，担任哥伦比亚大学学术刊物《东亚评论》高级编辑直到毕业。

3. 负责与其他常青藤大学之间的信息交流和沟通等工作。

4. “联系和了解中国”活动期间女儿帮助组织了“美国传媒与中国”，“美中关系”两个小组讨论会，演讲嘉宾包括白宫《国家杂志》记者和《大西洋》杂志特约编辑戴维·安德曼。

大学四年是女儿逐步走向成熟和独立的四年。在这四年里，虽身处充满挑战和竞争的哥伦比亚大学校园，面对才华出众，具有雄心和远大抱负的优秀群体，由于她的自信，明白得与失、取与舍的关系，为实现自己的奋斗目标而不懈努力。在女儿的性格中，更多了几分宽容、理解、沉着、冷静，并在大学毕业后进入哈佛大学法学院继续深造。

附录

为家长解忧篇

第1节

防止沟通的障碍

沟通的重要性

沟通是一种能力，它不是与生俱来的，而是可以被唤醒和培养的一种潜能，是在现实生活和工作中不断学习摸索、思考体会、并加以改进和提高，从而逐步获得的技巧。

沟通是人与人之间、人与群体之间情感、思想、技巧、方法等传递和反馈的过程，以求感情的通畅、思想的交流和最终协议的达成。善于沟通的人通常善于发现他人的需要，懂得如何把握、维持和改善与他人的关系，并能很好地展示自己的能力和需求，最终获得良好的人际关系和较大的发展空间，达到事半功倍的成效。

人的沟通能力和他的成长环境息息相关，孩子长大后是否拥有较好的沟通能力，在很大程度上取决于父母是否具有与孩子良好的沟通技巧。

在前面的章节里，我以很多真实的事例，尤其是女儿成长的故事，向大家详细描述了与孩子沟通的技巧，例如从具体事情开始、从周围同学入手、用积极鼓励的语言、尊重和信任孩子等，培养孩子的自信心、独立性、自制力、心理承受能力、良好的品德等综合素质，也称健康人格，下面着重谈谈如何防止造成与孩子沟通的障碍。

本附录里，同样以具体例子向大家展示了如何与孩子进行有效沟通，防止孩子成绩下降，帮孩子解决困难等。

下面着重谈谈如何避免与孩子沟通的障碍。

沟通的 6 大障碍

孩子的眼睛灵敏而精细，但孩子的心灵脆弱而敏感，前苏联教育家苏霍姆林斯基告诫我们：“我们要像对待荷叶上的露珠一样小心翼翼地保护儿童的心灵。”

我们在与孩子沟通时，要格外关注孩子内心的感受，不要让以下言行伤害孩子，以免造成与孩子沟通的障碍。

1. 消极暗示的语言

当孩子在公园玩耍时不慎摔倒，擦破了点皮，如果妈妈心疼地说：“哎哟，我的宝贝，皮都摔破了，肯定很痛吧？”然后又跺脚，又打石头，孩子被这些消解暗示的语言所感染，更加感到委屈，多会哇哇大哭。

如果妈妈适当表示共情，并轻轻抚摸着孩子摔伤的部位说：“妈妈明白，可能摔疼了你宝贝，如果你觉得疼，就趴在妈妈身上哭出来。”这时候尽管孩子可能已经哭了，可听到妈妈如此理解他，内心便会产生一定共鸣和相应的安全感，这样孩子多会很快止住哭，这时候妈妈再抱抱孩子，亲亲孩子的额头，温柔地对孩子说：“等会儿回到家，妈妈给你抹点药，就不会发炎，过几天就好了。”孩子听后，便知道擦破点皮不是什么大不了的事儿，内心也就感到平安了，还可能会主动拉起妈妈的手说：“咱们走吧，妈妈，我的腿已经不疼了。”

2. 在特定情况强调“你”

当“你”这个字会造成意指对方是麻烦的制造者或责任的承担者时，要尽力避开这个字。沟通时就事不就人，以免让对方感到有被指责之意。

例如，当孩子看电视时，将声音开的很大，以致影响你和你先生的正常交流。如果你说：“你把电视声音开这么大，我和你爸都相互听不见对方说什么了。”孩子听后，虽然马上会将电视声音调小，但心里会有一个小小的疙瘩。长此下去，将不利于发展和谐的亲子关系和未来的亲子沟通。

如果避开“你”字，以一种温和的方式对孩子说：“儿子，电视声音太大了，我和你爸在谈一件重要的事情，可我们都很难听到对方说什么了，请将电视声音调小一点好吗？”

孩子听了，多会有几分歉意，不仅会马上将电视声音调小，将来还多会自觉避免以后再发生同样的事情。

如果这时妈妈再说一声“谢谢你，宝贝儿子”，就会一下子拉近你和孩子之间的距离。不仅加深了亲子关系，也为以后与孩子进行有效沟通奠定了良好的基础。

假如孩子房间很乱，几乎从来不自觉打扫卫生。如果父母抱怨说：“你看你多懒，多邋遢，将房间搞得这么乱，都无法下脚了，你今天下午必需将房间打扫干净！”

孩子听了这带有责备和贬低的话语，多会在心里产生抵触情绪，并同时会想：“这是我的房间，是我睡在这里，我房间乱碍你什么事？你为什么要强迫我按你的标准生活？”但为避免与父母发生争执，孩子可能会口头答应，但却采用拖延战术。

如果我们用另外一种形式，先将孩子的房间打扫干净，然后笑着对孩子说：“宝贝，你看你的房间多可爱！当初为了你房间的颜色和家具，我和你爸爸可是花了不少时间和心思。我们不仅买了不少装修杂志，还参观了好几个朋友家孩子房间的装修，逛了很多家具店。”

孩子听到这些，他得到的信息是爸爸妈妈很爱他，为了他能健康快乐地生活，他们付出了许多。

这时候你再说：“如果这个房间也能保持整洁，并和家里的环境相协调，我们的家就更温馨了，是吗宝贝？”然后再亲亲孩子的额头或抚摸一下孩子的后背。

孩子这时多会感到有几分不好意思，并在内心赞同你的意见。但这个话题此刻点到为止，不要再继续了。

下一个周末时，你可以提议：“宝贝，我们一起将家里的卫生打扫一下吧？”

如果孩子说：“我在写作业呢！”

孩子这样回答，你千万不要生气，孩子不是在找借口偷懒，而是他还没有学会合理安排时间和调理生活的技巧。

你要用平和友好的语气回应孩子：“儿子，你在书桌前已经坐了好久了，干点活可以让大脑休息，身体恢复体力，会非常有助于你提高学习效率。我上学的时候就是这样，干家务对我是放松和休息，起来试试，宝贝？”

你也可以周末时借口身体不舒服，对孩子说：“宝贝，我今天身体不舒服，请你抽空将家里的卫生搞一下，好吗？”这时候你要强调的是家里的卫生，而不要刻意指他的房间。

孩子做完之后，无论做的质量如何，都要给予一些适当的表扬和鼓励，但表扬的时候，同样就事不就人。你可以说：“做完清洁，就更感到我们家清新和温暖了，特别是儿子今天做的卫生，让我感到心里暖暖的。”千万不要说：“儿子今天很勤快，不仅将家里的卫生搞了，将自己的房间也收拾的很整洁。”这样就等于批评他过去懒惰和邋遢。

这样随着时间的推移，孩子就能慢慢意识和体会到他也是家里的一位成员，打扫卫生不单单是父母的责任和义务，也是他的责任和义务。

3. 在外人面前训斥孩子

我们试想一下，你设计一个方案，送交给你的经理，经理看后很不满意，但有心帮助你改进提高。如果他当着其他员工的面说“小王，你这个设计方案缺乏创意，很难中标。你都来了一年多了，怎么还做出这样的方案？等会儿到我办公室来，我借你几本书看看。”如果经理悄悄将你叫进他的办公室，微笑着和蔼地对你说：“虽然你的设计方案在创意上需要改进，难以参加投标，但我相信你再加把劲，下个项目竞标时，你的水平一定能够展现出来。我这里有几本书，你可以拿去看看，希望它们能够帮助你。”

这两种交流沟通方式，哪个让人无地自容，哪个让人内心充满感激并奋发向上呢？显然是后者。

孩子和我们一样也是一个独立大写的人，一样有自尊和独立的人格，而且内心非常敏感。有的家长在外人面前训斥孩子，甚至打孩子，拧孩子的耳朵，这让孩子感受更多的是羞耻和丢脸。不仅不能帮助孩子真正认识到自己的过错，还大大伤害了孩子的自尊心，在心灵深处留下浓重的阴影，最终影响孩子长大后难以拥有健全的人格，例如缺乏自信心，遇到困难容易放弃，轻易否定自己，不敢在众人面前讲话，怕见生人，封闭自己，没有合理的社交生活等。

记得一次和朋友一起吃饭，看到邻桌一个小女孩不小心将汤碗弄翻了，洒到了她妈妈的裙子上。她妈妈十分恼怒，当众训斥孩子：“看你怎么搞的？又将汤碗打翻了，我以后再也不带你出来吃饭了！”

孩子顿时被吓得哇哇大哭，她妈妈更是懊恼，大声呵斥道：“你将妈妈的裙子弄脏了，还哭，还好意思哭！”

见此情景，我心中暗说：“一个四五岁的孩子，你做为妈妈在公共场合声色俱厉地训斥她，她除了用哭表达她的感受外，还能用什么别的方式反抗你的‘严酷镇压’、释放她内心的伤痛呢？”

微信群朋友英子告诉我，有一天早上，她看到一位爸爸在公共汽车站数落他的儿子，后来孩子都已经上车了，他还不罢休，隔着车窗数落孩子。这令英子很为孩子感到难堪，上车后关切地询问孩子原因。

孩子很不好意思地对她讲：“我现在上初二，今天要去一个地方参加一个考试，我已经在网上查好了地图，知道怎么走，可我爸非说这样走不行。我告诉他我现在走的这个路线，比他跟我说的那个路线要节省不少时间，可他就是不相信我。我从家里一出来，他就在后面跟着我，一路唠叨。我不理他，他就数落我，一路训斥我。”

当父母不尊重孩子，严重伤害孩子的自尊心时，父母的言行就像用刀背在孩子心上狠狠地剁了几下。虽然孩子的心尚没有流血，但却在内心深处留下了深深的凹痕，这就是很多孩子长大后和父母关系疏离的原因之一。是父母亲手在孩子的心灵深处竖起了一堵高高的围墙，使孩子难以和你们亲近。

4. 以居高临下的方式与孩子交流

无论是父母还是老师，要蹲下身来与孩子沟通，不要以居高临下的方式与孩子交流。当你蹲下身来，和孩子处在同一高度时，就能看到孩子眼里的世界，明白孩子的思维方式，更好地理解孩子。我们经常看到孩子在商场里很烦躁，有时甚至哭闹，让家长抱。许多家长误以为这是孩子不想走路，其实当你蹲下身来，就会发现孩子在商场里看到的不是琳琅满目的商品，而是人们密密麻麻的腿和脚。

而且当你站着和孩子讲话时，由于大人比孩子高大很多，很容易对孩子造成压迫感，从而影响双方畅通的交流与沟通。

有一天早晨，前苏联教育家苏霍姆林斯基在校园里散步，看到一个小女孩在花房里摘下了一朵玫瑰花，抓在手中，从容地往外走。

苏霍姆林斯基很想知道这个小女孩为什么要摘花，他弯下腰，亲切地问：“孩子，你摘这朵花是送给谁的？能告诉我吗？”

小女孩害羞地说：“奶奶病得很重，我告诉她学校里有这样一朵大玫瑰花，奶奶有点不信，我现在摘下来送给她看，看过我就把花送回来。”

听了孩子天真的回答，苏霍姆林斯基的心颤动了，他牵着小女孩，从花房里又摘下两朵大玫瑰花，对孩子说：“这一朵是奖给你的，你是一个懂得爱的孩子；这一朵是送给你妈妈的，感谢她养育了你这样好的孩子。”

当苏霍姆林斯基看到孩子在花房里摘下花，从容地往外走时，他并没有急于责备她，而是弯下腰亲切地询问她。从孩子害羞的表情和回答里，这位教育家已经看出，孩子知道在学校花房里摘花的行为不对，可她这样做是因为奶奶病的很重，她实在太爱奶奶，太想让奶奶高兴一下了。

在这里，教育家看到更多的是孩子的动机，孩子爱奶奶的善良品格，因而他既没有马上制止她，也没有急于教育她，而是又摘了两朵花送给她，表彰她对奶奶的爱。孩子被如此对待，相信她以后会更加充满爱心地对待她周围的人。一个心中有爱的人，能不自觉遵守社会规则吗？

陶行知先生在《师范生的第二变——变个小孩子》中说：“未来的先生们！忘了你们的年纪，变个十足的小孩子，加入在小孩子的队伍里去吧！您若变成小孩子，便有惊人的奇迹出现：师生立刻成为朋友，学校立刻成为乐园；您立刻觉得是和小孩子一般儿大，一快儿玩，一处儿做工，谁也不觉得您是先生，您便成了真正的先生。”

5. 用命令或讥讽的言词

同样一件事，用不同的言语说出来，其效果则截然不同。比如对孩子以命令的言词说:“不要边吃东西边讲话，这样很没有教养！”孩子听了，得到的信息是命令和责备，即使服从，也在心里竖起了与父母亲近的藩篱。

如果我们这样说:“宝贝，吃饭时不要说话，不然食物就很容易跑到气管里去，这样很危险，甚至会危及生命。而且吃饭的时候说话，饭很容易喷出来，还会让别人看到粘满食物的牙齿，很不雅观。宝宝也不喜欢这样，对吗？”这样孩子得到的则是正面的信息和对孩子的爱，孩子就会很容易接受和改进。

真诚地奉劝大家，在与孩子交流时避免使用“我警告你……”，“你马上给我……”，“你怎么就不开窍……”，“我不允许你……”等带有命令、责备、威胁等用意的词语。

同样，带有讥讽挖苦意味的话语也不要对孩子说，比如:“你这样将来还能干什么？还想考大学，别做梦了！你在学校英语都学不好，还要我们给你买电脑自学，别骗人了，又是浪费钱！”这样，便在孩子心中竖起了一道高高的围墙，甚至关上了与父母心灵沟通的大门。

当你生气的时候，一定要让自己的情绪先稳定下来之后再和孩子进行交流，因为人生气的时候往往会失去理智，并不自觉地使用一些刻薄、极端的言词，这样不但达不到预期的沟通效果，反给孩子心灵造成很大伤害。

6. 给孩子贴黑标签

有些孩子擅自从父母钱包里拿钱，在学校偷偷拿同学的文具等，让家长很是烦恼不安。但遇到这种情况，家长不要急于责备打骂孩子，更不要给孩子贴黑标签，甚至冠上小偷的恶名。

作为父母，一定要警觉并认识到，孩子的问题多是父母问题的影射，孩子的错误也是父母重新思考和定位与孩子之间的关系，改进与孩子的沟通方式，并提高对孩子教育方法的一个契机。

当发现孩子私自从父母钱包里拿钱或偷拿同学的学习用品时，家长首先要考虑，孩子若需要额外的钱或学习用品，为什么不告诉我，是不是我们之间的信任关系出现了问题？然后再平和真诚地询问孩子："孩子，你在学习和与同学的交往中，是不是需要额外的开支？是不是别的同学有时尚的学习用具和消费品，你也想拥有？"等。

如果孩子的回答是肯定的，家长也不必着急，而是首先真诚地与孩子沟通："孩子，爸爸妈妈平时工作忙，难免有时想的不够周全，你在学习和生活上需要什么，请及时告诉我们。只要是合理要求，我们会在家里现有的经济状况下尽量满足。"这样便在孩子心目中赢得了信任。

而后要耐心引导孩子，帮助孩子明白："你若想享受高档消费，要靠你自己将来用双手去挣得。你现在做为一名学生，最重要的任务是学习，将现有的基础打好，才有未来发展的机会和拥有高质量生活的可能。要努力将来成为一个'名牌的人'，而不是与他人攀比，靠父母拥有名牌的物品。"

最后要以认真严肃的语气告诫孩子："今后不能不经父母同意，就擅自从父母钱包里拿钱，更不能看到同学有的东西自己没有，就趁同学不注意时拿来据为己有。这种行为如不加以控制，就会使你将来误入崎途！"

有位家长充满焦虑地咨询我："老师告诉我们儿子在班里偷偷拿同学的东西，儿子回到家后，我们对他只进行批评教育，让他第二天到学校后，找老师承认错误，并对同学道歉，并没有打骂孩子。可后来我们给老师打了电话后发现，孩子不但没做，还回来撒谎说做了，而且仍不时偷拿同学的东西，我们该怎么办呢？"

听了她的叙述，我不禁为孩子感到难过，我问她："既然孩子已经知道做错了，为什么不让孩子自己去解决问题，将同学的东西悄悄还回去？为什么让孩子去向老师道歉？为什么让孩子知道你在和老师合作，监督孩子的一举一动？你这样做不等于不信任孩子，不尊重孩子的隐私和自尊，让孩子在老师那里承认自己是个行为不检点的孩子吗？既然孩子认为他在老师心目中已经是一个坏孩子，他还有多少动力改正呢？”

家长在和孩子沟通时，一定要放下手中的事情，全身心去倾听，以使孩子真实地感到他被爱和重视。

此外，父母与孩子沟通时，要像在工作中对待自己的客户一样，具有及时、诚信、周到的服务意识。事实上，家庭教育就是言传身教，这其中包括两方面的涵义，一是父母怎样做，二是父母怎样才能有效地向孩子“推销”自己宝贵的人生经验，使孩子轻松喜悦地接受父母有价值的建议和指导。

我们和孩子其实是一场缘分，孩子和我们一样，同样是一个大写独立的人。我们不是孩子生命的主人，但负有教养孩子的责任和义务。我们要拥有淡泊的心态，蹲下身来，和孩子进行平等的对话和交流，用心经营和维护这一生宝贵的缘分。

著名诗人泰戈尔在他的诗中这样写道：“不是锤的打击，而是水的载歌载舞，才使鹅卵石臻于完美。”在认同接纳的基础上，倾听孩子，理解孩子，与孩子进行有效沟通，并指导孩子快乐健康成长，不正是伴随孩子成长的华美乐章吗？

第 2 节

引导孩子在冲突中成长

许多家长因孩子在幼儿园、学校打人或被人打而颇为烦恼，可无论孩子打人还是被人打，大都缘于孩子之间沟通的障碍，并由此造成冲突，甚至肢体或语言暴力。做为家长，如何在孩子的自我意识形成和发展过程中，接受孩子之间的冲突，并引导和规范孩子的行为，使孩子在冲突中健康快乐成长呢？

冲突缘于沟通的障碍

记得有次在朋友家聚会，几个小朋友在后院玩过家家的游戏，不一会儿就发现四岁多的莉迪亚将她的小伙伴托尼用力推倒在地上。

托尼的妈妈正在忙着准备烧烤，我和莉迪亚的妈妈妍见此情景，赶忙走上前去。我将托尼扶起，妍在莉迪亚身边蹲下，询问其原因。莉迪亚指着托尼生气地说："我说我当妈妈，他当爸爸，我开车去购物，他在家做饭，可他却说不行，爸爸才开车去购物，妈妈在家做饭，并和我争着开这个小汽车。"

托尼平静地说："我当爸爸，就要开车去购物，你当妈妈，就应该在家做饭。"其他几个小朋友也赞同地说："是啊，我们家也这样啊！"

莉迪亚听了托尼和小伙伴们的话，更加生气地说："不是这样的，我们家就是妈妈开车去购物，爸爸在家做饭。"

听了莉迪亚的话，妍和我会意地笑了。莉迪亚的爸爸近几年身体不好，在她家是妈妈主外，爸爸主内，和孩子们通常见到和理解的爸爸主外、妈妈主内的家庭运作模式不同。尽管后一种家庭运作模式在社会上更为普遍，可莉迪亚不知道啊，而且在她的眼睛里，爸爸妈妈做的总是最合理的。

这时妍半跪在地上，轻轻抚摸着女儿莉迪亚的头发说："每个家庭都是不一样的，我们家是妈妈开车购物，爸爸在家做饭，可托尼和其他许多小朋友家是爸爸开车购物，妈妈在家做饭。"

莉迪亚听了妈妈的话，抬眼看看妈妈，不再吱声。

于是妍将目光转向托尼和围在莉迪亚身边的小伙伴们，轻声问他们："你们还有谁想当爸爸开车买东西？"

有三个小男孩齐声回答："我们都想当爸爸开车去购物。"

妍听后笑着问莉迪亚："你们大家都是好朋友，既然你们四个都喜欢开车购物，那宝宝说应该怎么办啊？"

莉迪亚马上高兴地对妈妈说："那我们几个就轮流去购物。"然后又转向小伙伴们大方地问："咱们轮流去购物，好吗？"

几个孩子爽快地回答："当然可以。"

孩子们转眼就忘却了刚才的不快，兴高采烈地一起玩他们过家家的游戏去了。

孩子之间的冲突多缘于他们沟通的障碍，而造成这一障碍的原因之一是孩子年龄小，由于生活环境的不同，致使他们对同一事物的理解和认知便有所不同。

孩子的心是那么纯真善良，在他们的世界里，一切都是那么真实和直白。他们随时将自己的喜怒哀乐毫无顾忌地表现出来，想哭就哭，想笑就笑，喜欢就是喜欢，生气就是生气，但过后又很快忘记。

孩子在幼儿阶段，规则意识尚在形成和建立之中，还没有学会分享与合作。这时，家长要用孩子能够接受的方式、能够理解的语言对他们耐心加以引导，帮助他们逐步学会合作与分享，在冲突中健康快乐成长。

不战而屈人之兵

萌萌在幼儿园很让老师头痛。在班里和小朋友们一起玩时，时常抢夺小朋友的玩具，有时还将小朋友打哭；在小朋友排队入厕、洗手吃饭时将小朋友推倒，午休时踢小朋友等。班里几乎每个孩子都来老师这里告过萌萌的状，唯独甜甜例外。于是老师便留心观察甜甜和小朋友、尤其是和萌萌之间的互动方式。

有一天是班里小朋友亮亮的生日，亮亮的妈妈特意买了一个大蛋糕，下午送到班里，请小朋友们一起分享。老师就将蛋糕切成小块，分给小朋友们。萌萌排在前面，很快从老师那里得到一块蛋糕，小心翼翼地端着，走到小板凳前坐下高兴地享用。甜甜几乎排在最后，等老师要给甜甜切蛋糕时，萌萌也将盘子递了过来：“老师，我吃完了，能不能再给我一块？”

老师说：“只够一个小朋友一块，没有多余的了。”

萌萌听了有几分失望，正要转身离开，甜甜说：“老师，我不饿，你将我的一块切一半给萌萌好吗？”

萌萌一听很高兴，赶忙将自己的盘子递给老师，老师便将甜甜的蛋糕分了一半给他。

有一天上午，小朋友们围坐在地板上一起玩叠纸的游戏。甜甜的手很巧，很快用纸折叠出可爱的小船、小飞机、小伞等送给不同的小朋友。这时，甜甜又叠好一只小船，正要递给伸手过来接的晨晨，萌萌却推了一下晨晨的胳膊，伸手要来抢。甜甜快速将手缩了回去，友好地对萌萌说："这个是给晨晨的，你想要什么？我等会儿给你做。"

萌萌将手收了回去，回答说："我也想要一只小船。"

甜甜说："好，我再给辉辉叠一把小伞，然后就给你做。"并将刚才叠好的小船再次递给晨晨。

可晨晨刚将小船拿在手里，萌萌就要上来抢，甜甜生气地说："你要是这样，我就不给你做了，也不给你玩了，你过生日时我也不给你画生日卡了。"

原来每当小朋友生日时，老师都让其他小朋友画一个简单的生日卡，午休后送给他，并一起唱《生日快乐》，让孩子体会来自班里老师和小朋友们的爱和友情。甜甜会画画，她画的生日卡，最受小朋友们的喜爱。

萌萌听甜甜这样说，有点犹豫。

甜甜又说："你没有和你妈妈一起去过商场吗？你看那里的叔叔阿姨都排队，晨晨和辉辉是先向我要的，你是后来的，就应该等。"

萌萌听了甜甜的话，嘴唇动了几下，似乎想说什么，但还是安静地坐在了地板上。

通过这两件事，老师明白了萌萌之所以不欺负甜甜，一是甜甜性格阳光自信，不和小朋友们争抢，对小伙伴们包括萌萌都很友好，大家都很喜欢她；二是她手巧，画画得不错，在小朋友们心中有点威信。

让步不是怯懦

周六下午，琳正在客厅里和来访的朋友聊天，上小学三年级的儿子盼盼气鼓鼓地推门进来，一句话不说，就径直走进自己的房间，并将房门关上。

琳走到儿子房门口，敲了几下没有反应，便推门进去。她看到儿子躺在床上，两行眼泪顺着脸颊无声地流下，十分心疼。她在儿子床边坐下，用纸巾将儿子的眼泪擦干，疼爱地问他："是不是楼下的小哥哥征征又欺负你了？"

儿子哽咽着说："我和其他几个朋友正在楼下草地上踢球，他冲进来一下子猛地将球踢出了好远，我说了他一句，他就打我。我知道我打不过他，就跑回家了。"

琳双手抚摸着儿子的肩膀，关切地问："他打你哪儿了，还疼吗？让妈妈看看。"

这时盼盼的情绪已经有些镇定了，他摇摇头，低声对妈妈说："没关系，现在不疼了。"

琳又说："我现在就去找征征的妈妈谈谈，让她告诉征征以后不能随便打人。"

盼盼听了妈妈的话，反而体谅地对妈妈说："算了，妈妈，你也知道，征征的妈妈很不讲理。上次征征打了彬彬，彬彬的妈妈去找她谈，可彬彬的妈妈刚一开口，她就骂人，不仅没有效果，反而让彬彬的妈妈生了好几天气。"

琳这时意识到儿子的理性开始慢慢恢复。她从小在部队大院长大，深深地明白孩子在成长过程中，和其他小朋友发生冲突，无论是打别人还是被人打，都是正常的、几乎每个孩子都要经历的。爸爸妈妈不可能永远保护孩子或者为孩子解决问题，孩子的问题要让孩子自己设法解决，并引导孩子汲取经验，学会保护自己。

她知道儿子此刻所需要的是父母的理解和疼爱，于是她抚摸着儿子的脸颊，充满爱怜地对儿子说："可你是我儿子，我有责任保护你啊！”

这时盼盼已从妈妈的爱抚里得到了力量，抗挫能力开始增强，他坐起身来对妈妈说：“别担心妈妈，我等会儿打电话给我们小区的其他几个朋友，我们先商量好，然后一起去找征征。我们要告诉他，你比我们大两岁，个子又比我们高，应该保护我们才对，可你却总是欺负我们。如果你再这样，我们就都不和你玩了。”

这时盼盼的爸爸已在房门外站了好久，他听了儿子和妈妈的对话后，微笑着走进来对儿子说：“你做的对儿子，让步不等于软弱。征征打你，你打不过他就设法躲开，这是聪明和明智的行为。现在你要联合你的朋友，一起去给他讲道理而不是一起打他，更说明你是一个智慧和有教养的孩子。一个好斗的孩子也许能暂时赢得了现在，但很难赢得了未来。以牙还牙，以恶治恶，是用一个错误来回击另一个错误，那是错上加错。”

说着，爸爸在儿子床边的椅子上坐下，用手抚摸了一下儿子的后脑勺和后背，缓缓地说：“一个人将来要想在社会上真正取胜，其人格魅力是一个非常重要的因素，而人格魅力又多源于一个人的品行、气度和修养。一个人如果想让人害怕，敬而远之，其实并不难，难的是让人对他真正有敬畏之心。善良宽容不是无能，让步隐忍更不是怯懦，从容淡定、不怒自威往往在关键时刻更具有威慑力。”

孩子的问题让孩子自己解决

有位妈妈因女儿两次被同桌的男生咬而非常生气，她找到女儿的班主任，要求给女儿换座位，班主任没有答应。她找到那位男生的妈妈，他妈妈敷衍说，已经批评儿子了；她要求那位男生向女儿道歉，他妈妈不置可否。

听了她的述说，我建议她等孩子放学回家后，以接纳为前提，耐心询问事情的经过，倾听孩子的讲述，当孩子讲完后，平静而充满爱抚地对孩子说："我知道宝贝，你心里感到很难过，如果是我，我也会有和你相似的感受。"并看看孩子被咬的地方，是否需要涂抹一些消炎药膏，让孩子感受和体会到妈妈对她的关心和爱。

等孩子平静下来之后，让孩子将当时的场景还原，然后问孩子："宝贝想想，怎样对这个男生说话，才能避免他的攻击性行为呢？这是他第二次咬你了，你认为怎样处理这件事情，才能让那个男孩明白，并吸取教训，下次不能再咬你了？"

要将解决问题的机会留给孩子，让孩子通过这件事情能够提高解决冲突、化解矛盾的能力。

如果孩子具有解决冲突的能力，她很可能会这样回答："我明天和他谈一谈，告诉他以后不能再咬同学，因为这是不文明的行为。况且你是男生，应该保护女生才对。如果你以后还这样做，同学们都看在眼里，他们不会再喜欢你，老师也会批评你的。"

如果孩子不具有解决冲突的能力，她可能回答说："不知道。"或者请妈妈出面帮助她解决问题，化解心里的不安全感。

这时候妈妈可以给她提出几个方案，例如："我和这位男生的妈妈约个时间，你们两个谈谈。相信自己，不要怕，我知道你有这个能力，宝贝！而且我和他妈妈都在你身边，我们都会支持你。"但要征得孩子同意，并让她自己出面解决问题。

勉强让对方道歉，或许可以让对方认识到自己的错误，但并不能让自己真正强大起来。换座位避开了强势的A，但谁也不能保证孩子未来不会遇到强势的B。只有让孩子自己学会面对冲突，解决问题，才能真正长大。

从女儿幼儿开始，我便尽力创造机会让女儿和邻居、朋友家的孩子一起玩。如果遇到冲突，在安全的前提下，静做一个旁观者，让孩子们自己学会解决冲突，化解矛盾。

冲突是孩子自我意识形成和发展的结果，要坦然接受。孩子们在冲突中会慢慢学会让步、调节自己的情绪、规范自己的言行等。孩子有孩子的游戏规则，我们家长要做的是及时的沟通，适时的引导，并借此帮助孩子建立安全意识，逐步学会分享与合作，并遵守相应的原则等，而不是压制逃避、担忧责备或代替孩子解决冲突等消极行为。

第3节

孩子学习成绩下降、厌学、失学浅析1
——缺乏沟通的技巧

不少家长向我抱怨，他们因为孩子学习成绩下降，有的甚至出现厌学或失学现象，而感到十分焦虑不安。他们迫切想帮助孩子改变现状，但与孩子却难以沟通。为什么这些家长用心良苦，真心实意为孩子着想，可孩子非但不听不领情，有的还嫌弃反感、与父母冷战对峙，甚至与父母做对，向父母所期望的反方向发展呢？孩子出现这一情况的重要原因之一，就是家长缺乏与孩子沟通的技巧。

当孩子遇到困难、受到委屈时，大体有四个主要环节与孩子进行有效的沟通。第一是接纳与倾听；第二是共鸣；第三是父母要将解决问题的机会和权力留给孩子；第四是引导。

鹏鹏上学后学习成绩一直不错，初中毕业后顺利升入市重点高中。做工程师的小姑很喜欢这个内向懂事的侄子，在春节前给鹏鹏买了一个音乐播放器做为新年礼物，希望小侄子在紧张的学习之余能够得到放松。鹏鹏也很高兴，对这个小礼物爱不释手。春节开学后，鹏鹏就将这个音乐播放器带在身上，计划在课间和上学放学的路上听他喜欢的音乐和歌曲。

一天上午，当数学老师走进教室时，鹏鹏还在专注听音乐，直到他的同桌示意他，他才反应过来，赶忙将音乐播放器耳机从耳朵上摘下来挂在脖子上，但老师却盯着他淡淡地说：“我知道你上学期数学考的不错，但上课前请你不要听这个，以免上课时注意力难以集中，而且还可能会影响其他同学。”虽然老师没有点名，但鹏鹏知道老师是说他的，他顿感脸上火辣辣的，低下头默默将音乐播放器从脖子上取下来，放进口袋里。

第二天再上数学课时，坐在鹏鹏前面的一位同学因为没有听明白老师刚才讲的一个例题，便趁老师写板书之机扭头问鹏鹏。老师写完板书，转身看见鹏鹏和同学说话，联想到昨天发生的事情，便用黑板擦拍了一下讲台，怒气冲冲地指着鹏鹏说：“你要是不想上课就出去！”

鹏鹏顿时感到羞愤难当，眼泪在眼睛里直打转。还是那个问他的同学站起来解释说：“对不起，老师，是我没有听明白您刚才讲的那个例题主动问他的，他没有找我说话。”

老师分别看了他俩一眼，没有再说什么，继续上课。可鹏鹏的脑袋却嗡嗡作响，再也听不进老师后来讲的一个字。

那一天鹏鹏感到过得很慢，好不容易熬到放学，他匆忙赶回家，而没有像往常那样，和同学在操场踢一会儿球再回家。回到家后，他虽坐在书桌旁，可脑子里却盘旋着老师训斥他的情景，难以静下心来写作业，于是就打开电脑，开始玩电子游戏。晚饭后，他实在觉得心里很憋闷和委屈，便向爸爸妈妈诉说了这两天在数学课上发生的事情。让他意外的是，他不但没有得到父母的同情和理解，爸爸还将他的音乐播放器没收，妈妈也责怪他不该在临上课前还听音乐，并和同学上课讲话等。

鹏鹏从此好像变了一个人，曾经嘴角带着淡淡微笑，平和礼貌的鹏鹏变得沉默和消沉了。他不想再见到数学老师，对数学课也渐渐失去了兴趣。最初他只是数学考试成绩下降，而后其他科目的学习成绩也开始下降，并逐步产生了厌学情绪。可他的父母并没有察觉鹏鹏内心的痛苦和挣扎，反而在亲友面前哀叹抱怨孩子不争气等。

让我们换位思考，假如鹏鹏的爸爸在外面受到委屈，被朋友欺骗后，心情很郁闷，回到家对妻子诉说。如果太太说：“都是你考虑事情不周，又没看准人，所以才造成现在的状况！”

他听后的反应肯定是：“早知道就不给你讲了。”而且以后他与朋友或同事的交往中，如果再出现问题，决不会主动再向太太倾诉。除非这件事给家庭造成了严重后果，他已无法隐瞒，因为他内心通往太太理解的那扇大门已经被关上了。

如果鹏鹏的妈妈听后温柔地对丈夫说：“我理解你此刻的感受，要是换了我，我也会很难受。我也一直认为他对朋友很仗义，是一位信得过的朋友，要是换了我，同样会选择和他合作。”

这样他的心不仅会慢慢安定下来，不会自我贬低或否认自己的价值，而且会很快回归理性，思考相应的对策。

当他的太太问他：“那你打算下一步怎么办呢？”

他会说出几个对策，然后两人一起讨论，最后找一个现实可行的方案，最大限度地弥补现有的损失，并主动加以反省，以免今后重蹈覆辙。

成人尚且如此，何况孩子呢？

如果鹏鹏在向父母倾诉他在学校受到的委屈、内心的烦恼时，他们能够接纳孩子所犯的错误，并认真倾听，用暗示的言词和语气鼓励孩子将心里的话说出来，例如，“原来是这样啊……，还有呢……？”等，同时用手轻轻抚摸孩子的后背，孩子的情绪就能慢慢得以释放。

倾听不仅是一种能力和技巧，同时也是一种修养和境界，父母在用心倾听孩子的同时，也是在提高自己。

顺畅的沟通渠道是通过口头语言和肢体语言同时建立和完成的，口头语言着力于信息的传递，肢体语言则侧重于情感的表达，两者相辅相成。妈妈的爱抚，例如顺一顺孩子的头发，抚摸一下孩子的后背，搂一搂孩子的双肩，吻一下孩子的额头等都有助于沟通氛围变得更加温馨，帮助孩子主动将心扉打开。

然后当鹏鹏诉说完他在学校的遭遇后，父母再表示适度的共情，抚摸一下孩子的头或后背，并充满爱抚地对他说："我理解你的感受，儿子。要是我处在当时的情景，被老师当着全班同学的面责备，我也会感到很尴尬，心里很委屈。"

英文里有两个词共鸣（Empathy）和同情（Sympathy），它们虽只有一个字母之差，但意思却有很大分别。同情是指对他人的苦难和不幸产生关怀和理解的情感反应，而共鸣则是换位思考，如果是我的话将会怎么样？共鸣是尽力深入到对方的内心深处，体验对方的感受，对对方的感情作出恰当的反应，协助对方处理情绪，帮助对方从情绪中走出来的一种能力。

当孩子在学习和生活中遇到问题，感到困惑或受到委屈时，内心深处便会产生一种不舒服的感觉。这种感觉以带有情绪的方式表现出来时，便是孩子在表达他的感受。同时情绪也是一种能量，当你用心倾听，用接纳、理解、共情等积极的方式回应时，这种能量就可以找到一个安全的地方慢慢释放，帮助孩子回归理性思维。

鹏鹏在得到父母的共情和慰藉后，内心不仅会很快平静下来，而且会感到爸爸妈妈是他知心的朋友。他们能理解他，当他遇到问题向他们倾诉时，彼此能碰撞出心灵的火花，在内心产生一定共鸣。这对孩子恢复自信，以积极的方式应对挫折，并对孩子后来健康人格的发展都大有裨益。

这时父母要将解决问题的机会和权利留给孩子，让孩子自己解决在学习和生活中遇到的困难。

如果孩子不知如何解决，家长可提出一些建议，但仍要得到孩子的认可和接受，并鼓励孩子自己去具体执行。这样才能逐步培养孩子解决冲突和处理问题的能力，孩子才能慢慢成长为一个独立大写的人。

等看到孩子的情绪渐渐平静了，父母可以试着问鹏鹏：“儿子，那你计划下一步怎么办呢？”

鹏鹏可能会说：“我明天找老师谈谈，并告诉他我以后上学不带音乐播放器了。如果同学在上课时再问我问题，我会对他说下课以后再回答，以免打扰周围同学正常听课。”

人都有自尊和自爱，当他意识到自己的言行给自己或他人带来不便、烦恼或损失时，往往会有自我修复和尽力弥补的意愿，并努力做出相应的行动。只是孩子这种自我修复和改进的能力有的被父母替代了，有的因自尊和自爱被父母或老师“无意”扼杀而悄悄流失了。

听到孩子积极解决问题的计划后，父母肯定会很满意。同时，这也是很好的时机帮助孩子宽恕老师对他的误解和不合理的责难：“老师每天要面对几十个孩子，他希望他的每一个学生都能上课注意力集中，高效吸收他所讲的内容，只是方式和言语有失妥贴。要学会体谅别人，当你体谅别人时，别人以后才会体谅你。”

孩子听到这里，多会原谅老师，内心的郁结也就自然散开了，并会吸取经验，在内心提醒自己，长大后要做一个宽容、待人得体的人，以免伤害他人的自尊心。

趁此机会，鹏鹏的父母还可以告诫孩子：“在你的一生中会遇到很多不如意的事情，也会遇到伤害、误会你的人。你对此不必在意，只尽力做好自己，不虚度时光，善待自己和他人就可以了。”

英国教育家赫伯特·斯宾塞有一句名言：“野蛮产生野蛮，仁爱产生仁爱，这就是真理。”教育更是如此，而有效的沟通则是实现教育目的的必经之路。

同时在接下来的日子里，要用心观察孩子的情绪和言行，与孩子做及时的交流与沟通，了解孩子的心理动态，根据孩子的具体状况，为孩子提供适时的引导和恰当的鼓励。

这样，如果孩子以后再遇到类似的事件，就会泰然处之，从容上学，从容和老师相处。

通过这次经历，不仅可以提高孩子的沟通技巧，并且有助于孩子将来以包容大度的方式行事做人，转弊为利。如若如此，你还需要担心孩子会出现学习成绩下降、失学或厌学情况吗？你还需要担心孩子在未来遇到挫折时会消沉或沉沦吗？

其实爱学和厌学就在一念之间，关键在于父母是否具有与孩子进行良好沟通的能力和技巧。这一能力和技巧就像一只无形而有力的手，可以将孩子从泥泞推向沼泽，也可以引领孩子从泥泞中走出，迈向阳光大道，拥抱美好的未来。

记得蔡元培先生说：“要有良好的社会，必先有良好的个人，要有良好的个人，就要先有良好的教育。”教育不是专家或老师的专利，它就在生活的点滴中，在家长与孩子的互动和交流中。

第 4 节

孩子学习成绩下降、厌学、失学浅析 2
——对孩子缺乏尊重

许多父母为孩子学习成绩下降，甚至出现厌学、失学情况而烦恼不堪，但造成这一结果的原因往往不仅仅是孩子本身，有的也源于父母对孩子缺乏尊重，没有将孩子当做一个在人格上和他们一样平等、独立的个体。

添添上小学时，妈妈海虹觉得学校对英语不够重视，和朋友的孩子相比，孩子在学校英语学的较少，就在添添四年级时给他报了校外英语辅导班。可添添在辅导班上了一年之后，海虹并没有发现添添的词汇量有显著增加、阅读能力有明显提高，感觉孩子在那里就是玩，浪费时间。尽管添添一再告诉妈妈他很喜欢辅导班的老师，老师轻松、幽默的教学方式让他的口语提高了许多，而且班里的英语学习氛围让他喜欢上了英语，但海虹还是不顾添添的感受，强行让他从辅导班退出。

添添上初中后，老师开始用英语教学，这对添添有一定难度，加上老师总让他背单词，默写单词，和以前辅导班老师寓教于乐的教学方式有很大差别，使他难以接受，便逐渐对学习英语失去了往日的兴趣，期中考试成绩也很差。为了让他能够尽快跟上老师的教学进度，英语老师给海虹下达了任务，让她每天给孩子报听写。可这件事没坚持多久，添添就宣布他不喜欢英语，也不喜欢英语老师，他不是学习英语的料，不再学习英语了！

海虹正为此一筹莫展，却在朋友家与思语不期而遇。思语的儿子津津曾经和添添一同在英语辅导班学习，海虹问及津津的英语学习情况，思语的幸福满意之情溢于言表。海虹听后，便迫不及待地向她诉说了添添目前的英语学习现状，并向她求教。

思语不慌不忙地说："我们当时也发现英语辅导班的学习效率不够高，而且很贵，不是太值，但我们并没有强行让孩子退出，而是先征求他的意见，让他自己想一想，怎样才能更好地学习英语。"

思语略停了一下，然后向海虹娓娓道出了她和津津交流沟通的始末。

我当时这样问津津："你喜欢你的英语老师吗？"

津津点点头。

我又问："你上了一年的辅导班，最大的收获是什么？"

津津马上回答道："通过这一年的学习，我最大的收获是我的日常口语提高了许多，并深刻体会到学英语要一句话一句话地学，而一个单词一个单词地去背不仅枯燥、效率低，而且也难以准确理解和把握它的意思和用法。"

小家伙笑了笑，又补充一句："最重要的一点是，我开始喜欢和热爱上学习英语了。"

听了他的话，我心里很高兴，便又问他："那你对自己下一步的英语学习有什么计划和目标啊？"

他很快回答："我想增加我的词汇量，提高我的阅读能力。"

于是我就问："如果你想增加自己的词汇量和提高自己的阅读能力，你认为是继续上辅导班好呢？还是买些书和光盘在家里自己学效率更高呢？"

津津开始犹豫。

我便拍拍他的肩膀，笑着对他说："不着急儿子，你先好好想想，过几天再告诉妈妈不迟。重要的是哪一种方式对你更有益，其次才是成本，尽管一个学期的费用可以够你买能读好几年的书。"

几天后津津告诉我："妈妈，我想在家里自己学习英语，您能不能给我买一个笔记本电脑？"

我爽快地回答："当然可以了！"

思语又高兴地接着说："我和我先生虽然从没有参与过他的英语学习，但我们经常在晚饭后或周末时找合适的时机与孩子交流，及时了解孩子的学习状况，遇到困难时我们一起想方法。当孩子有明显进步时，他会很高兴地与我们分享，我们也给予他适当表扬和鼓励。现在他不仅英语学的不错，还总结了一套自己学习英语的有效方法，帮助班里其他同学。"

海虹听后长叹一声说："如果我当时让添添从辅导班退出来之前，先征求一下他的意见就好了。"

思语给海虹杯子里加了点水，微笑着对她说；"孩子是一个独立的个体，当我们尊重他，让他自己做选择时，孩子多会对自己的选择负责。如果孩子不情愿做某件事，我们大人强迫孩子去做，即使孩子迫于压力不得不服从，但效果往往不够好，因为孩子缺乏自发的动力。"

海虹听了点点头，但眼睛里仍充满困惑地问："强行让孩子从英语辅导班退出是我做事不周，可孩子现在的英语老师给我下达了任务，让我每天给孩子报听写。孩子刚开始还配合，可现在连这件事也做不下去了，他不合作啊！我下一步该怎么办呢？"

思语听后笑了，然后与她四目相对，真诚地对她说："那你可要好好想想，在你和孩子的互动过程中，你对孩子说话的方式、语气中是否缺少了一些欣赏和鼓励的成分？有没有让孩子感觉和认识到，只要他付出努力就会有进步？比如同样一句话，用不同的方式说出，效果就会截然不同。例如当孩子写对两个单词，第三个写错了，如果你说：'没关系，儿子，你已经写对两个了，第三个多练习几遍也就能记住了。'孩子听后下次多会努力。如果你说：'你这孩子怎么这么不用心，才写了两个就不会写了，这样下去，你将来还能干什么？有什么出息？'孩子听后就会想，既然妈妈已经定位了我的未来，我是一个不求上进、没有出息的笨孩子，我干吗还要学习啊！"

海虹听后恍然大悟，带着懊悔地自语道："我是对孩子缺乏耐心，而且时常批评、训斥和挖苦孩子，以为用刻薄的语言可以刺痛他日渐麻木的神经，促使他努力学习，看样子我的方法全错了。"

思语将一个剥好的桔子递给她，平静地说："我给你举个例子你就明白了。"

假如你是一家公司的市场策划部经理，总经理要求你年底根据本年度销售情况，写一个市场分析和下一个年度的市场营销策划报告。你花了两个星期的时间用心准备，然后将写好的报告送交给你的总经理审阅。几天后总经理将你叫到他的办公室，将你写的报告放到桌上，指着它对你微笑着平和地说："这个报告写的很不错，但X地区正在进行经济转型，如果你能将这个地区的市场潜力也考虑进去，那就更全面了。"

你听完后是不是高高兴兴地回到自己的办公室，召集自己部门的员工进行讨论，在考虑到种种因素后，指定不同的人收集相关资料，然后将这个报告做相应的补充，过几天更加完整地呈给你的总经理？

如果几天后总经理将你叫到他的办公室，将你写的报告放到桌上，指着它对你严厉地说："你看你这个报告写的算什么？X地区正在进行经济转型，你竟然一点也没考虑到这个地区明年可能具有的市场潜力！"

你听完后肯定是很沮丧地回到自己的办公室，虽然也会召集自己部门的员工进行讨论，想办法将这个报告做的让总经理满意，但你已经失去了主动将工作做好的动力。你会感觉这个上司对自己的工作和价值缺乏客观的认同，在他手下工作将难有前途，以后再不能在这里可着劲儿努力工作了，要眼睛往外看，遇到合适的机会就跳槽。

海虹听后如梦方醒，但又带着几分伤心和难过地说：“孩子已经上初中了，也该体谅父母的苦心，心疼父母对他的付出啊！怎么能轻易放弃，不愿学习了呢？”

听了海虹的哀叹，思语又忍不住笑了，温柔耐心地对她说：“我们给孩子多少爱，是孩子根据自己的感受来衡量的，而不是以我们付出的多少来衡量的。你想一想，如果我们对孩子的爱是基于我们的意愿和期望值，那是真正的爱吗？不是，那是有条件的爱，在尊重和理解孩子基础上的爱才是真正的爱！不是真正的爱，孩子能接受吗？”

孩子也是一个大写的人，有独立的人格和尊严。当父母不尊重孩子，伤害孩子的自尊心，挫伤孩子的自信心时，孩子由于要依附父母才能生存，因而不得不表面服从，但内心深处却潜伏着对父母的诸多不满，这也是孩子到了青春期之后出现叛逆的原因之一。

由于孩子不被尊重，自信心流失，他们便怀疑或否定自我价值，对自己缺乏真正的认同，同时又不满家长对待自己的方式，于是就用磨蹭、拖拉、顶嘴、不做作业、玩电子游戏等方式与父母对抗，有的还发展成厌学、弃学。面对孩子的种种“不良行为”，有些情急无奈的父母便对孩子使用暴力，而后又后悔、懊恼、自责。为缓和与孩子之间的紧张关系，又对孩子过度补偿，失去原则，甚至对孩子溺爱、放任、纵容，从而使对孩子的教育形成一个恶性循环。

世界上没有两片完全相同的树叶，也没有两个完全相同的孩子。“尺有所短，寸有所长。”孩子的天赋虽然有别，但没有哪个孩子自己愿意学习成绩差。只要父母努力提高自己的知识修养，不断学习育儿知识，尽力吸取他人教子成才的经验和智慧，便能找到适合自己孩子个性和特点的培养方法。

以平等、尊重和理解为基础，与孩子建立良好的沟通渠道，成为孩子信任的良师益友，用自己的真心和爱维护孩子的自尊心，保护和发展孩子的自信心，孩子内心向上和向善的火花将永不止息，孩子自然也就不会出现学习成绩下降、厌学和失学现象。

第5节

孩子学习成绩下降、厌学、失学浅析3
——老师缺少爱心

尽管向我反映这个问题的家长多来自四线城市和乡镇，但这些家庭孩子的人数在国内仍然可观，出于责任感，我将它写出来，期望能对有此问题的老师有所提醒。

宁宁完成小学一年级的暑假，正赶上爷爷退休。宁宁的父母就邀请爷爷奶奶到他们家来同住，顺便帮助他们照顾宁宁。

宁宁的爷爷是一位儿科医生，在他居住的小城颇受尊敬。奶奶退休前在防疫站工作，性格开朗随和。两夫妻平时都喜欢看书，宁宁耳濡目染，也对读书产生了浓厚的兴趣。爷爷见孙子好学，很是喜欢，便给他读历史故事。后来爷孙俩一起逛书店，爷爷发现宁宁对二年级的数学课本爱不释手，就买来回家教他。宁宁学的很快，而且理解的也很好，等暑假结束时已经学完了二年级的全部数学。

宁宁开学后，老两口便决定离开，回到他们熟悉的生活环境，那里有他们以前的老同事和老朋友。临行前，爷爷将给宁宁买来的小学三年级数学课本送给他，鼓励他开学后要努力学习，长大后做一个对社会有用的人。

宁宁上学后，由于老师在课堂上所讲的内容他已经会了，不免上课时提不起兴趣，而且时常走神。为了不浪费时间，宁宁上学时便带上了爷爷给他买的小学三年级数学课本，在老师讲课时自学。

老师发现她讲课时宁宁埋头看书，不注意听讲，便提问他。可宁宁正在聚精会神地思考书上所讲的内容，根本没有听见老师叫他的名字。

老师有点生气了，就将黑板擦在讲台上猛地拍了一下，大喊一声："李宇宁"。

沉浸在思考中的宁宁被老师猛地一喊，没有反应过来，连忙起身回答："到"，引得同学哄堂大笑。

宁宁这才从书中回到现实中来。他不好意思地笑了笑，摸摸脑袋，赶紧坐下。

老师走到他的身边，翻开他正在读的书，带着几分冷漠和严厉的语气对他说："如果你不需要上二年级的数学课，明天就不要来了。"

宁宁听了不敢辩解，默默地低下了头。

宁宁回到家后，脑海里交替出现老师冷漠的面孔和严厉的训斥，注意力难以集中，结果数学作业又漏做了一题。

第二天上数学课，宁宁再也不敢看书，全神贯注听老师讲课，那一天他在学校过得很平静。

第三天上课，老师发回同学们做的作业本，眼看每一个同学都收到了，正纳闷老师怎么还不发给他时，老师已经走到了他的身边，指着他厉声地说："今天你站到教室后面去听课！"

宁宁被老师声色俱厉的样子和命令惊呆了，小心翼翼地问："为什么？"

老师哼了一声，将他的作业本不屑地扔到了地上："你自己看看，你连作业都没完成，还上课逞能看三年级的课本，不注意听讲！"

宁宁无声地从地上捡起作用本，将它放回书包里，然后慢慢走到教室后面，靠墙站着。那一刻，他脑海里一片空白，但仍强忍羞辱，尽量不让泪水流出来。

接连受到两次伤害的宁宁全然失去了上数学课的兴趣，第四天上数学课时他逃课了，一个人躲到教学楼的背后，边哭泣边拿出爷爷给他买的数学课本自学。庆幸的是他很快被一位音乐老师发现，将他带回到他的班主任身边。

宁宁的班主任是一位年轻而富有爱心，并有一定儿童心理学知识的语文老师。她将宁宁拉到自己身边，充满爱抚地询问他不上课的原因，宁宁哽咽着向她诉说了事情的原委。她先安抚了宁宁，又找宁宁的数学老师沟通，并给宁宁的妈妈打去电话，告诉她这几天在宁宁身上发生的事情，提醒她回家后多与孩子交流，让孩子心里不再感到委屈，以便孩子明天能正常上课和学习。

宁宁的遭遇让我想起了十五年前，我在加拿大的一个朋友给我讲起的她女儿嘉琳的故事。

嘉琳从小在新加坡长大，上小学二年级时随父母搬到加拿大。在她上四年级时，由于她妈妈被派到中国工作一年，为了改善她的中文，妈妈决定将她带回中国上一年小学。

那是在北方省会城市的一所普通小学，距妈妈工作的研究所不远。妈妈带嘉琳办好入学手续后，便找班主任沟通，并顺利达成协议。嘉琳在这里的主要任务是学习中文，她英文课只参加考试，不必一定上课。如果嘉琳感到英语老师讲的她都会了，她可以在课堂上自学中文。

第一天上英语课之前，班主任忘记告诉英语老师嘉琳的特殊情况。上课时，英语老师发现嘉琳低头读书，根本不听她讲课，就走到嘉琳桌前。她翻开嘉琳读的书一看，原来是语文课本，于是勃然大怒，一把抓起课本摔到地上。

这个从小受平等教育，在充满尊重和爱的学校与家庭环境中成长的孩子被老师的举动惊呆了，但她很快冷静下来，指着地板上的课本沉着而富有风度地对老师说：“请你将它捡起来，并对我道歉。”

老师听了她的话一下子懵了，以为自己听错了，站在那里不知所措。

见她没有反应，嘉琳又再次提醒她：“请将我的课本捡起来，并对我道歉。”

这次老师可听清楚了，她羞愤难当，捂着脸哭着冲出教室。

做为一位老师，孩子不过用平和的语气告诉你该做的事情，你竟然感到羞愧不已，而你将孩子的课本扔到地上，那种对孩子近乎侮辱性的行为，孩子心理上能安然承受吗？你有没有想过，你对孩子自尊心的伤害可能会使孩子从此不想再见到你，不再喜欢上这门课，甚至不喜欢上学，最终造成孩子学习成绩下降、厌学、失学？

小琴在某县重点中学读高一，她的爸爸几年前因患病不得不在家休养，妈妈是一个机关的普通职员，收入不高，家境比较清寒，不像有的同学，逢年过节能给老师送点礼物。

有次上英语课，老师让她读课文，她有两个词的重音读错了，老师平静地纠正了她。下课后，老师让小琴和她一起到办公室。

老师先在她的办公桌前坐下，并示意小琴自己拉一把旁边空闲的椅子也坐下。

小琴笑着说：“不用了，老师，我站着就行了，您找我来有什么事吗？”

老师犹豫了一下，然后问她：“你打算以后怎么办？”

老师的问题让小琴感到很是意外，她想也没想，就回答说：“考大学啊！”

老师听了小琴的回答笑了：“你们家的情况你也清楚，你怎么上大学啊？再说你的成绩在班里也不是很理想，我建议你从现实的角度好好考虑考虑。”

在那一瞬间，小琴从老师笑脸的背后看到了她对自己的轻视，心好像被刀猛地刺了一下开始疼痛。但她强忍泪水，仍礼貌地对老师说：“谢谢您的提醒，我回家和我妈妈商量一下。”

从老师办公室一出来，小琴就用围巾捂住嘴，不让自己哭出声。她先来到教学楼的一角无人处，面对墙壁将自己内心的屈辱哭出来，但她很快止住哭，把眼泪擦干，让自己冷静下来。这些年她帮助妈妈照料爸爸，经历了许多人情冷暖。她善解人意、性格倔强。那一刻，她清楚地意识到，要想取得好成绩，将来考一所不错的大学，让妈妈老有所依，自己要付出更多的努力，不能再因照顾爸爸而减少学习时间。

同时她也在内心告诫自己：“我该怎样选择我的未来是我自己的事，她的责任是在这里将英语教好，我不必在意她说什么！当年王金战老师不也曾经是差生，被老师看不起，后来是班里唯一考上大学的学生吗？”

在众多家长的咨询中，有个孩子因上体育课时和同学说话，老师不顾当时天气冷风也很大，罚他在楼梯口站立，以至孩子第二天感冒发烧流鼻涕；有个孩子因在作文中出现两个错别字，被老师当着全班同学的面奚落，使孩子的自尊心受到很大伤害，第二天不愿意去上学；有个孩子学习成绩一直很好，就因一次考试得了 86 分，就被老师挖苦道：“现在跌下来吧？那是你以前太骄傲了！”致使孩子羞愤不已，闹着让妈妈给他转学。类似的、比以上严重的例子还有许多。

在孩子们的心目中，老师是权威和力量的象征。做为家长，我们要教育和引导孩子尽力做最好的自己，遇事荣辱不惊，不畏惧权威。老师是和他们一样平等的个体，老师的权威是爱与帮助孩子职责的化身。

在日常生活中，我们要在恰当的时机告诉孩子，在他的一生中，会遇到种种不尽人意的事情，但不要在乎别人对他的态度或评价。要像小琴那样学会保护自己，并以乐观积极的态度面对委屈、屈辱和挫折。

由于在两个家庭教育平台和许多微信群做公益讲座，有机会和不少校长，中小学老师，幼儿园园长交流，深感他们都很有爱心和责任心，非常渴望通过自己的努力为孩子提供最好的教育资源和最好的成长环境。建议家长在孩子受到伤害时及时向班主任或校长反映，以便他们能够了解到真实的情况，帮助那些伤害孩子的老师修正言行、提高修养，以免再对其他孩子或下次对您的孩子造成更大的伤害。

愿大家携起手来，共同维护孩子的身心健康，让文明之花开遍社会每个角落！

第 6 节

孩子学习成绩下降、厌学、失学浅析 4
——家庭不幸福

造成孩子学习成绩下降、厌学、失学的原因有很多，其中一个重要原因是家庭不幸福。

夫妻不和，家庭不幸，孩子缺少应得的父爱或母爱，安全感流失，致使孩子将更多的注意力用在了关注爸爸和妈妈的关系上。他们上课时常常走神，不能很好地消化和吸收老师在课堂上所讲的内容，下课后又难以静下心来专心复习，不能顺利完成作业，从而造成孩子学习成绩下降。如果家里再时常充满责难、谩骂、甚至暴力，孩子内心的不安和恐惧感则会加剧。而且孩子想到父母分手后，家庭经济状况将会变差，于是对未来生活更加缺少安全感，心理压力进一步增大。假如父母对此视而不见，不设法调整、控制自己在孩子面前的情绪和言行，改进孩子的成长环境，孩子就可能从学习成绩下降，一步步演变成厌学、甚至失学。

孔凌峰是某市重点中学的数学老师，并担任初中二年级一个班的班主任。有天上午，他讲完课，收拾完教具正向办公室走去，被班里两位慌慌张张跑过来的同学拦住。他们告诉他：“周小雨打人了。”

孔老师听了大吃一惊，怎么也不相信这个平日在班里学习成绩中上，待人平和沉稳的孩子会动手打人。他匆匆赶回教室，一个女同学小声告诉他：“张浩就说了一句‘昨天我在我们小区看到你爸爸了’，他就恼。张浩不明白怎么回事，又说了一遍，他就一拳向张浩打来。”

孔老师让围观的同学散开，将周小雨带到自己的办公室。

孔老师拉了一把椅子到自己办公桌前，示意周小雨坐下，自己也和他面对面坐了下来。

周小雨低着头，一言不发，默默地等待着孔老师的批评。

孔老师见他不吱声，便起身倒了一杯水递给他，并和蔼地问他：“渴了吗？喝口水吧。”

周小雨对老师轻轻说了声：“谢谢”，但仍低着头不吱声，可眼泪已经在眼睛里直打转。他强忍着，不让它们掉下来。

孔老师这一刻已经意识到，在周小雨的生活里可能出现了什么意外。他站起身，走到周小雨的身边，轻轻抚摸他的肩膀，期望他能将自己的烦恼说出来。

这样过了好一会儿，周小雨才用低沉的声音对老师说：“是我不对，不该打张浩，我等会儿去给他道歉。”

孔老师听了，便回到自己的座位上。他正想着要给周小雨说点什么，可他却站起身，用手使劲擦了一下眼睛里即将掉下来的眼泪，对老师说了声：“对不起”，便急匆匆离开了孔老师的办公室。

孔老师愣了一下，赶忙给周小雨的妈妈打电话，告诉她在学校里刚刚发生的一切。周小雨的妈妈听后哽咽着说：“小雨的爸爸在外面有了女人，这些日子正闹着要和我离婚，那个女人就住在张浩家住的那个小区。”

此后的日子里，孔老师发现周小雨心事重重，上课时注意力难以集中，原本认真踏实的孩子有时作业也不能按时完成，期末考试成绩在班里退到了后十名。

孔老师找到周小雨的妈妈，她哀伤地对孔老师说：“他爸爸经常很晚才回家，有时甚至不回家，既不打招呼，也不接电话。他回到家，我又控制不住自己，忍不住和他吵。唉，家里变成这个样子，孩子还哪有心思学习呢？”

一个未成年的孩子，如果生活在一个父母时常发生激烈争吵和高度紧张的家庭环境里，他的安全感将大大降低甚至可能会流失。久而久之，孩子内心便会产生担忧和焦虑情绪，从而无力顾及功课，以致可能渐渐失去对学习的兴趣。

有几位老师曾苦恼地告诉我：“班里有一两个学生时常撒谎、骂人、起哄、欺负女生，甚至动辄对同学拳脚相加，很是令人烦恼。”但当我问起这些孩子的家庭状况时，果不出我的预料，他们几乎无一例外地来自不幸福的家庭。

没有爱的婚姻是不人道的婚姻，如果夫妻缘分已尽，平和分手不是一个很坏的选择。但婚约的解除，并不意味着双方对孩子义务的减少。用心养育孩子，使孩子健康快乐成长，是父母不可推卸的责任。

夫妻分手后要仍像朋友一样友好和睦相处，持续给孩子应得的父爱和母爱，相互协调配合，和过去一样关心孩子的学习，照顾好孩子的日常生活，并坦诚与孩子交流，让孩子相信父母的分手并不意味着对孩子爱的减少。同时也找恰当的时机，真诚地告诉孩子你们在一起的痛苦。孩子的心多是善良、透明和宽容的，他们会理解和接受你们的选择。这样孩子内心由于父母关系的改变而产生的不安全感将会大大降低，孩子的学习成绩也就能保持相对稳定。

还有其他原因会造成孩子学习成绩下降，例如老师和家长缺乏耐心、家长期望值过高、家长过度保护等。此外，家长要防止将自己的孩子与别的孩子进行攀比，以免伤害孩子的自尊心，致使孩子失去学习的动力，出现学习成绩下降的问题。